2017年苏州市实事项目

未成年人社会教育优质化考量

前瞻
QIAN ZHAN

徐燕萍 等 编著

苏州市文明办 苏州市教育局 编

苏州大学出版社
Soochow University Press

图书在版编目(CIP)数据

前瞻：未成年人社会教育优质化考量／徐燕萍等编著；苏州市文明办，苏州市教育局编．—苏州：苏州大学出版社，2018.5

2017年苏州市实事项目

ISBN 978-7-5672-2366-0

Ⅰ．①前… Ⅱ．①徐… ②苏… ③苏… Ⅲ．①青少年教育－社会教育－研究－中国 Ⅳ．①G775

中国版本图书馆 CIP 数据核字(2018)第 018081 号

书　名：	前　瞻
	——未成年人社会教育优质化考量
作　者：	徐燕萍等　编著
	苏州市文明办　苏州市教育局　编
责任编辑：	杨　华
出版发行：	苏州大学出版社
	地址：苏州市十梓街1号　215006
印　刷：	苏州市深广印刷有限公司
	地址：苏州市高新区浒关工业园青花路6号2号厂房　邮编：215151
开　本：	787 mm×1 092 mm　1/16
插　页：	18.5
字　数：	460 千
版　次：	2018年5月第1版　2018年5月第1次印刷
书　号：	ISBN 978-7-5672-2366-0
定　价：	88.00 元

苏州大学版图书若有印装错误，本社负责调换
苏州大学出版社营销部　电话：0512-65225020
苏州大学出版社网址　http://www.sudapress.com

《前瞻——未成年人社会教育优质化考量》
编 委 会

编　　　著：徐燕萍　等

合 作 团 队：（以姓氏笔画为序）

　　　　　　卢　燕　　许方红　　时　苗　　张　嘉

　　　　　　吴　哲　　吴　江　　沈　荦　　沈国琴

　　　　　　陈式如　　周晨阳　　周菊芳　　钱文宗

　　　　　　曹林男

工作协调组：汪　军　　周祖华　　朱向峰　　徐　洁

　　　　　　熊宁宁　　邢　华　　贺照艳　　丁来勇

序言

作为苏州市精神文明建设指导委员会办公室和苏州市教育局"家在苏州·e路成长"未成年人社会实践活动研究与实践的重要阶段性成果,《前瞻——未成年人社会教育优质化考量》一书即将付梓。本书总结了苏州市中小学、社会机构、企事业单位和家庭通力合作,实施未成年人综合实践活动的成功经验,构建了完整的未成年人社会实践活动课程的理论体系与实践策略。笔者有幸提前阅读了全部书稿,激动万分,颇有感触,受益匪浅。

20世纪90年代以来,美国、英国、澳大利亚、日本、挪威、法国等国和中国台湾在基础教育课程改革中,都注重开设包括社会实践在内的综合实践活动类的课程。在美国,虽然中小学没有统一的"综合实践活动"这一课程,但各州都为孩子们设计了具体的、不同类型的综合实践性活动。法国课程方案中设计了一类"综合学习"的课程,包括"技术实践"和"动手做(hands-on)"等内容。英国的中小学国家课程方案关于综合实践课程的设计,主要集中在"社会研究"和"应用性设计"等方面。"社会研究"围绕公民形成过程,突出探究政治、精神、道德、社会或文化等问题;"应用性设计"则主要包括综合艺术设计、信息与交流技术等。

在日本中小学课程中,一直有一类包括学生活动和班级指导活动等在内的"特别活动"课程。后来,日本文部省认为"特别活动"与社会现实生活的联系不够紧密,不能完全满足学生社会性发展的需要,在1998年12月和1999年3月颁布的《学习指导纲要》中增设了"综合学习时间"。"综合学习时间"的增设,使日本中小学课程结构由"必修学科""道德""特别活动"三个板块变成了由"必修学科""道德""特别活动"和"综合学习时间"构成的四个板块。"综合学习时间"重视学生的兴趣和爱好,致力于培养学生主动开展问题解决式学习和探究学习的态度,引导学生掌握科学的学习方法和思考方法。体验学习和课题研究成为中小学生在"综合学习时间"课程中最根本的学习活动方式。"综合学习时间"要求学生通过理解、体验、感悟和探究自然、社会,形成综合的社会实践能力,发展学生社会责任感。

中国台湾也非常重视中小学综合实践活动课程。例如,1994年颁布的《小学课程标准》规定小学要设计多样化的综合实践活动类课程。例如,中国台湾的小学综合实践活动或课程包括:(1) 家政课程与生活科技活动。家政课程涉及"家庭生活""衣着""饮食"等内容,生活科技活动强调思考和探究。(2) 乡土艺术活动。乡土艺术活动涉及"乡土艺术活动了解""乡土造型艺术""乡土表演艺术"和"乡土艺术展演"等具体的实践活动。(3)辅导活动课程。辅导活动课程包括"学习辅导活动""生活辅导活动"和"生涯辅导活动"三个方面,活动方式包括"自我认识与指导""参观""演练与实际运用""角色扮演""讨论""经验分享"。(4)团体活动。团体活动项目包括学术类活动、艺术类活动、康乐类活动、科技类活动、运动类活动、服务类活动和联谊类活动。各类活动项目的基本学习方式是操作与实践,其中科技类活动以探究为主,服务类活动则涉及社区服务、学校服务、老人服务、育幼服务、交通服务、生活纠察服务、环保服务、爱盲服务(即助残服务)等。

我国新一轮基础教育改革中,教育部也把"综合实践活动"作为中小学课程中的必修课程,课程总目标是:学生能从个体生活、社会生活及与大自然的接触中获得丰富的实践经验,形成并逐步提升对自然、社会和自我之内在联系的整体认识,具有价值体认、责任担当、问题解决、创意物化等方面的意识和能力。显然,社会实践活动是"综合实践活动"课程的重要内容。我国中小学"综合实践活动"课程强调学生通过实践,增强探究和创新意识,学习科学研究的方法,发展综合运用知识的能力;增进学校与社会的密切联系,培养学生的社会责任感。我国要求在中小学"综合实践活动"课程的实施过程中,加强信息技术教育,培养学生利用信息技术的意识和能力,了解必要的通用技术和职业分工,形成初步技术能力。我国中小学综合实践活动涉及的领域包括:(1)主题探究或课题研究,主要开展自然现象或问题的研究、社会现象或问题的研究;(2)社会实践学习,主要开展社会服务活动、社会考察活动、社会公益活动;(3)生活学习,主要开展生活技能的训练活动、生活科技与创造活动。

苏州市在落实中小学生综合实践活动特别是社会实践活动方面进行了前瞻性探索。"家在苏州·e路成长"未成年人社会实践活动很好地处理了学校、家庭和社会之间的联动关系,既为学校提供了丰富的课程资源,促进了中小学生综合实践活动课程的实施,也为中小学开发地方课程提供了条件。

早在2014年,苏州市精神文明建设指导委员会就印发了《"家在苏州·e路成长"未成年人社会实践活动实施方案》,并明确指出,要充分发挥"家在苏州·e路成长"未成年人社会实践活动的养成作用,引导未成年人乐于探究、勤于动手和勇于实践,着力培育社会主义核心价值观,着力弘扬中华民族优秀传统文化,推动形成课题教学、校园文化和社会实践多位一体的育人新平台。这个实施方案从"主题创意""组织机构""活动流程""活动载体"

和"活动评估"等方面,对"家在苏州·e路成长"未成年人社会实践活动进行了规划。此后,"家在苏州·e路成长"以"中国梦、德善心、礼仪行"为主题,在体验和感悟中认知认同核心价值观,传承弘扬优秀传统文化,培养社会责任感、创新精神和实践能力,未成年人社会实践活动如火如荼地遍布苏州大地。"家在苏州·e路成长"未成年人社会实践活动通过跟纪念馆、博物馆、展览馆、艺术馆、档案馆、拓展基地、实验室和科技研发中心等单位对接,研发与打造了112个体验、互动与实践的场所,进行了前瞻性的探索,取得了骄人的成绩。

2017年年初,中共苏州市委宣传部发布了《关于成立苏州市未成年人社会实践体验活动站综合服务平台建设实事项目领导小组的通知》和《关于印发〈"家在苏州·e路成长"未成年人社会实践活动体验活动站综合服务平台建设项目实施方案〉的通知》,表明了苏州市委宣传部对未成年人社会实践体验活动的高度重视,从制度层面对"家在苏州·e路成长"未成年人社会实践体验活动站综合服务平台建设的指导思想、工作目标、主要任务和建设进程做了规定,明确了8项目标任务的责任部门和单位。苏州市委宣传部在新时代对未成年人社会实践体验活动提出的新要求,鞭策致力于推动未成年人社会实践体验活动的同仁砥砺前行,既进行理论思考与整体规划,也总结成功案例与优质化引导,前瞻性地对苏州市未成年人社会实践体验活动进行分类指导。苏州市委宣传部、市文明办、市教育局联合开展的"家在苏州·e路成长"未成年人社会实践体验活动,已惠及市区36万未成年人,孩子们手持"家在苏州·e路成长"苏州市未成年人社会实践体验护照,就能够得到苏州市社会实践体验站给予的通行便利和必要帮助。"家在苏州·e路成长"未成年人社会实践体验活动受到学校、家庭和社会各界的好评。

可见,"家在苏州·e路成长"未成年人社会实践体验活动完全符合教育部义务教育课程方案中"综合实践活动"的要求,既从理念、范式和内容上做了引领与规划,也从组织、资源和通道上提供了根本保障。苏州的未成年人社会实践体验活动有目标、有内容、有抓手,苏州的未成年人社会实践体验活动对孩子来说是有益的和安全的,苏州的未成年人社会实践体验活动对家长来说是欢迎的和放心的。

本书是"家在苏州·e路成长"未成年人社会实践活动研究与实践的阶段性总结成果。本书编写者均为中小学综合实践活动的专家或指导教师,对中小学综合实践活动的理论与实践有深入的研究,并有多年指导苏州市未成年人社会实践体验活动的经验。他们不仅从理论上阐述了未成年人社会实践体验活动的意义、范式和课程开发原则,还从"资源类别""课程设计"和"活动实践"三个维度详细分析与点评了12个类别112家体验、互动与实践场所的成功案例。我相信,本书一定会对苏州市广泛开展未成年人社会实践体验活动产生重要的指导作用。

　　本书针对"红色印记""时代精神""名人先贤""历史文博""艺术品鉴""苏作工艺""科普创新""绿色生态""生命健康""志愿服务""职业体验"和"法治宣传"等12个未成年人社会实践体验活动的类别,展示了112家体验、互动与实践场所的成功案例。"红色印记"让孩子们了解中国共产党的光辉历史,听听苏州的革命故事,缅怀苏州的革命先烈,珍惜今天美好的生活;"时代精神"让孩子们感受苏州城市的现代化和新农村的繁荣,学习企业家的创新精神,了解苏州标志性品牌产品的生产过程,继承苏州人精神;"名人先贤"让孩子们参观苏州名人故居、博物馆和陈列馆,探寻名人的足迹,立志成为对社会有用的人;"历史文博"让孩子们走进苏州的历史,感叹苏州的文化瑰宝,亲手尝试"制宝",延续苏州的文脉;"艺术品鉴"让孩子们聆听、品鉴与学唱评弹,欣赏、临摹与创作美术作品,提升审美情趣;"苏作工艺"让孩子们走近苏州的"御窑金砖",回望盛泽的先蚕祠,感受苏州巧夺天工的品格;"科普创新"让孩子们观察、认知、探究与设计,了解机器人,研究望远镜,感知科学与技术的力量;"绿色生态"让孩子们进入大阳山,探秘穹窿山,树立绿色环保的意识;"生命健康"让孩子们走访"李良济",了解膏方,学习健康的生活习惯;"志愿服务"让孩子们开展"乱架图书我归整"活动,尝试公益活动主持,学会合作与帮助;"职业体验"让孩子们体验"柜员""主播"和"点心师",模仿"地税员"和"消防员",认知社会、了解职业;"法治宣传"让孩子们学习交通法规、注意道路安全,体验法庭、预防犯罪,做遵纪守法的公民。我相信,本书一定会对苏州市广泛开展未成年人社会实践体验活动产生重要的示范作用。

　　苏州人杰地灵、钟灵毓秀,有丰富的未成年人社会实践活动的资源,有众多的未成年人社会实践体验活动研究者和实践者,有一批关心孩子成长的体验站与企业家,有心系未成年人的市委市政府的关心与支持,我相信,苏州的孩子一定会在实践与体验中健康而快乐地成长。愿"家在苏州·e路成长"未成年人社会实践活动研究与实践不断结出丰硕的成果!

母小勇　苏州大学教授、博士生导师

目录

MU LU

［专家简介］徐燕萍 　　　　　　　　　　　　　　　　　　　　　　　001

1　理性思考

文化实践课程化：未成年人社会教育优质化考量　　　　　　徐燕萍　　004
境脉学习：一种引导学习转型的新范式　　　　　　　　　　徐燕萍　　011

2　整体策划

苏州市未成年人社会实践体验活动课程开发指南　　　　　　徐燕萍　　020
苏州市未成年人社会实践活动体验课程设计模板　　　　　　徐燕萍　　024
"家在苏州·e路成长"未成年人社会实践体验站基本情况调查表　徐燕萍　丁来勇　026

3　实践案例

类别一：红色印记

［导师简介］曹林男　　　　　　　　　　　　　　　　　　　　　　　030
［导师评析］＊资源类别分析　　　　　　　　　　　　　　　　　　　030
　　　　　　＊课程设计解析　　　　　　　　　　　　　　　　　　　031
　　　　　　＊活动实践评析　　　　　　　　　　　　　　　　　　　032
［示范案例］红色印记（苏州革命博物馆）　　　　　　　　　　　　　034
［精品案例］追寻太湖红色文化印记（新四军太湖游击队纪念馆）　　　045

类别二：时代精神

［导师简介］周菊芳　　　　　　　　　　　　　　　　　　　　　　　053
［导师评析］＊资源类别分析　　　　　　　　　　　　　　　　　　　053
　　　　　　＊课程设计解析　　　　　　　　　　　　　　　　　　　055
　　　　　　＊活动实践评析　　　　　　　　　　　　　　　　　　　056
［示范案例］做一个有道德的人（苏州公民道德馆）　　　　　　　　　057
［精品案例］走进太湖雪　体验蚕桑文化（太湖雪蚕桑文化园）　　　　069

类别三：名人先贤

[导师简介] 沈芊　　　　　　　　　　　　　　　　　　　　　　075

[导师评析] *资源类别分析　　　　　　　　　　　　　　　　　075

　　　　　　*课程设计解析　　　　　　　　　　　　　　　　　076

　　　　　　*活动实践评析　　　　　　　　　　　　　　　　　077

[示范案例] 探寻名人足迹　助力自我成长（苏州市名人馆）　　　079

[精品案例] 让顾炎武精神伴随你我成长［顾炎武纪念馆（故居）］　090

类别四：历史文博

[导师简介] 张嘉　　　　　　　　　　　　　　　　　　　　　　098

[导师评析] *资源类别分析　　　　　　　　　　　　　　　　　098

　　　　　　*课程设计解析　　　　　　　　　　　　　　　　　099

　　　　　　*活动实践评析　　　　　　　　　　　　　　　　　100

[示范案例] 青花瓷文博课程（苏州博物馆）　　　　　　　　　　102

[精品案例] 探寻农机具　感悟农业发展（江苏省农机具博物馆）　112

类别五：艺术品鉴

[导师简介] 时苗　　　　　　　　　　　　　　　　　　　　　　117

[导师评析] *资源类别分析　　　　　　　　　　　　　　　　　117

　　　　　　*课程设计解析　　　　　　　　　　　　　　　　　118

　　　　　　*活动实践评析　　　　　　　　　　　　　　　　　120

[示范案例] 走进吴苑深处　体验评弹艺术（中国苏州评弹博物馆）　122

[精品案例] 走进金鸡湖美术馆　争当小小艺术家（苏州金鸡湖美术馆）　133

类别六：苏作工艺

[导师简介] 吴江　　　　　　　　　　　　　　　　　　　　　　145

[导师评析] *资源类别分析　　　　　　　　　　　　　　　　　145

　　　　　　*课程设计解析　　　　　　　　　　　　　　　　　146

　　　　　　*活动实践评析　　　　　　　　　　　　　　　　　147

[示范案例] 变土为金探金砖（御窑金砖博物馆）　　　　　　　　148

［精品案例］一叶一蚕一世界［先蚕祠（吴江丝绸陈列馆）］　　　　　　　　　155

类别七：科普创新

［导师简介］吴哲　　　　　　　　　　　　　　　　　　　　　　　　　　162
［导师评析］＊资源类别分析　　　　　　　　　　　　　　　　　　　　　162
　　　　　　＊课程设计解析　　　　　　　　　　　　　　　　　　　　　163
　　　　　　＊活动实践评析　　　　　　　　　　　　　　　　　　　　　164
［示范案例］机器人的世界我能懂（科沃斯创想机器人博物馆）　　　　　　166
［精品案例］探秘太阳系（苏州市青少年天文观测站）　　　　　　　　　　172

类别八：绿色生态

［导师简介］陈式如　　　　　　　　　　　　　　　　　　　　　　　　　180
［导师评析］＊资源类别分析　　　　　　　　　　　　　　　　　　　　　180
　　　　　　＊课程设计解析　　　　　　　　　　　　　　　　　　　　　181
　　　　　　＊活动实践评析　　　　　　　　　　　　　　　　　　　　　182
［示范案例］我们的秘密花园（大阳山国家森林公园植物园）　　　　　　　184
［精品案例］探秘万鸟园（穹窿山万鸟园）　　　　　　　　　　　　　　　190

类别九：生命健康

［导师简介］许方红　　　　　　　　　　　　　　　　　　　　　　　　　198
［导师评析］＊资源类别分析　　　　　　　　　　　　　　　　　　　　　198
　　　　　　＊课程设计解析　　　　　　　　　　　　　　　　　　　　　199
　　　　　　＊活动实践评析　　　　　　　　　　　　　　　　　　　　　200
［示范案例］探秘李良济　小E带你学中医（李良济中医药文化体验站）　　201
［精品案例］健康生活　科学洗手［苏州市健康教育园（苏州市疾病预防控制中心）］　212

类别十：志愿服务

［导师简介］沈国琴　　　　　　　　　　　　　　　　　　　　　　　　　221
［导师评析］＊资源类别分析　　　　　　　　　　　　　　　　　　　　　221
　　　　　　＊课程设计解析　　　　　　　　　　　　　　　　　　　　　222

＊活动实践评析	223
[示范案例] 乱架图书我归整[独墅湖图书馆(青少年阅览室)]	224
[精品案例] 小主持大世界(苏州广电青少年公益活动坊)	234

类别十一：职业体验

[导师简介] 钱文宗	243
[导师评析] ＊资源类别分析	243
＊课程设计解析	244
＊活动实践评析	246
[示范案例] 奔跑吧,小消防员们!(麦鲁小城职业体验馆)	247
[精品案例] 税收知识我知道[苏州市妇女儿童活动中心(儿童税收体验馆)]	258

类别十二：法治宣传

[导师简介] 卢燕、周晨阳	265
[导师评析] ＊资源类别分析	266
＊课程设计解析	266
＊活动实践评析	267
[示范案例] 交通安全[苏州市青少年活动中心(交通安全和法治教育基地)]	268
[精品案例] 体验庭审　预防犯罪(姑苏区检察院未成年人模拟法庭)	277

后记　282

专 家 简 介

徐燕萍

课程总规划、总设计、总指导：徐燕萍

教育教学理念：履职"教师"，创生"课程"，引领"境脉学习"。

徐燕萍，女，苏州市优秀教育工作者、苏州市名教师、苏州市"五一劳动奖章"获得者。1969年11月出生，中学高级教师，现任苏州市平江中学校副校长。大学本科学历，教育硕士，修历史学课程论、心理学、教育管理三个专业的研究生课程。主要研究领域是中小学综合实践活动课程。在推动教育转型的课改实践中，创立了"境脉学习"理论框架及实践范型，提出"课程六对话"课改策略，学术成果在全国有影响力。十多年担任、兼任苏州市中小学综合实践活动课程教研员，推动苏州综合实践活动课程从无到有、从有到优，创出素质教育新空间。被聘为苏州市实事项目"未成年人社会实践体验活动站综合服务平台建设"首席专家，担任课程研发、培训的总设计与总指导，致力于"全教育""真学习"，为促进学校教育与社会教育融合互通，为实现苏州市社会教育课程化、优质化做出贡献。

作为核心成员参与全国规划课题完成2项、在研1项，主持省级课题完成3项、在研2项，第二主持教育部重点资助课题在研1项。共发表论文100篇以上，近5年来，发表论文14篇，其中在核心期刊发表5篇。出版学术专著1部——《学会学习 学会认知 学会活动——综合实践活动课程导论》，编著1部，担任第二主编1部，应邀参编教材、教参等11部。担任苏州大学硕士专业学位研究生导师、教育部综合实践"国培计划"常驻专家、江苏省教育学会综合实践专业委员会常务理事、江苏省中小学综合实践活动课程中心组成员、苏州市教育学会中小学综合实践活动课程专业委员会副理事长兼秘书长、苏州市未成年人社会实践指导中心特邀专家、苏州市未成年人社会实践指导中心体验活动课程开发核心团队导师总指导。

历年来获江苏省人民政府教学成果奖（基础教育类）特等奖、苏州市首届教育教学成果奖（基础教育类）特等奖、苏州市第十三次哲学社会科学优秀成果奖三等奖（教育类成果排名第一）、江苏省课题研究成果一等奖、江苏省第四届教育科学优秀成果奖实践探索类三等奖、江苏省第三届教育科学优秀成果奖理论创新类三等奖。被评为江苏省首届教研先进个人、苏州市"五带头、三先行"优秀共产党员标兵、苏州市中青年学科带头人、苏州市首届教坛新秀"十佳"等。指导教师先后获国家级、省级专业大赛一等奖20多人，其中总冠军5人。

理性思考

LI XING SI KAO

文化实践课程化：未成年人社会教育优质化考量

徐燕萍

【摘要】 新时代,"青少年日益增长的学习和发展的需要与教育供给不平衡不充分之间的矛盾"成为教育的主要矛盾。为切实满足广大未成年人的教育需求,建设全域而有效的教育供给体系,2017年苏州市实事项目"未成年人社会实践体验活动综合服务平台建设",致力于做优质而有效的社会教育,以"未成年人社会教育是一种文化实践"为理论观照,以"文化实践课程化"为社会教育专业化路径,打造"全教育""真学习"运作体系,提出了未成年人社会教育课程的基本特征,明确了未成年人社会教育优质化的考量标准及发展规划。

【关键词】 文化实践　社会教育　课程化

党的十九大的胜利召开,标志着中国特色社会主义进入新时代。"人民日益增长的美好生活的需要和不平衡不充分的发展之间的矛盾"成为我国社会主要矛盾。那么,如何来解决"人民(特别是青少年)日益增长的学习和发展的需要与教育供给不平衡不充分之间的矛盾",成为当前政府和教育界、文化界、科技界必须联合思考的问题和行动方向。

教育社会化、社会教育化,是衡量一个发达的现代化国家的重要标志。教育的本质是促进人的发展,让每个人学会学习、学会认知、学会交往、学会生存,从一个自然人发展成为社会人。狭义的教育指学校教育,广义的教育指学校教育、家庭教育和社会教育的总和。对受教育者而言,教育和学习是充斥在完整的生活之中的。在"科学"成长家园,他们通过系统的符号学习,了解、掌握和传承前人积累的人类文明;在"生活"成长家园,他们通过深度的体验学习,逐步建构个体对自然、对社会、对自身生活的经验图式。这种日渐定型的心智模型兼具感性和理性,成为个体心理品质、智力水平、行为样式的核心结构。"全教育"是一种覆盖完整生活全领域的教育供给。"真学习"是一种有持久动力、高效策略、自主调控的学习状态。新时代的到来,教育供给侧的结构型转轨也悄然启动。2017年苏州市实事项目"未成年人社会实践体验活动综合服务平台建设"就是一个前瞻而先行的社会教育转型项目。

这里讨论的范畴是学校教育与社会教育的融合互通,是基于和指向未成年人完整生活、充分发展、健康成长的全教育与真学习,是一种政府主导、多领域联合组织与实施的主动发力的教育供给侧改革。

一、未成年人社会教育是一种文化实践

"未成年人社会教育是一种文化实践",这是一种审视社会教育的站位与立意,也是苏州市实事项目组织与实施的基本理论假设。这个假设来源于以下三方面的理论支撑。

一是社会建构主义学习理论,它把教育、学习和发展三方面关联在一起。教育的终极目的是促进人的学习和发展,完成个体从自然人转变为社会人的全过程。

二是"三个实践"学习理论。人生活在物质世界、精神世界和自我世界三个领域,与之相对应的,人的学习就是认知实践、文化实践和自我意义建构的实践。三个世界三种学习实践把德智体美劳的具体内容都融合进去了,是一种全纳、全域的学习新认识。

三是联合国教科文组织2016年发布的重磅报告《反思教育:向"全球共同利益"的理念转变?》。该报告重新界定了知识、学习和教育,认为"知识……可以理解为个人和社会解读经验的方法。因此,可以将知识广泛地理解为通过学习获得的信息、认识、技能、价值观和态度。知识本身与创造及复制知识的文化、社会、环境和体制背景密不可分","学习可以理解为获得这种知识的过程。学习既是过程,也是这个过程的结果;既是手段,也是目的;既是个人行为,也是集体努力。学习是由环境决定的多方面的现实存在。获取何种知识及为什么、在何时、何地、如何使用这些知识,是个人成长和社会发展的基本问题","教育可以理解为有计划、有意识、有目的和有组织的学习。正规教育和非正规教育机会意味着一定程度的制度化。但是,许多学习即便是有意识和有计划的,其制度化程度要低得多(如果能够形成制度的话)。这种非正式教育不像正规教育或非正规教育那样有组织、有系统,可能包括发生在工作场所(例如实习)、地方社区和日常生活中的学习活动,以自我指导、家庭指导或社会指导为基础"。[1]

教育和学习是两个相互关联的概念,学习又和发展相连接,所以教育、学习和发展三者就组成了一个结构性网络。未来社会"学有所教"形态是终身大教育形态,终身学习是未来社会的生活方式和生命价值取向。未成年人的成长离不开社会教育,离不开文化对个体学习和发展的制约。家庭教育是未成年人学习和发展的基础,学校教育是未成年人学习和发展的关键,社会教育是未成年人学习和发展的充分条件。在大教育视阈下,未成年人学习和发展的社会需求跟学校教育发展不均衡、家庭教育不科学、社会教育不充分的矛盾是泛教育界的主要矛盾,要解决这个矛盾就必须坚持教育社会化和社会教育的理念,把教育、学习和发展三大系统融合在一起,用社会建构主义教育理论建立一个学习、家庭、社会教育融合互通的学习发展共同体,实现终身教育和终身学习的现代化教育目标。

二、文化实践课程化是一种社会教育专业化路径

教育是促成发展的事业,课程是专业为受教育者设计的实现发展的"跑道"、机会和平台。优质的教育需要优质的课程来支持。我们认为,社会教育由"活动"走向"活动课程",从"感觉"步入"感知—感悟",由"体验"进阶到"经验生成",是未成年人社会教育优质化考量的基本方向和组织实施的专业化操作路径。

---

[1] 联合国教科文组织. 反思教育:向"全球共同利益"的理念转变?[R]. 2016.

课程是教育领域的核心概念。一般的教育理论专著把课程定义为教育的轨道。我们也可以把课程理解成个体学习和发展的可能性平台。学校教育有严密的、完整的课程体系,家庭教育的课程比较多元和灵活,社会教育的课程还处于探索阶段。学校教育的课程建设已经有数千年的历史,每个历史时期都有每个社会需求的学校教育课程体系,学校课程在不断改革的过程中优化,不断和社会的文明进步相一致。社会教育的课程研究,东西方有很大的差异,中国特色的社会教育课程体系目前尚处于初级阶段的发展过程中。社会教育的优质化就是要探索一条符合新时代中国特色社会主义思想的社会教育课程建设之路,建设一个有清晰和明确的教育目标、选配适合未成年人学习需求的策略和方法、内容与形式符合未成年人生成和发展要求、能操作、能检测、能持续的课程体系。

未成年人社会教育优质化考量,是在理论和现实的结合点上,对社会教育的课程化组织与实施进行一些理性思考,为进一步优化未成年人社会教育工作拓展思路,提供范式,加速"全教育""真学习"的现代化进程。

三、未成年人社会教育课程的基本特征

社会教育不同于学校教育和家庭教育。

首先,教育主体呈现多元化。学校教育的责任主体是校长和教师,家庭教育的责任主体是父母或法律监护人,社会教育的责任主体并不十分明确,有图书馆、博物馆、科技馆、艺术馆等,也有网络媒体、新闻单位、广告、社团、宗教,还有各种区域性社区民俗民风活动组织等,所有社会团体都承担着一定的社会教育责任。

其次,责任主体的多元化导致社会教育资源的分散。社会教育资源是生活化、分散的情景化直观资源。

最后,社会教育是一种非指导性教育,受教育者的参与是自主自选的,学习方式是交流体验性学习。

社会教育与学校教育和家庭教育的本质区别,引发了社会教育课程的三个特质。

1. 社会教育课程的文化传承和创新价值取向。

目前建构课程体系有六种价值取向:一是经典承接,例如国学、文学、历史;二是知识传授,例如数学、物理、化学;三是技术训练,例如劳技、职业技能;四是文化传承和创新,例如生活、道德、综合实践;五是艺术,例如音乐、美术、戏曲;六是体能竞技,例如足球等体育专业训练。面对不同的价值取向,课程的结构和形态是完全不同的。虽然随着社会的文明进步,人们终身学习的需求日益高涨,社会教育课程的内容也会日益丰富,但是,其中的技术、艺术、体育的课程内容都是一种普适性的闲暇教育课程内容,不能跟专门学校的专业课程相提并论。社会教育课程是一种文化传承和创新价值取向的综合课程,而且主要是一种文化实践活动的课程。

文化有600多种定义,归纳起来有三类:一是等同于学历,一般称高学历者为文化人;二是指某种生活方式,例如茶文化、酒文化等;三是指一种信仰及在这种信仰支配下的行为。社会教育课程的文化实践活动采纳的是第三类文化解释。传承和创新人类文明,其中包括物质文明和精神文明,通过实践信仰来提升自己的生命价值。振兴中华,实现中国梦,学习、践行习近平新时代中国特色社会主义思想,这是未成年人社会教育课程优质化的灵

魂和核心。

2. 社会教育课程的生活化实景形态。

社会教育坚信杜威"生活教育"的理论假设,真正有效的教育是生活化、实景化、活动化的教育。所谓生活教育,有两个层面:一是结合生活实景认识世界,认识自我;二是用自己的经验和智慧解决生活中的问题。学校教育目前倡导的教育与生活的联系,仅在第一层面展开,把抽象概念情景化、直观化,还没有真正回归生活。社会教育的文化实践,弥补了学校教育的短板,使教育和生活真正融合在一起,促进了人的优质全面发展。

从单纯意义上讲,未成年人的成长和发展是两个完全不同的概念。成长是有自然性的,包括生理和心理成长两个方面。身高、体能的发育是看得见的成长,思维、心智的成长是隐性的成长。成长是有阶段性和连续性的,有最佳期。发展是后天的,跟学习相关联。学习是有条件的,所以发展也是有条件的。未成年人健康发展的制约条件很复杂,但是社会教育,即社会环境或社会文化制约,这是一个重要因素。中国古代"孟母三迁"就是讲清了社会文化对未成年人成长和发展的影响。邓小平在反思"文化大革命"教训时说,"最大的失误是教育"指的是大教育,特别是社会教育的失误。改革开放初期,受商业文化的冲击,学校德育教育面临悖论的教训,充分证明了社会教育课程优质化的现代社会意义。

社会教育课程生活化形态,要坚持结合社会现代化育人需求和未成年人的心理生理特点,选择生活中的主题,学习认知,学习使用工具,学习交往,学习自我控制,走前人的文化之旅,并且回归生活解决生活中的问题,思考自己的社会责任性,提升自己的文化素养。让每个未成年人从小明白,人既有动物的属性,又区别于动物。动物的自然性是为自己活着,人除了自然性以外还有社会性,就是为他人活着。马斯洛的需求层次论让大家明白,当生活的基本需求得到满足后,人还应该追求精神需求和自身的生命价值。

3. 社会教育课程的综合主题活动结构。

课程结构有两大类:一类是以知识和技能为核心的逻辑结构,从简单到复杂,从单一到综合,形成循环,循序渐进,具体可以以学科课程结构为例;另一类是以综合实践为核心的主题结构。这类课程结构在学校教育中称为"综合实践活动课程",在家庭教育中称为"亲子活动课程",国外有称为"丰富性课程",有称为"生活课程",有称为"综合学习时间",等等。社会教育课程的综合主题活动结构是一种登山式的学习方式,让学习者参与活动,按一定的路线去攀登目标。当他完成所有学习目标后,就如同登上了山顶,会产生"悟"的感觉,原来世界很大,自己渺小,就会反思自己的经验和行为,重新认识世界和自己。这就是文化之旅,就是文化承接和创造的过程。

根据日本学者佐藤学教授的理念,每个人都生活在三个世界,即物质世界、精神世界和自我世界。[1] 三个世界就对应着学习的三种实践:认知世界的实践、文化实践和自我意义建构的实践。社会教育活动是以文化实践为主的学习活动,有综合性、活动性、自主性、反思性特征,是一种非指导性的交流体验活动过程。社会教育课程是一种受教育者发展的可能性平台,并不是强制性的规训。优质的社会教育课程是一种未成年人喜欢的课程,是一

---

[1] (日)佐藤学.教育方法论[M].于莉莉,译.北京:教育科学出版社,2016:36.

种文化润泽的课程,是一种具备反思性、批判性的动态过程。

四、未成年人社会教育课程优质化的考量

真正有效的教育,都必须是课程化的教育。未成年人社会教育的优质化,是未来社会教育化、教育社会化优先研究的方向。目前,未成年人社会教育课程化的议题还在起步阶段,优质化的过程还有漫长的路要走,但首先要在以下三个关键点上发力。

1. 明确未成年人社会教育的责任主体和实施单位。

未成年人社会教育的责任由谁承担?政府是第一主体、责任主体,负责政策层面、法规层面和组织层面。实施单位应该是社区或者学区、学校、文化机构、司法、民间社团、家庭等组建的联合体。

要健全两个组织机构:一是以社区或学区为单位的学校、家庭、社会教育联合体,负责课程的实施和评估;二是建立由课程专家、资源单位、社会志愿者、社团组成的咨询协作委员会,对课程资源的开发利用、课程方案的规划设计、学习工具和场域的提供等方面,进行科学的、可操作性的设计,使课程优质化的进程有序推进。

2. 确立未成年人社会教育课程的基本框架。

(1)未成年人社会教育课程的组织者、设计者和指导者,要协同工作,确立未成年人社会教育课程的基本框架。

(2)要根据资源特征和学情特点,选择适配的主题活动课程基本模型。

主题活动型课程有五种基本模型:

一是认知探究式模型,可以采用实验法、课题研究法来进行。

二是问题解决式模型,以问题为导向,设计方案,解决问题。

三是反思批判式模型,开展交流和辩论,理性思考社会现象。

四是信仰践行式模型,例如做一件公益性事情,从事公益性工作,进行道德善举活动,等等。

五是赋予经典现实意义式模型,例如红色记忆、长征之旅、儒学诵读等。

主题活动型课程的资源特征决定活动内容,要和模型相一致,不同的主题要选配不同的模型。主题活动型课程又要和未成年人年龄发展的阶段性相吻合。年龄低,游戏方式可以多一点;年龄大些则认知条件相对充分,应该采用知、情、意、行相结合的方式。

(3)要把握好主题活动类型课程模型的基本环节。

不管采取哪种主题活动型课程模型,都要有以下三步:

第一步,让未成年人明确学习活动的具体目标,激发未成年人主动参与文化实践的意向和情感。

第二步,分阶段参与活动实践,课程方案的设计要以学习过程呈现为主。实施这一步要分两个环节来完成:一是个体实践;二是合作交流,交流越充分,学习效果越理想。

第三步,自我意义建构,也就是经验的炼制。不管哪种模型,最终都要让未成年人提升到理性层面,形成智慧,学会自控、自律、自理。

具体的教育实践中,灵动变换模型的基本环节,可以使模型活起来。

3. 有效开发和利用社会教育资源,充分利用好网络学习工具。

社会教育资源是丰富的、分散的、多元的,要靠教育工作者去开发、组织和利用。经济发达国家,把图书馆、博物馆、艺术馆视作国家和民族文明的标志,未成年人定期免费进入学习。我国已经确立了场馆免费开放制度,但是,未成年人周末都忙着补课,很少有学生主动去馆院学习。此外,节日民俗、仪式教育、家风传承等,都是社会教育极其重要的资源。要有一批社会教育工作志愿者,组织未成年人一起参与资源开发,这也是一种人类非物质文化的传承。

社会教育是现实世界的教育,网络工具是虚拟世界的呈现,两者不在同一个领域。随着人工智能、信息技术进入生活,进入学校,课堂在发生变化,学习也在发生变化。同时,网络是一种工具,使用工具本身就是一种学习。要让未成年人学会使用工具,做工具的主人,而不是工具的奴隶。在社会教育资源配置过程中,要结合网络的使用来进行法律意识教育、信息筛选和价值判断,以此助益技能学习,使网络工具充分发挥正能量效应,加速未成年人的健康成长。

五、未成年人社会教育课程优质化发展的路线图

学校教育的课程建设在中国已有数千年的历史,孔子时代的"六艺"就是学校的课程体系。随着科举制度的建立,"四书五经"便成为一种制度化的课程。清朝末年,废科举兴新学,借鉴了西学,引进了现代课程,历经改革逐渐成熟,达到优质化水准。中国特色的家庭教育是以家风家规的形式呈现的,长辈经验的传承是主要方式,父系是家庭教育的权威,多数家长是维护儒学之道、科举之道、生存之道、治国之道的,历史上孟母、岳飞母亲都被视为家庭教育的典范。在农业封建社会中,社会组织相对封闭,社会教育一般以族规、民约的形态呈现,由族长、乡长担任教育的主体责任,并没有什么课程体系,只是根据社会需求确定一些制度进行规劝。在西方,宗教力量担任社会教育的主角,用宗教文化进行社会教育。东西方对社会教育的认识是有差异的,在课程建设上,西方相比东方起步较早。

现代社会是一个多元化的开放社会。工业社会的教育传播手段除了印刷外,还增加了通信广播。社会结构也发生了变化,社区成为主要的社会结构形式。随着移民潮的流动,社区文化、社区教育成了社会教育主流。信息社会网络和多媒体的出现,使教育传播手段更加丰富多元,社会教育的时空更加脱域,其教育功能更加显示不确定性,社会教育有正能量但同时也产生了一定的负面影响。坚持新时代的中国特色社会主义思想的信仰,以及在这信仰指引下的统一行动,是社会教育的核心。未成年人的社会教育不是学业水平的教育,而是人的学习和发展的教育,让每个未成年人学会学习、学会认知、学会交流、学会做事、学会合作、学会创新,在认知实践、文化实践和自我意义建构实践过程中,体现自己的生命价值,履行自己的社会责任和义务。

习近平新时代中国特色社会主义思想,为我们描绘了振兴中华的愿景,指引了我们工作的努力方向。未来的未成年社会教育应该是全社会形成合力的、受到制度和法规保障的、具有社会约束力的社会教育,应该是一种科学的课程化体系的非指导性教育,应该是一种具有地方特色的、在文化传承和文化创新交汇点上的发展性教育。在未成年人社会教育课程优质化的发展过程中,结合苏州市的实际情况,可分三步走。

2018 年,初步完成未成年人社会教育区域化的课程框架体系,制定出未成年人社会教

育的指导纲领和课程模块,明确社会教育课程的总目标。并细化出具体分段目标,制定出实施的策略和方法、组织和检测等操作性问题,在内容选择和课程模式方面提供典型范例,供未成年人社会教育运作者参考。

2020年,以社区为单位,建设起一个未成年人学习型组织,采用菜单式的资源供给方式,用情景主题学习、境脉主题学习、网络混合主题学习,沟通学校教育、家庭教育和社会教育,建立起未成年人社会教育课程优质化体系,动员图书馆、博物馆、科技馆、艺术馆、体育馆等资源单位,建设基地的基础课程和发展课程,保障未成年人社会教育的优质性和科学性。

2025年,把社会教育的受众对象范围从普通未成年人视域拓展到全域,建设学习障碍未成年人、智残体残未成年人、心理障碍未成年人、行为矫治未成年人乃至覆盖所有成年人的课程体系,使社会教育更富有全纳性、特色性和实效性。建设完善的网络学习体系,让学习成为未成年人的主要生活方式,让更多的社会教育志愿者参与未成年人的社会教育,让未成年人社会教育课程更科学、更完善、更适切、更优质。

未成年人社会教育优质化即文化实践的课程化,这是一个过程,不是终极目标。这里有两层意义:一是未成年人社会教育课程化并优质化的过程,本身就是社会教育工作者的一种文化实践;二是未成年人接受社会教育,这也是一种文化实践。所谓文化实践,就是走前人走过的文化之旅,承接人类文明,创新人类文化,建设具有中国特色的社会教育文化。2017年苏州市实事项目"未成年人社会实践体验活动站综合服务平台建设",是未成年人文化实践的前瞻性思考,是区域性社会教育课程化和社会教育运作体系化的先行实践,是为实现"两个一百年"的中国梦,做好一个"全教育"工作者应该做的事,履行一个"真学习"引导者的社会职责。

【参考文献】

1. (美)约翰·D.布兰思福特等.人是如何学习的——大脑、心理、经验及学校(扩展版)[M].程可拉,孙亚玲,王旭卿,译.上海:华东师范大学出版社,2013.

2. (日)佐藤学.教育方法论[M].于莉莉,译.北京:教育科学出版社,2016.

3. (美)杰恩·弗利纳.课程动态学——再造心灵[M].吕联芳,邵华,译.北京:教育科学出版社,2013.

4. (美)内尔·诺丁斯.批评性课程:学校应该教授哪些知识[M].北京:教育科学出版社,2012.

5. 联合国教科文组织.反思教育:向"全球共同利益"的理念转变?[R].2016.

境脉学习：一种引导学习转型的新范式[1]

徐燕萍

【摘要】 本文提出的"境脉学习"，来自教育经验的炼制和课堂教学改革实践的总结。境脉，包括学习目标、学习内容、学习环境、学习条件、学习类型、学习者自身状态等，是所有学习要素的总合。境脉学习，是一种全域论下"学习"这个复杂系统的动态过程，其本质是不同境脉选择不同的学习方式，讲求学习者在学习动态过程中的自主自控。境脉学习，关注学习者的元认知能力培养及个体学习动能和场域内的聚合学习势能的和谐振荡，主张以优化学习者与境脉的互动来提升学习的有效性水平。境脉学习，是一种引导学习转型的新范式。

【关键词】 境脉学习　理论依据　内涵特征　课堂学习　学习转型　学习范式

当前，学习科学研究成为推进课堂教学改革向纵深发展的主要力量。学习，是一个复杂系统的动态过程，这是一个拥有多个组成部分，并且组成部分之间相互作用的演进过程无法用标准的线性方程加以预测的系统。[2] 影响学习动态过程的因素很多，有外部的学习环境、学习目标与内容等，有内部的学习者认知起点、情感态度和心智投入程度等，还有激发内外因素互动的教师指导。有效的学习，能根据复杂系统的生成变化原理，让学习者自身具有的动能与场域内诸多学习要素之间相互作用，和谐振荡，形成势能，在非平衡态的混沌边缘，形成自我更新的张力。基于教育经验的炼制和课堂教学改革实践的总结，本人认为，境脉学习，是一种引导学习转型的新范式。

一、境脉学习的理论依据

1. 理论起点——境脉主义哲学观和全域学习论。

境脉学习是一种学习文化理念，也是一种有效学习的操作范式，是境脉主义哲学观和全域学习论相结合的产物。

作为一种学习文化理念，境脉学习植根于境脉主义哲学观。"所谓境脉主义，就是认为

---

[1] 本文系江苏省教育科学"十二五"规划2015年度立项研究课题"境脉学习：综合实践活动建构经验涵育核心素养的案例研究"（课题编号：D/2015/02/190）研究成果。课题主持人为徐燕萍。"境脉学习"源自课改探索的理论框架和实践范式，2016年在第十四届上海国际课程论坛以主题报告形式首次发布，获得与会专家好评。

[2] J. Michael Spector, M. David Merrill, Jeroen van Merriënboer, Marcy P. Driscoll. 教育传播与技术研究手册（第三版）[M]. 任友群，焦建利，刘美凤，汪琼，主译. 上海：华东师范大学出版社，2012：37,39.

任何事件都可以解释为一种与其当前和历史境脉不可分割的正在进行的行为。"[1]

全域学习论把"学习"界定为:发生于生命有机体中的任何导向持久能力改变的过程,而且这些过程的发生并不是单纯由于生理性成熟或衰老机制的原因。[2] 作为一种学习转型范式,境脉学习体现了全视域认识学习本质的视角,它把学习界定为人类认识客观事物、传承和创新文化及进行自我修养的三类实践活动。

2. 理论基础——建构主义学习论。

境脉学习的理论基础是建构主义学习论。建构主义学习论继承并发展了皮亚杰的结构主义思想,关注学习中的要素,进而关注学习要素的关系,关注学习个体和社会文化层面的本质联系。建构主义不仅将学习视为任何情境下建构知识的过程,更认定在学习者有意识地参加公共实体建构的情境时——无论它是沙滩上的一个沙堡,还是关于宇宙的理论,学习尤其容易发生。建构主义促使我们重新思考传统的教与学的概念,重新考量课堂学习的有效性。

建构主义学习论起源于20世纪80年代LOGO程序设计语言对学习方式的冲击。它的核心思想改变了传统的知识观和学习文化的价值取向。在近几年的学习论研究和发展的过程中,建构主义也派生出许多分支。境脉学习是基于维果茨基的社会文化建构主义理论的教学实践探索,主张学习是个体和集体(含诸多学习要素)共同参与的实践活动。在先前经验的基础上,学习者与学习环境互动,形成个体学习动能和场域内的聚合学习势能和谐振荡能量叠加,有效学习由此产生。该理论倡导终身学习的理念,认为学习是人的生命过程。境脉学习致力于学校教育的指导性学习和生活世界的非指导性学习的融合,让学生学会学习、学会认知、学会活动。

二、境脉学习的内涵特征

境脉学习,是一类基于问题解决、综合运用知识、涵育元认知素养的学习行为,以浸润型、生成性的学习方式为主导。所谓浸润型,是指这种学习方式是境脉化的、互动化的、潜移默化的。所谓生成性,是指学习过程是非线性的,学习结果是多元的。学生的学习状态始终处在混沌的边缘,也就是有序和无序的交集处,原有经验和发展经验的灰色中间地带,用维果茨基的概念定义,就是"最近发展区"。

1. 核心内涵——境脉+互动+匹配策略。

境脉学习,其核心内涵有三:一是学习在一定的境脉中进行。这种境脉包括具体情境、学习条件、社会文化制约、学习者自身状态等。二是境脉学习是学习者主动参与境脉的互动,包括认知实践、社会实践和反思性批判实践,提升自己的自我调控能力和自我效感。三是根据学习者不同的学习境脉选配不同的学习策略和方法,使学习达到最佳状态,适应社

---

[1] J. Michael Spector, M. David Merrill, Jeroen van Merriënboer, Marcy P. Driscoll. 教育传播与技术研究手册(第三版)[M]. 任友群,焦建利,刘美凤,汪琼,主译. 上海:华东师范大学出版社,2012:65—66.

[2] (丹麦)克努兹·伊列雷斯. 我们如何学习:全视角学习理论[M]. 孙玫璐,译. 北京:教育科学出版社,2014:31.

会的变革。

2. 基本特征——境脉化、互动生成、自我调控。

境脉学习的基本特征是境脉化、互动生成和自我调控。所谓境脉化，就是指学习要置于特定的物理时空，形成一个包含学习对象、心智成长、互动主体等多类别学习要素的学习共同体，有任务的情境、认知的脉络和思维的结构。这方面并不简单等同于情境教学，情境是固定的、静态的、现实的，而境脉是连续的、动态的，可以是现实的，也可以是想象模拟的。由此而言，现代教育传播信息技术可以为境脉学习创造更丰富的条件，提供可操作的平台。所谓互动生成，是指境脉学习并不追求标准化的记忆性训练，而以参与互动为形态，追求学习个体和群体、学习者和学习环境的交流，形成个体动能和境脉势能的叠加，产生激光效应，使学生的学习成为生命生成的重要部分。自我调控也被称为元认知能力。学习的本质特征之一就是自我调控，改变自己的素养，适应社会的文明进步。境脉学习讲求依据境脉选配恰当的策略并在过程中加以调控，这是一种学习怎样建立适应大自然变化和社会进步的自我调控机制的新型学习范式。

三、课堂学习，一种特殊场域的境脉学习

课程涵育素养。莱姆基认为："素养是多样的。每一种都包含了一系列相互依赖的社会实践，这些实践关系到人、媒体实体和意见建构的策略。"[1]课堂学习，就是一种特殊场域中的境脉学习——依据学情、学习目标、学习内容等诸多学习条件，教师专业设计"学习场"，有序调动学习要素，组织学生在文化性、社会性、伦理性实践活动中主动建构经验，优化学习方式，提升学力，涵育素养。不同于生活学习，有了教师的专业设计与组织指导，课堂学习这种特殊场域的境脉学习就会自然、巧妙、专业而有效。

境脉学习，一堂综合实践活动课的例证。新学年初始，我和一群初一的孩子从《开学第一课》开始交往。从初始的单元学习活动设计到引领实践、建构经验、提升学力、涵育素养，都体现了本人的境脉学习理念和实践。

1. 学习，在境脉中发生。

46名不同文化背景的初一新生汇聚一起，将要共同完成长达3年的学习生活，这就是特定的开学课堂学习境脉。在新的学习环境中，彼此认识、和谐相处是最现实的任务和最基本的心理诉求。于是，"学会交往"就自然成为第一、第二课的单元学习主题。在最初的两课时内，多样化的真实任务，吸引了素不相识的少年们抛却青涩，冲破心理防御机制，全情投入。学习，就这样自然而然地发生了。

2. 学习者要主动与境脉互动。

教师是实践活动的设计者、组织者、引领者、合作者和合法边缘参与者。教师提供了学生自主学习的环境和条件：学生可以自主选择喜欢的工具和方式，选择自己认为的最佳视角介绍自己；倾听他人介绍之后，学生根据自己的价值判断标准，用结构化的思维及相匹配

---

[1] （美）索耶.剑桥学习科学手册[M].徐晓东,等译.北京：教育科学出版社,2010:347.

的策略与工具标注要点;学生根据自己的意愿选择学习和交往的合作伙伴。课堂上,个体或团队主动参与的多轮现实任务,潜移默化地引导学生学会全面认识他人,学会准确介绍自己,学会倾听他人诉求,学会建立人际关系,学会选择合作伙伴。以相互沟通为基础的各类实践活动,涉及认知客观环境的文化性实践,实现人际交往的社会性实践,激发自我判断的伦理性实践。通过各类实践活动,学生在教师适时恰当的专业指导下,主动与境脉积极互动,形成特定境脉中诸多学习要素的有序互动和有效对话,从而逐步形成建立班集体学习共同体的内驱力。

3. 学习要选用适配的学习策略和工具。

以交往力、思维力、技术力为单元学习的核心素养与关键能力涵育目标,教师营造自由平等的学习氛围,促动学生学会在异质社群中互动;在倾听和辨析中引领思维,指导学生学习要素关联与概念分类,进行意义建构;以活动为媒介实体,指导学生学用图谱工具梳理思路。用思维指导交往,用图谱协助辨析,使得初中生的第一课不同于一般的心理活动课,助推学生从儿童期顺利迈步进入少年期,开始学会理性的人际交往。

四、境脉学习引导学习转型

1. 境脉学习:重新定义课堂学习。

课堂学习是一种文化实践活动,不同的境脉,有不同的学习文化选择倾向。根据日本教育家佐藤学对课堂学习的理解,学习是三种实践:一是认识客观世界的实践;二是承接和发展人类文化的实践;三是建构自我意义的实践。[1] 课堂学习是一种建构实践活动的特殊场域内的认知维度、人际维度和自我维度相叠加的复杂文化实践。把课堂隐喻成社会,在上述综合实践活动课例这个实际境脉中,学会交往是一个文化学习实践活动,进行自助的、能动的认知、文化、自我伦理三维度意义建构,让学生经历感知—感觉—炼制—经验积累和应用的境脉学习全过程。

与传统的模仿学习不同,境脉学习关注学习的过程和意义建构的生成,具体课堂形态是特定境脉内诸多学习要素的碰撞、合作、交流和表达。真正意义上的有效课堂学习,是学习个体主动参与实践活动的动能和集体(含诸多学习要素)交流、对话、协作所产生的势能的完美结合。课堂学习的核心,在于学习者主动参与文化实践、交流、经验炼制、反思和自我调控。

2. 境脉学习:引导学习方式转型。

学习领域的研究关注自主的、能动的、建构的学习文化。这种新型学习方式,把学习定义为意义与关系的建构:一是建构学习对象和自我关系;二是建构已知和未知的关系;三是建构社会性和政治性的人际关系;四是建构自身内部的伦理关系。

基本学习方式有听中学、做中学、思中学、探中学等,每一种方式都经历信息采集、经验炼制、构建意义、实践应用的过程。现实的学习行为,通常是综合产生与自然过渡的,是学习主体和学习目标、学习环境互动生成的一种运作状态。境脉学习讲求"用中学"的新型综合性学习方式,学用结合,学以致用,以用促学。任务情境下,为用而听,因用而做,以用

---

[1] (日)佐藤学.教育方法学[M].于莉莉,译.北京:教育科学出版社,2016:84.

激思,以用促探,用而跨界,用而迁移,激发学习者的综合性学习行为,建构独特而有效的自我调控学习机制。

学生学习方式的转型,是指学生根据不同的学习目标和学习内容,在不同的学习境脉中采取不同的学习策略和方法,进行有效的学习。任务情境下,认知脉络中,教师在具体学习形态方式的选配上,给予得力支持和专业指导。引导学生学习方式转型,学会学习,学会认知,学会活动,是境脉学习的出发点和归宿。

五、境脉学习的课程活动实践范式

课程的变革,涉及课程活动设计、学习活动结构和课程活动生态的变革。当前课程活动研究的转型,从研究教材教法转向关注学生学习的有效性,关注学习方式的转变。境脉学习是一种学习方式的变革,属于以学习为中心的课程改革范畴。任何学习都有三个维度两个过程。三个维度是指内容、动机和互动。两个过程是指学习者内部心智获得加工的过程和个体与环境之间的互动过程。境脉学习是课程学习变革实践探索的产物,是跨境(界)思维在课程学习变革中的具体应用。境脉学习设计与指导有5个基本要素:(1)任务情境力求真实(生活);(2)学习要素场域聚合(跨界);(3)互动对话经验生成(体验);(4)思维脉络结构呈现(策略);(5)心智模型日渐优化(建模)。创设真实或高仿真的学习场,组合各类学习要素,构建包含人、事、物在内并有机运作的学习共同体。教师运用专业技术,自然引领学生与各类学习要素有序互动、有效对话,发生文化性认知、社会性交往和伦理性反思,从而获得由思维、方法、策略支撑的理性经验,丰富认知结构,优化心智模型,提升学习能力。

境脉学习不是一种时尚的、所谓创新的标饰,而是一种全视角的学习理解,是多元学习方式在课堂教学活动中的具体应用。境脉学习用一种跨学科、全视角、全视域的思维模式,把学习者和学习境脉联结起来,形成一个完整的生命课程。境脉学习涵盖了学生课程学习的全领域。境脉学习引进课程活动改革,可以从三个层面推进:一是课程文化层面,不同性质的课程赋予境脉学习不同的意义;二是学生素养层面,把元认知能力列入课程活动改革目标;三是教师(指导者)专业发展层面,教师(指导者)在学习境脉创设中的问责。结合三个推进层面,除了上述综合实践活动课程案例之外,另择各具代表性的课程领域,进行引导学习转型的课程活动操作范式案例分析。

1. 不同课程,不同学习目标,境脉学习采取不同策略、方法和工具。

理科单学科课程案例:数学教学的 HPM 视阈。所谓 HPM 教学,是指将数学知识、数学思想、数学方法、数学原理置于数学历史文化背景中去进行教学,事实上就是把数学视作人类文化进步的产物,让学生在历史文化学习境脉中,重走前辈科学家的研究探索之路,培养学生的创新意识、意志和能力。例如,数学课程中的"字母代表数",有两次循环,一次在小学四年级,一次在初中一年级。传统的教学方式是先做后讲,精讲多练,但学生并不明白为什么要用字母来表示数,也不清楚字母引进之后数学的思维方法、运算法则发生了怎样的变化。如果采纳 HPM 视阈,即把"字母代表数"的学习单元置于数学发展史的境脉中,让学生体会从数具体东西到用数字表示,是人类认识世界的第一次抽象,那么,从数学运算到字母运算则是人类认识世界的第二次抽象。$1+3=4$ 指 1 个实物和 3 个实物的合并,是 4 个实物。这实物可以是动物,也可以是植物或其他。a+b=c 并不关注实物的多少,只关注 a 元素和 b 元素的合并关系。让学生在数学文化历史背景下,沿着人类文明进步的轨迹走一遍,这种学习的效果跟传统的灌输是完全不一样的。当然,不是所有数学法则和定理的学习,都要从数学文化史开始。境脉学习是一种把学习条件、学习环境、学习内容、学习要求统整在一起,采取自我调控方式的学习范式,不是教条主义的定式。

文科单学科课程案例:语文阅读教学中的情境教学是境脉学习典型例子。情境教学是从教的角度来命名的,境脉学习是从学的视角来表征的,是同一类事物的两种表征。情境教学注重生活实际场景的再现,把文学作品还原到学生的生活中去,使学生理解文本的意义。境脉学习并不完全要求回归生活实际场景,而是要求学生发挥猜想、联想,想象在现实世界、精神文化世界和自我世界互通中建构意义,进行"三界"互动的文化实践。例如鲁迅的《孔乙己》的教学,传统课堂教学介绍该作品的时代背景,读该作品,背词句,讲一讲该文学作品的社会文化意义。如果我们采用有序开放的境脉学习,把《孔乙己》文学作品交给学生,要求学生组成一个团队,拍一部自编自导自演的电视剧会怎么样呢?这样的电视剧一要保留鲁迅原著的主题思想;二要赋予原著现代社会意义;三要具有一定的艺术作品价值。只要教师提供学习的脚手架,我想学生学习的效果肯定是不一样的,有的学习会给学生带来终生难忘的效果。当然,课程活动是有时间和空间限制的。我们可以选择适切的内容,借助教育信息技术和学生社团活动,把指导性教学和非指导性学习融合在一起,境脉学习一定会从理念变成操作范式。

2. 元认知能力的培养是境脉学习的核心。

学习是一个复杂的过程,有效的学习一定要依靠学习者的自我调控,这就是素养三维度中的反思和批判维度。元认知能力是指对自己认知水平的认知。优秀的围棋运动员,每场比赛下来都能复盘,总结自己的成功和失败。学业优秀的学生,考试后的估分误差都在 ±5 的区间范围内,这就是元认知能力强的行为表现。境脉学习的元认知能力反映在三个方面:一是学习策略和方法的选配;二是对学习要求和学习现状之间差距的认识;三是对学习态度和情绪适应客观的学习境脉的调整。

综合学科课程案例:中学历史、地理是小综合课程,以主题为单元设计教学活动,知识点比较分散,知识面比较宽泛,跨学科的思维要求高。例如在《隋唐时期:繁荣与开放的时代》教学时,学生不但要记忆基本史实,还要理解这些史实的成因,并学习用现代思维依托历史唯物主义观点对形成特定历史的因素加以判断和评析。历史知识与地理、经济、政治、气象、人类学等知识的结合非常紧密。单纯听讲,信息量不够,学习效果不会理想。在小综合课程学习过程中,境脉学习就要侧重引导学习者主动搜索信息,跨学科思维,加强学科联系,关注事物之间的关系,建构自己的意义。

活动课程案例:以 2017 年苏州市实事项目"未成年人社会实践体验活动站综合服务平台建设"的体验活动课程设计与指导为例。第一,将全市 112 家公益性体验站进行资源分类,再基于课程资源的特质进行学习设计。这些体验站资源可分为红色印记、时代精神、名人先贤、历史文博、艺术品鉴、苏作工艺、科普创新、绿色生态、生命健康、志愿服务、职业体验、法治宣传 12 大类。第二,区分不同学段学级,确认"价值体认、责任担当、问题解决、创意物化"等具体课程目标,确定"职业体验、社会服务、考察探究、设计制作"等具体活动任务,力求学生活动匹配学情,有序有效。[1]第三,从未成年人学习的视角,有机统整诸多活动内容,设计科学合理的体验式学习任务,组织自然的境脉学习,整合渗透理解概念,综合学用境脉迁移。这些体验式实践活动的设计要符合下列要求:(1)生动活泼,实践方式多样化;(2)丰富多样,资源开发多元化;(3)活用资源,境脉迁移综合化;(4)有所习得,心智模型优质化;(5)多元发展,跨界关联体验化;(6)激发关注,兴趣爱好专业化。第四,精心关注未成年人体验的5大模块,综合设计,形成序列,涵养道德品性,培养关键能力,涵育核心素养。这5大模块包括:(1)知识学习(流程符号标识:正方形);(2)技能操作(流程符号标识:菱形);(3)实践探究(流程符号标识:长方形);(4)社会交往(流程符号标识:椭圆形);(5)自我成长(流程符号标识:圆形)。

3. 学习环境创设中的教师问责。

境脉学习倡导学生学习的自主性,但也不否定教师的指导性。教师要为学生的有效学习搭好脚手架,支持境脉学习。教师可以在以下方面为境脉学习做好技术支撑和引领:一是精准把握课程标准,即教师要对学习目标、学习内容、学习意义进行深层次理解;二是精确分析学情,要从认知起点、学习风格、家庭文化背景、学生对所学内容的认识等方面进行量的分析和质的判断;三是找准学生学习的最近发展区,即维果茨基认为的"在教师或成人帮助下共同完成的学习任务与学习者独立完成的学习任务之间的差距"[2]。搭脚手架是以教师对课程的理解和对学生的深度认识为支撑的,也是教师专业能力的隐喻。搭好脚手架,要求教师成为终身学习的示范者,也就是认知、文化和自我构建三领域的实践者。学校要用境脉学习的理念,更新教师的教学理念,组建教师合作团队,在理论研究和实践操作的结合点上,充分发挥教师的聪明才智,使每位教师成为搭建学生有效学习的脚手架专家。

基于境脉主义哲学观,以全域学习论为视角,境脉学习成为建构主义学习论派生而成的一种新的学习理解,它既是一种学习文化理念,又是一种引导学习转型的操作范式。境脉学习的结果评价是以学习者是否学会学习为评价参考标准的。学会学习,学会认知,学会活动是唯一用以评价结果的标准。所有依据境脉学习理论设计的课堂教学活动,其绩效就看学生是否进行有效的学习,是否能够建立适合自己的学习风格和学习范式,并在认知实践、社会实践、伦理实践活动中促进自己的成长和发展。

---

[1] 教育部.中小学综合实践活动课程指导纲要.教材〔2017〕4号.教育部关于印发《中小学综合实践活动课程指导纲要》的通知.

[2] (日)佐藤学.教育方法学[M].于莉莉,译.北京:教育科学出版社,2016:37.

整体策划

ZHENG TI CE HUA

苏州市未成年人社会实践体验活动课程开发指南

徐燕萍

一、课程性质

社会实践,是以获得直接经验、发展实践能力、增强社会责任感为主旨的学习领域。它与研究性学习、社区服务等共同构成我国基础教育新课程体系中综合实践活动课程的基本板块。组织与实施社会实践体验活动,要准确把握经验课程的实践理念。注重亲历,注重体验,在开放的内容和实践过程中,引导未成年人关注自然,亲近社会,完善自我,面向完整的学习与生活。

二、课程价值

社会实践,就要走出学校,走进社会,积累和丰富个体的人生经验。作为一种广义学习的领域,社会实践体验活动的价值在于以下两方面。

1. 自主步入社会,丰富生活体验,使学习生活更完整。

个体对于文化知识的学习,是以认知为主的学习,这是一种认识人类文明的基本学习路径。个体的成长,离不开生存的体验和生活的历练,这是一种以获得经验为目的和结果的学习。在接受学校教育的同时,未成年人自主且各具创造性地走入社会,加强学科学习与生活体验的联系,可以充分发掘学习和成长资源,使学习生活更完整,成长历程更充实、更有意义、更富有创造性。

2. 拓展学习空间,改变学习方式,更智慧地笑对生活。

接触社会,在做事、交往中发现问题,寻找伙伴,组织资源,活用知识,学用方法,训练思维,运用工具,选配策略,解决问题。社会实践体验活动首先能拓展学习空间,即超越课堂,超越学校生活,将学习场所扩大至更为广大的社会背景;其次能优化学习方式,即在真实的问题境脉中进行任务式的学习,把课堂知识学习和社会体验学习结合起来,学以致用;最后能提升学习效果,即提高社会实践能力,形成积极向上的情感体验和健康充实的生活态度,增强对社会的使命感和责任感。在境脉实践中涵育素养,优化心智模型,从而更加智慧地笑对生活。

三、课程目标

中国学生发展核心素养以培养"全面发展的人"为内容,遵循科学性、时代性、民族性原则,在"文化基础、自主发展、社会参与"三大方面,培育"人文底蕴、科学精神、学会学习、健康生活、责任担当、实践创新"六大素养。我国界定"核心素养",是教育从"知识传递"向"知识建构"转变的标志。这种转变既符合世界潮流,也是个体发展的必然诉求,即未成年人在成长过程中要逐步形成适应个人终身发展与社会发展的人格品质与关键能力。社会实践,是个体生活历练的过程,也是教育者通过体验活动课程引领未成年人积累经验的过程,培养未成年人学以致用的意识、思维和能力,培养未成年人社会适应能力、社会服务意识、公民责任感及创新精神。

教育部颁发的《中小学综合实践活动课程指导纲要》,明确提出培养学生综合素质是课程的总目标,具体课程目标有"价值体认、责任担当、问题解决、创意物化"等,主要活动方式有"考察探究、社会服务、设计制作、职业体验"等。社会实践体验活动课程的总目标是通过密切学生与生活的联系、学校与社会的联系,帮助未成年人获得亲身参与实践的积极体验和丰富经验,提高学生对自然、社会和自我之间内在联系的整体认识,发展学生的创新精神、实践能力,培养学生的社会责任感,并形成以下良好的个性品质:

(1)亲近自然,懂得与自然和谐相处。
(2)融入生活,形成健康、进取的生活态度。
(3)完善自我,肯定自我价值,发展兴趣与专长。
(4)拓展经验,增进社会适应能力与创新精神。
(5)参与实践,增强公民意识和社会责任感。
(6)服务社会,对他人富有爱心。

四、课程内容

围绕自然、社会、自我三大维度,全面开发综合实践体验活动课程内容,具体兼顾以下8大板块。

1. 珍惜环境。

欣赏与保护自然,理解人与自然不可分割的内在联系,发展对自然的热爱情怀。知道如何保护和改善自然环境,并主动实践。

2. 融入社会。

融入集体,关怀他人,具有集体意识与责任感。自觉遵守社会行为规范,初步养成服务社会的意识和对社会负责的态度。考察周围的社会环境,初步形成反思、探究社会问题的习惯。

3. 善待自己。

认识灾害及危险情境,掌握避免方法。了解健康常识,学会自我保护。认识兴趣、爱好、特长和不足,悦纳自我,改进不足,树立自信。初步具有自主选择和独立决定意识。正确应对各种挫折与困难,珍惜生命。

4. 热爱生活。

融入生活,热爱生活。热爱劳动,学会适应社会生活,养成勤奋、积极、负责任的生活态度。

5. 学会学习。

热爱学习,养成良好的学习习惯。根据自己的学习特点,掌握正确有效的学习方法,形成终身学习的兴趣与愿望。热衷探究,具有强烈的好奇心和求知欲,初步养成从事探究活动的态度、方法和习惯。

6. 服务社区。

积极参与社会实践和社区服务活动,形成亲近社会的态度和热爱社会的情怀。热心参与志愿者活动、公益活动,关心社区中的重大活动和社区存在的主要问题。

7. 协同合作。

了解合作的意义和价值,养成合作品质。友好与他人相处,接纳与包容他人,学会尊重他人的意见和观点。

8. 国际理解。

欣赏身边不同文化背景的人,参与各种文化活动,体会文化与生活的关系。尊重与关怀不同的文化,并分享在多元文化中彼此相处的方式。探索世界各地的生活方式,展现自己对国际文化的理解与学习。

五、课程设计

1. **总目标**:学以致用,自主发展。

2. **基本要求**:彰显经验课程特质。

设计体验式学习任务,组织自然的境脉学习。整合渗透理解概念,综合学用境脉迁移。具体要求如下:

(1) 生动活泼,实践方式多样化;
(2) 丰富多样,资源开发多元化;
(3) 活用资源,境脉迁移综合化;
(4) 有所习得,心智模型优质化;
(5) 多元发展,跨界关联体验化;
(6) 激发关注,兴趣爱好专业化。

3. 关键把握：一个中心五条主线。

（1）一个中心：以学生视角，设计学习任务。

（2）五条主线：精心关注学生体验的5大模块，综合设计，形成序列，涵养道德品性，培养关键能力，涵育核心素养。这5大模块及流程信号标识如下：

① 知识学习。流程符号标识：正方形。

② 技能操作。流程符号标识：菱形。

③ 实践探究。流程符号标识：长方形。

④ 社会交往。流程符号标识：椭圆形。

⑤ 自我成长。流程符号标识：圆形。

4. 区分学段差异。

未成年人各学段的差异如下：

1—3年级：重体验，浓兴趣，多动手。

4—6年级：重思考，跨学科，并手脑。

7—8年级：重探究，多拓展，优展示。

未成年人各学段有差异，在开发综合实践体验活动课程时应加以区分。

苏州市未成年人社会实践活动体验课程设计模板

徐燕萍

苏州市未成年人社会实践体验活动课程案例名称
——（主题类别）

【活动主题】活动主题（宋体，小三号）
【体 验 站】体验站完整名称
【活动对象】1—3年级／4—6年级／7—8年级
【活动人数】建议每批次N人
【学情分析】
1.
2.
3.
【主题知图】
（附结构性图表）
【活动目标】
1.
2.
3.
【活动流程示意图】
（附结构性图表）
要求：
1. 以时间为序，简明示意活动流程。
2. 用简要文字命名或说明活动基本环节。
3. 判断各环节的主要教育功能，据此，在相关文字外围标识对应几何图形框。
① 知识学习（正方形）
② 技能操作（菱形）
③ 实践探究（长方形）
④ 社会交往（椭圆形）
⑤ 自我成长（圆形）
【活动过程】
一、（楷体，小三号）

1. （宋体,小三号）

2.

3.

二、（楷体,小三号）

1.

2.

3.

要求:关键设计添加"设计意图"。

[设计意图]（仿宋,四号）

【活动评价】

1.

2.

3.

【活动任务单】

要求:

学生用。版面力求鲜活,图文并茂。

A4纸大小,至多2个版面。

分层设计,匹配不同年段学情。

同层级课程中,尽可能提供A、B、C多个版本任务单。可以内容同质但表述相异,便于不同小组活动;可以内容相同但排版、颜色相异,避免同批学生抄袭。

【材料设备清单】

罗列组织并指导课程活动所需要的设备、材料等。

【安全保障】

1.

2.

3.

(设计者:……)（楷体,四号）

附件:主题活动资源包——（主题名称）

要求:

学生限时自主探究所需要的素材。

分门别类提供(是主题知图的具体细化,即基础的"知识点")。

综合性考虑素材类型,以供学、用。如知识素材、方法素材、技能素材、案例素材等。

"家在苏州·e路成长"未成年人社会实践体验站基本情况调查表

徐燕萍　丁来勇

体验活动站全称	
详细地址	
主管部门	
法人代表	姓　名　　职　务　　手机号码　　办公电话　　QQ号码
专职负责人	
专职联络员	
专兼职讲解员	专职＿＿＿人,最高学历：＿＿＿　　兼职＿＿＿人,最高学历：＿＿＿
社会实践资源特色	本站资源适配于涵育哪几方面的核心素养和关键能力？ (不定项选择,打√并简要说明) 一、核心素养 　　人文底蕴(　)　　科学精神(　)　　学会学习(　) 　　健康生活(　)　　责任担当(　)　　实践创新(　) 二、关键能力 　　认知能力(　)　　合作能力(　)　　创新能力(　) 　　职业能力(　) 三、简要说明

续表

体验互动区	有无专属未成年人的社会实践体验互动区？若有，请写明面积、设施等基本情况。 (　)无 (　)有＿＿＿＿＿＿＿＿＿＿＿＿＿＿＿＿＿＿＿＿＿＿＿＿	
体验活动课程	有无开发适合未成年人参加的体验活动课程？若有，请写明课程名称。 (　)无 (　)有＿＿＿＿＿＿＿＿＿＿＿＿＿＿＿＿＿＿＿＿＿＿＿＿	
社会实践 主题教育活动	有无组织开展过未成年人社会实践主题教育活动？若有，请写明年均场次、参加人数。 (　)无 (　)有＿＿＿＿＿＿＿＿＿＿＿＿＿＿＿＿＿＿＿＿＿＿＿＿	
共建学校	有无共建学校？若有，请写明共建学校全称及共建内容。 (　)无 (　)有＿＿＿＿＿＿＿＿＿＿＿＿＿＿＿＿＿＿＿＿＿＿＿＿	
POS 机使用	好评(　　)　　中评(　　)　　差评(　　) 理由：	
工作建议		

实践案例

SHI JIAN AN LI

类别一

红 色 印 记

导师简介

曹林男,高级教师,中共党员,苏州高新区中小学综合实践活动兼职教研员,苏州市教育学会中小学综合实践活动课程专业委员会副秘书长,苏州高新区实验小学校教科室主任。全国科研型教师,苏州市学术带头人,苏州市优秀教育工作者,江苏省教科研先进分子,苏州市教科研先进个人。承担省级规划课题6项,发表科研论文60多篇,指导苏州市多名青年教师荣获省市级教学基本功、评优课奖项。

教育教学理念:让每一个未成年人在社会实践活动体验中收获快乐,提升能力,铸造品质。

导师评析

资源类别分析

红色代表着吉祥、喜气、热烈、奔放、激情和斗志。在许多国家和一些民族中,红色具有驱逐邪恶的功能,象征着正义。红色在政治上经常用来象征革命。纵观这7家体验站——沙洲县抗日民主政府纪念馆、沙家浜革命历史纪念馆、太仓第一党支部纪念馆、新四军太湖游击队纪念馆、相城区烈士纪念馆、阳澄湖地区抗日斗争史迹陈列馆、苏州革命博物馆,都反映了苏州在中国共产党领导下的革命斗争史。作为当代的未成年人,就应该不忘历史,不忘初心,牢记今天的幸福生活是无数烈士洒热血、抛头颅换来的。铭记历史,才会更好地开创美好的未来。

为此,我们把这7家体验站归为一类,因其反映了中国共产党的光辉历史篇章,故取名为"红色印记","红色"代表革命,"印记"代表足迹,让苏州的未成年人在体验站的深度体验中获得能力素养的提升。例如，苏州革命博物馆的社会实践体验课程示范案例——"红色印记"，紧贴"苏州革命"这个红色印记，选取《光辉的历程——中国共产党在苏州》《新民主主义革命时期》展厅，了解苏州近代革命历史。通过参观展览，学习苏州近代革命历史。在半景画厅观看《阳澄烽火》半景画实景，聆听革命故事，了解苏州军民团结抗战的历史。学习包扎技能，演绎苏州百姓照顾受伤新四军战士的情景，完成团队合作任务，在实践活动中提高未成年人的各项技能。了解发生在苏州的重要革命事件和革命人物，重温革命先烈的不屈斗争历程，体会幸福生活的来之不易，激发学生对祖国、对家乡的热爱之情。

沙洲县抗日民主政府纪念馆的体验主题是"忆往昔峥嵘岁月，望家乡美丽建设"，通过参观展览，未成年人学习沙洲近代革命历史，聆听革命故事，了解沙洲军民团结抗战的历史。通过游戏体验完成团队任务，再现革命情节，在实践中加强队伍凝聚力，培养未成年人团队合作精神。了解发生在沙洲的重要革命事件和革命人物，重温革命先烈的不屈斗争历程，体会幸福生活的来之不易，激发学生对祖国、对家乡的热爱之情。

太仓第一党支部纪念馆的社会实践体验课程是"家门口的成长课堂"、新四军太湖游击队纪念馆的是"追寻太湖红色文化印记"、相城区烈士纪念馆的是"追寻红色足迹"、阳澄湖地区抗日斗争史迹陈列馆的是"沙洲革命故事"、苏州革命博物馆的是"八一小兵日记——小小志愿者体验日"，这几家体验站"红色印记"均是从革命角度讲述革命故事，学习革命技能，了解革命事件和革命人物，缅怀并传承革命先烈的精神，由此资源类别定位于"红色印记"是较为精准的。

课程设计解析

"红色印记"主题下的7家体验站所设计的课程均围绕"苏州的革命故事"，从"铭记历史，缅怀先烈，珍爱和平，开创未来"四个方面进行。

"身为苏州人，应知家乡事"。但是，革命事件和革命人物离未成年人似乎很遥远，孩子们在今天的幸福生活中已经感觉不到了，如何让未成年人能够自觉参与这样的红色体验呢？课程设计就需要架构"过去"与"现在"的桥梁，在体验活动中体验革命斗争的艰辛与残酷，从而珍惜现在美好的生活。

课程设计从各体验馆现有的资源入手。第一，设计"参观展览"这一环节。通过这一环节，学习苏州近代革命历史，了解发生在苏州的重要革命事件和革命人物，了解苏州军民团结抗战的历史。第二，设计"微讲座"环节。通过工作人员的微讲座，学生了解苏州的重要革命事件和革命人物，以及一些重要事件的来龙去脉，掌握一些知识，如新四军的来历、服装设计的含义等。第三，设计"游戏活动"这一环节。通过游戏活动，提升未成年人在体验活动中的兴趣。沙家浜革命历史纪念馆体验课程设计了一个支援的游戏，新四军太湖游击队纪念馆社会实践体验课程设计了水下体验生活的游戏。第四，设计"唱革命歌曲""诵革命诗歌"这一环节。通过这个环节，既增加学生的革命知识，又可以锻炼未成年人的能力。沙家浜革命历史纪念馆体验课程设计了唱一曲京剧《智斗》，苏州革命博物馆体验课程设计了诵革命诗歌《青松》。第五，设计"探索体验"这一环节。通过组建一支革命队伍环节，未成年人了解新四军、太湖游击队、江抗游击队等抗日军民在中国早期革命、抗日战争、解放战争等时期的革命故事。再通过"演一场革命场景——当一回新四军，学习包扎"等活动，用"探索"加上"体验"的方式，真实演绎革命场景。这些课程利用探索来体验氛围,利用革命诗歌来体验革命情愫。未成年人在身临其境之中学会一种革命技能,达到学以致用的体验效果。

由此可见,这样的设计体现了社会实践活动设计的真实性、开放性、趣味性和探究性,大大增强了未成年人的爱国主义情感,使未成年人在体验实践中得到了成长。

活动实践评析

"红色印记"类别下的7家体验站都把暑假作为学生社会实践体验的黄金时间,多次组织开展社会实践体验活动,收到了良好的社会评价和反馈。

沙洲县抗日民主政府纪念馆自体验站课程进入实施阶段以来,2017年8月开展了两次较为系统性的课程。其中一期主题为"忆往昔峥嵘岁月,望家乡美丽建设",参加的主要人员为辖区内4—6年级的新市民子女,按照4—6年级课程设计,结合实际情况,选取了3个环节开展了本课程,并特别加入了"幸福分享会",让新市民子女分享身边的幸福故事,增强归属感与幸福感。另一期主题为"铭记历史,缅怀先烈,珍爱和平,开创未来",参加的主要人员为合作学校合兴初级中学的新入团成员,按照7—9年级的课程设计,结合入团的契机,在课程的最后环节加入了入团宣誓。通过爱国主义教育课程的方式,学生更加铭记历史,并牢记中国共青团的使命,从革命先烈的身上学到永不放弃的精神。

沙家浜革命历史纪念馆体验站利用社会实践课程,让未成年人参观爱国主义教育基地,回顾当年先烈的英勇事迹,了解沙家浜革命历史,让孩子们在潜移默化中受到生动形象的革命传统教育。体验活动启动以来,应该说有着相当不错的影响力,拉近了纪念馆红色教育和学校的距离,把重点放在4—6年级学生身上,让学生在活动中重温历史,感悟革命战争年代的艰辛与残酷,懂得珍爱今日的美好生活,从而在参与活动中鼓励学生尝试、体验和思考,加强自身社交能力,提升团队合作精神。具体地说,通过参观展览,学习沙家浜革命历史,了解抗战时期老百姓和新四军团结一心,共同演绎鱼水情深的故事。通过游戏体验,再现革命故事情节,在实践活动中加强队伍凝聚力,培养未成年人团队合作精神。通过学做小导游、学唱京剧环节,了解沙家浜革命历史及传统文化,知道艺术源于生活,从而激发学生对祖国、对家乡的热爱之情。通过体验活动培养未成年人缅怀先烈、心怀感恩的意识。体验站一如既往配合做好"家在苏州·e路成长"未成年人社会实践活动。未成年人社会实践活动还可以延伸许多内容,除了在纪念馆了解革命史实外,还可以到墓地缅怀英烈,在红色旅游书屋感受红色文化,在沙家浜国防教育园体验国防教育,在纪念馆大厅或广场举行成人仪式、入团仪式、入党仪式等。

苏州革命博物馆体验站在开设示范课程"红色印记"后,收到了良好的社会效益,于是体验站领导又决定开发新课程,即"八一小兵日记——小小志愿者体验日"活动,并于2017年8月1日下午,体验馆就开始了体验日活动。

为了让小朋友们近距离感受军人正气凛然、威武不屈的精神面貌,苏州革命博物馆特别邀请两位驻苏某部战士共同开展活动。解放军战士向来政治过硬,有良好的政治思想觉悟。随着解放军叔叔一声令下,松散嬉笑的孩子们迅速进入"小兵"状态。整队完毕,"小兵"跟着苏州革命博物馆宣教老师来到"驻苏部队风采展"展厅,开展"政治学习"。在展览中,大家通过图片,看到了解放军战士日常训练时的艰辛与无畏,执行任务时的勇往直前,服务人民时的全力以赴。展厅中间陈列的坦克、飞机等武器模型尤为受到孩子们的青睐。在"技能训练"环节中,战士们向孩子们演示了如何将被子叠成方正的"豆腐块",教导大家要做力所能及的家务。随后战士们进行了"军体拳"的演示。两名战士一人喊口令,一人操练,展示了军人刚毅威武的形象,孩子们看完一遍直呼"不过瘾""还想看"。活动当天"小兵"也有了体验"服务社会"的机会,那就是在苏州革命博物馆做一回小小志愿者。苏州革命博物馆志愿者教师分别向孩子们展示了男生、女生的基本站姿,示范了展览讲解,"小兵"也化身"小志愿者",学得有模有样。自告奋勇的小志愿者分别挑选感兴趣的展板,为大家进行了讲解。最后,小小志愿者们一起走进展厅开展保洁服务,为苏州革命博物馆环境整洁献出自己小小的力量。

未成年人体验了解放军战士部队生活片段,亲自参与力所能及的志愿服务,目睹了当代人民解放军的风采,感受到了人民解放军的优良作风和严格纪律,从而会在今后的学习生活中进一步继承和弘扬人民解放军的精神,更加积极主动地参与志愿服务,争做一名新时代的好少年。

各家体验站紧紧依托"红色印记"这一主题开展了丰富多彩的未成年人红色体验活动,社会反响良好,产生了较好的社会效益,受到未成年人及其家长的热烈欢迎。苏州革命博物馆体验站等体验站将未成年人社会实践体验活动形成常态,在平时也开放预约平台,让全市更多的未成年人参与志愿服务实践体验,培养了未成年人为他人着想、为社会服务的精神。

【活动主题】红色印记

【体 验 站】苏州革命博物馆

【活动对象】4—6年级学生

【活动人数】建议每批次30人

【学情分析】4—6年级的学生具备了一定的学习能力,在个别活动环节上可以适当地放手探索。同时,该年段学生尚不能完全实现自主学习,必要环节仍需要教师的适时讲授与恰当指导。本案例设计重在鼓励学生尝试、体验和思考,架构"过去"与"现在"的桥梁,在参与性的活动中去体验革命斗争的艰辛与残酷,从而珍惜现在美好的生活。

【活动目标】

1. 通过参观展览,学习苏州近代革命历史。观看《阳澄烽火》半景画实景,聆听革命故事,了解苏州军民团结抗战的历史。

2. 学习包扎技能,演绎苏州百姓照顾受伤新四军队员的情景,完成团队合作任务,在实践活动中提高未成年人的合作、急救等技能。

3. 了解发生在苏州的重要革命事件和革命人物,重温革命先烈的不屈斗争历程,体会幸福生活的来之不易,激发学生对祖国、对家乡的热爱之情。

4. 在体验活动中促进未成年人勇于探究、勤于反思、解决问题、珍爱生命等核心素养的培养,提升学生的交往能力与团队合作能力。

【主题知图】

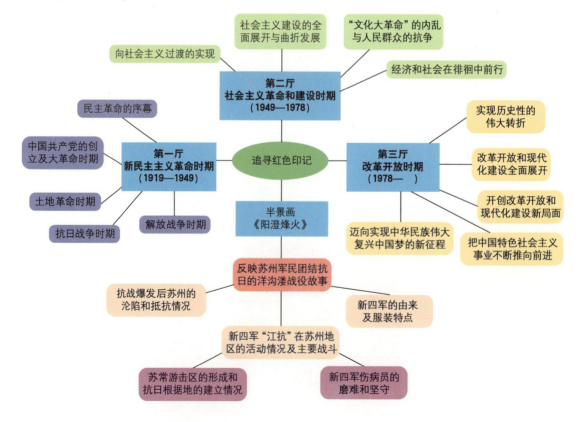

【活动流程示意图】

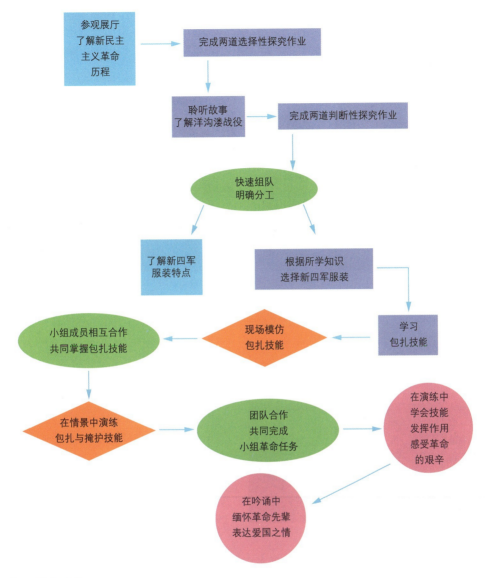

【活动准备】
1. 学生每人一张活动任务单。
2. 用于评价所用的相应图章:"学习章""观赏章""团队章""合作章""技能章""任务章""成长章"。
3. 纪念品若干。

【活动过程】

活动1：走一段革命历程

（活动导语）各位同学,让我们一起走进《光辉的历程——中国共产党在苏州》第一展厅,学习苏州近代革命历史,看看有哪些革命人物和革命大事件需要我们认识和牢记。

（活动内容）参观《光辉的历程——中国共产党在苏州》第一展厅"新民主主义革命时

期(1919—1949)"部分,讲解主要知识点,观看演示场景。

（活动要求）要求学生在参观过程中做到安静聆听,在活动任务单上完成两道选择性探究作业题。

（活动奖励）能做到安静聆听、完成探究作业的学生,可获得一枚"学习章"。

（活动时间）10分钟。

图1　领取任务卡

图2　走一段革命历程

活动2：听一则革命故事

图3　展厅中的微讲座

（活动导语）同学们,刚才我们以时间为主线,对苏州的革命历史有了大致的了解。接下来,我们将来到半景画厅,听一则反映苏州抗战的故事——洋沟溇战斗,从一个历史片段来感受苏州军民团结抗日的决心和勇气。

（活动内容）带领未成年人进入半景画厅就座,观看《阳澄烽火》半景画实景,聆听苏州军民团结抗日的故事。

（活动要求）能遵守秩序,安静就座聆听,爱护环境,符合"观赏之礼",在活动任务单上完成两道判断性探究作业题。

（活动奖励）能遵守"观赏之礼"的学生,可获得一枚"观赏章"。

（活动时间）8分钟。

设计意图

参观图片、聆听讲解是进行历史教育的主要形式。但这一活动形式对于学生来讲过于简单枯燥,为此在这两个活动的设计上,添加了选择题与判断题的探究作业。学生带着学习任务参与活动,会自觉认真聆听。同时,在活动中渗透评价激励,引导学生认真聆听,遵守秩序,并完成探究作业。

活动3：组一支革命队伍

（活动导语）同学们，抗战时期，新四军战士为赶走侵略者，保卫家园，在枪林弹雨中浴血奋战，很多战士负伤，甚至献出了宝贵的生命。在苏州，后方老百姓与前方战士心连心，想方设法为战士们做好后援工作。新四军战士在战斗中负伤，老百姓积极主动地为他们包扎止血。为此，我们要组建两个小组，每个小组就是一支革命小分队，我们将带领大家来体验战争岁月的艰辛和军民鱼水般的情意。

（活动内容）学生自主选择组成两个小组，每组要求有5名成员。组队后，学生根据自身的能力选择分工，认领好角色服装。

（活动要求）

1. 要求学生2分钟内组成以5人为单位的小组，组建自己的革命小分队。

2. 要求学生2分钟内选出1位组长，明确分工与任务。每组中1人扮演受伤的新四军队员，2人扮演为伤病员包扎的百姓，1人扮演掩护战友和百姓的新四军战士，1人做组长，协调小组成员活动。

3. 聆听教师讲解新四军着装知识。要求学生能在组长的带领下自主活动，在服装区选择出与所扮演角色相应的服装与配饰，并各自穿戴好。

（活动奖励）能找到"革命队伍"的成员，可获得一枚"团队章"。能在规定时间内明确分工、选好服装的团队成员，可获得一枚"合作章"。

图4　组一支革命队伍

（活动时间）8分钟。

活动4：学一种革命技能

（活动导语）大家都完成了分组，接下来我们要学习一种重要的革命技能，也是当今生活中实用的急救技能——包扎。

图5　学一种革命技能

（活动内容）

1. 根据小组的分工，工作人员分场地教授学生包扎的技能。4—6年级学生主要学习包扎头部与手部的技能。教师讲解知识点，并进行操作示范。

2. 根据小组的分工，工作人员分场地教授学生掩护队友的本领。

（活动要求）能听从教师的安排，遵守秩序，认真聆听、观察、学习教师传授的技能。

（活动奖励）能遵守秩序、认真聆听、完成相关技能的学生，可获得一枚"技能章"。

（活动时间）15分钟。

活动5：演一幕革命场景

（活动导语）学会了包扎技能，接下来就请大家实地演练，为受伤的新四军战士包扎伤口，看看哪一组做得又快又好。

（活动内容）在快速节奏、紧张激烈的战斗音乐中，主持人通过语言描述，带领大家体会战斗场景。小队中，有人为伤病员包扎头部、手臂，有人手持长枪（木枪）来掩护，组长协调指挥。

（活动要求）按分工要求，听从指挥，完成任务。鼓励合情合理的创作。

（活动奖励）能服从安排、认真完成任务的学生，可获得一枚"任务章"。

（活动时间）15分钟。

图6　认真观赏《阳澄烽火》

设计意图

为了打破传统参观活动中学生被动接受知识的陈旧模式，本体验课程设计了"组一支革命队伍""学一种革命技能""演一幕革命场景"的系列活动。这一系列活动逐层递进，集知识性、操作性、实践性、合作性于一体。学生在活动中主动选择团队，共同探究知识，共同合作完成任务。在实践体验中，学生既能感受革命之艰苦与危险，又能感受团队合作的力量。这一系列的活动，模拟了革命的场景，直接将学生置身于革命环境中，使学生获得真实的体验。

图7　演一幕革命场景1

图8　演一幕革命场景2

活动6：诵一首革命诗歌

（活动导语）同学们，今天我们了解了苏州的革命历史，聆听了革命故事，学习了革命技能，还动手动脑演绎了一回战争片段，大家都做得非常好。大家是否能感受到，战争是多么残酷无情，和平安宁的生活是多么来之不易？过着幸福生活的我们，一定不能忘了那些为民族解放、人民幸福而奋斗、受伤甚至牺牲的新四军战士。不忘历史，才能开辟未来。下面让我们一起吟诵一首革命诗歌，为我们今天的活动画上圆满的句号。

（活动内容）学生跟着屏幕诵读一首革命诗歌。

预设两首诗：

青　　松

陈　毅

大雪压青松，青松挺且直。
要知松高洁，待到雪化时。

七律·长征

毛泽东

红军不怕远征难，万水千山只等闲。
五岭逶迤腾细浪，乌蒙磅礴走泥丸。
金沙水拍云崖暖，大渡桥横铁索寒。
更喜岷山千里雪，三军过后尽开颜。

最后集体吟诵《青松》或《七律·长征》。

这一环节，要鼓励学生主动背诵、领诵其他革命诗歌。

（活动要求）要求学生起立，满怀革命的激情吟诵红色革命诗歌，激发学生的爱国热情。

（活动奖励）能立正并高声吟诵的学生，可获得一枚"成长章"。

（活动时间）5分钟。

活动7：评价总结

学生回到场馆服务台，工作人员根据活动任务单的完成情况，颁发相应的活动纪念品。

设计意图

每个活动环节中都加入了评价奖励机制，学生分别有机会获得"学习章""观赏章""团队章""合作章""技能章""任务章""成长章"等奖励，活动结束后可在服务台兑换相应的纪念品。这一争章奖励机制正好与学校中"雏鹰争章"活动相呼应，大大地激发了学生参加活动的积极性与主动性。

【活动评价】

1. 活动评价的理念。

过程性评价与结果性评价相结合，生生互评与教师点评相结合。

2. 评价方式。

学生相互评价：展示小组的评分，其他成员点评，并根据学生获得的图章数决定最佳小组。

教师评价：教师从专业角度对各小组的活动进行评价，点评其设计和表演中的亮点，对不合理之处和失误及时给予纠正。

3. 评价的基本的内容。

活动1：安静聆听、完成探究作业的学生，获得一枚"学习章"。

活动2：做到"观赏之礼"的学生，获得一枚"观赏章"。

活动3：能找到"革命队伍"的成员，获得一枚"团队章"。能在规定时间内明确分工、选好服装的团队成员，获得一枚"合作章"。

活动4：遵守秩序、认真聆听、完成相关技能的学生，获得一枚"技能章"。

图片9　领取纪念品

活动5：服从安排、认真完成任务的学生，获得一枚"任务章"。

活动6：高声吟诵的学生获得一枚"成长章"。

【活动任务单】

苏州革命博物馆"红色记忆"实践活动任务单

姓名_____　　体验时间：_____年____月____日

一、走一段革命历程，参观"新民主主义革命时期（1919—1949）"展厅，完成以下选择题。

1. 1925年5月30日，帝国主义制造了五卅惨案。苏州人民义愤填膺，在中共党员的发动带领下，掀起了声势浩大的反帝爱国斗争高潮。为了支援上海工人斗争，苏州人民积极开展了募捐活动，后来苏州人民用部分捐款修筑了一条马路，以纪念五卅反帝爱国运动。

请根据图示内容回答，苏州为此修筑的是_____路。

A. 公园路

B. 干将路

C. 五卅路

2. 九一八事变后，苏州各界民众奋起救国，成立各种抗日救亡组织，开展抵制日货的活动。一·二八淞沪会战爆发后，苏州民众以极大的爱国热情，声援和慰劳前方抗日将士。

请根据图示内容回答，第五军军长_____为马冈山阵亡将士英雄冢（zhǒng）书写题词"气作山河"。

A. 张治中

B. 官惠民

C. 朱耀华

二、听一则革命故事《阳澄烽火》,并完成以下判断题。

1. 苏州革命博物馆的半景画厅有一幅巨型油画,上面画的是苏州太湖地区的抗战故事。(　　)

2. 洋沟溇战斗中,打退了偷袭的日军,新"江抗"队员有十多人英勇牺牲。(　　)

三、组一支革命队伍,选出你的角色并穿上相应的服装。

洋沟溇村百姓□　　小组长□

新四军伤病员□　　负责掩护的新四军队员□

四、学一种革命技能,并写出你学会的技能名称:_____。

五、演一幕革命场景,按角色需要进行团队协作,并记录你们一组完成的时间:_____分钟。

六、诵一首革命诗歌。

七律·长征
毛泽东

红军不怕远征难,万水千山只等闲。
五岭逶迤腾细浪,乌蒙磅礴走泥丸。
金沙水拍云崖暖,大渡桥横铁索寒。
更喜岷山千里雪,三军过后尽开颜。

【活动任务单】(图片设计稿)

【材料设备清单】

环节名称	材料、设备	地点
活动1:走一段革命历程	活动任务单,"学习章"	第一展厅
活动2:听一则革命故事	PPT演示设备,音响设备,活动任务单,"观赏章"	半景画厅
活动3:组一支革命队伍	PPT演示设备,音响设备,活动任务单,"团队章""技能章" 新四军服装2套,红军服装2套,百姓服装2套,队长袖标1个,木枪一把,包扎包一套(纱布、三角巾、胶布、红药水、棉签等)	半景画厅
活动4:学一种革命技能	PPT演示设备,音响设备,包扎包一套(纱布、三角巾、胶布、红药水、棉签等),活动任务单,"技能章"	
活动5:演一幕革命场景	PPT演示设备,音响设备,所有道具,活动任务单,"任务章"	
活动6:诵一首革命诗歌	PPT演示设备,音响设备,活动任务单,"成长章"	

【安全保障】

环节名称	人员及安全须知	地点
活动1:走一段革命历程	1. 控制人数,亲子家庭总共不超过30人。进入展厅参观前须进行安全教育。 2. 展厅配备工作人员1名,安保人员1名,志愿者2名。	第一展厅
活动2:听一则革命故事		半景画厅
活动3:组一支革命队伍	1. 控制人数,亲子家庭总共不超过30人。 2. 半景画厅场地改造:护栏改造,增加照明设备,加设安全警示标语,防止人员进入实景内。 3. 设工作人员2名,安保人员2名,志愿者2名配合活动。	
活动4:学一种革命技能		
活动5:演一幕革命场景		
活动6:诵一首革命诗歌		

附件:主题活动资源包——红色印记

一、走一段革命道路

1. 苏州革命博物馆简介。
2.《光辉的历程——中国共产党在苏州》第一展厅:新民主主义革命时期(1919—1949)。

(1)民主革命的序幕。

日租界的界碑介绍。

(2)中国共产党的创立及大革命时期(1919年5月—1927年7月)。

① 建党。

② 五卅运动(苏州五卅路的由来)。

③ 建党三杰。

④ 国共合作。

(3) 土地革命战争时期(1927年8月—1937年7月)。

① 农民暴动与城市工人斗争。

② "七君子"在苏州。

(4) 抗日战争时期(1931年9月—1945年8月)。

① 九一八事变。

② 苏州沦陷。

③ "民抗"与"江抗"。

④ 夜袭浒墅关战役。

⑤ 刘飞的子弹。

⑥ 刘寿华医寓。

⑦ 冲山之围。

⑧ 缴获的武器。

(5) 解放战争时期(1945年8月—1949年5月)。

(1) 常家埭地道。

(2) 解放文物。

二、听一则革命故事

1. 半景画厅介绍。

2. 半景画《阳澄烽火》故事。

三、组一支革命队伍

1. 新四军的由来。

2. 新四军的服装。

四、学一种革命技能

1. 头部包扎法(低、中学段)。

2. 头部、手臂包扎法(高学段)。

五、演一幕革命场景

场景演绎内容:在紧张的战斗音效中,由组长指挥,2—3人为伤病员包扎头部,1人持木枪掩护战友和百姓。

六、诵(唱)一首革命诗歌(歌曲)

1. 1—3年级吟诵诗歌。

青　松

陈　毅

大雪压青松,青松挺且直。

要知松高洁,待到雪化时。

2. 4—6年级吟诵诗歌。

七律·长征

毛泽东

红军不怕远征难,万水千山只等闲。

五岭逶迤腾细浪,乌蒙磅礴走泥丸。

金沙水拍云崖暖,大渡桥横铁索寒。

更喜岷山千里雪,三军过后尽开颜。

3. 7—9年级吟唱歌曲。

游击队歌

词曲　贺绿汀

我们都是神枪手，
每一颗子弹消灭一个敌人，
我们都是飞行军，
哪怕那山高水又深。
在那密密的树林里，
到处都安排同志们的宿营地，
在那高高的山岗上，
有我们无数的好兄弟。
没有吃，没有穿，
自有那敌人送上前，
没有枪，没有炮，
敌人给我们造。
我们生长在这里，
每一寸土地都是我们自己的，
无论谁要强占去，
我们就和他拼到底！

（设计者：徐燕萍、曹林男、王中衿、时惜微、钱敏月、沈彦君、范阳）

【活动主题】追寻太湖红色文化印记

【体 验 站】新四军太湖游击队纪念馆

【活动对象】4—6 年级学生

【活动人数】建议每批次 12 人

【学情分析】4—6 年级的学生具备了一定的学习能力,在个别活动环节上可以适当地放手探索。同时,该年段学生尚不能完全实现自主学习,必要环节,仍需要教师的适时讲授与恰当指导。本案例设计重在鼓励学生尝试、体验和思考,架构"过去"与"现在"的桥梁,在参与性的活动中去体验革命斗争的艰辛与残酷,从而珍惜现在美好的生活。

【活动目标】

1. 通过参观展览,聆听革命故事,了解新四军太湖游击队的故事。

2. 了解发生在太湖流域的革命事迹和革命人物,感恩革命先烈的不屈斗争,体会幸福生活的来之不易,激发学生对祖国、对家乡的热爱之情。

3. 在体验活动中促成学生勇于探究、勤于思考、解决问题、珍爱生命等核心素养的培养,提升学生的交往能力与团队合作能力。

【主题知图】

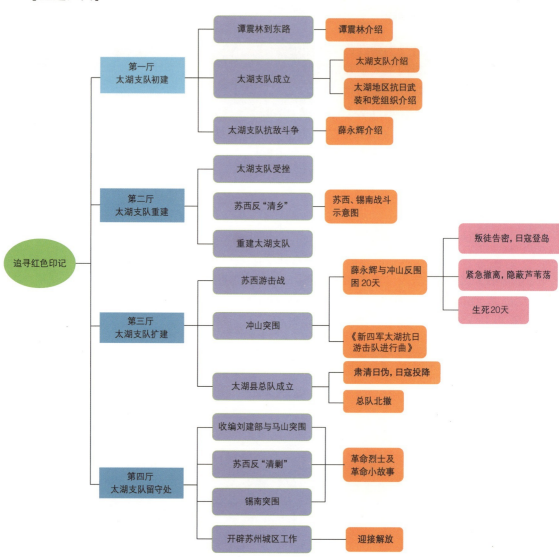

【活动流程示意图】

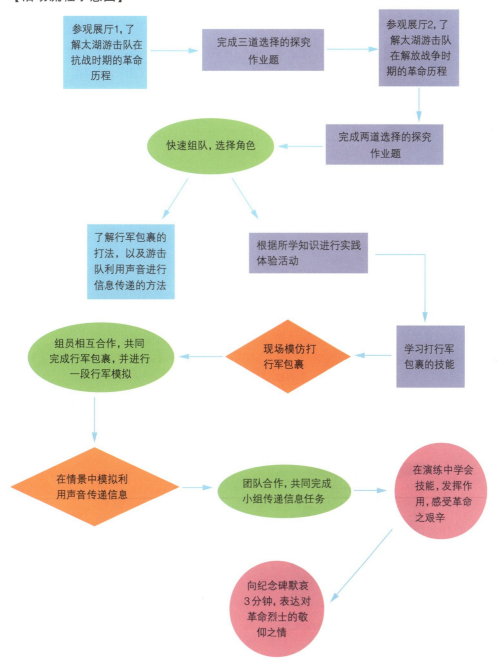

【活动准备】

1. 学生每人一张活动任务单。
2. 用于评价所用的相应图章:"学习章""观赏章""团队章""合作章""技能章""任务章""成长章"。
3. 纪念品若干。

【活动过程】

活动1：走一段革命历程

图9 在第一厅集合

（活动导语）各位同学，让我们一起走进《新四军太湖抗日游击队的世界》第一展厅，了解太湖抗日游击队的初建、重建和扩建的一些情况吧。

（活动内容）参观新四军太湖游击队纪念馆一馆，讲解主要知识点，讲述《冲山突围》的事迹(不必详细)。

（活动要求）要求学生在参观过程中做到安静聆听，在活动任务单上完成三道探究作业题。

（活动奖励）能做到安静聆听、完成探究作业的学生，可获得一枚"学习章"。

（活动时间）15分钟。

活动2：听一则革命故事

（活动导语）同学们，接下来参观二馆，那里有很多革命故事，请同学们认真参观，并完成两道探究作业题。

（活动内容）带领学生来到二馆了解革命故事，完成两道探究作业题。

（活动奖励）能做到有序、安静聆听的学生，获得奖励一枚"观赏章"。

（活动导语）刚刚我们对太湖游击队有了一个大概的了解，接下来我们一起来听一个关于游击队的故事《冲山突围》。

（活动内容）带领学生来到雕像纪念碑前，讲述《冲山突围》的故事。

（活动时间）15分钟。

图10 在第二厅聆听革命故事　　图11 纪念碑前聆听《冲山之围》故事

设计意图

参观图片、聆听讲解是进行历史教育的主要形式。但这一活动形式对于学生来讲过于简单枯燥，为此在这两个活动的设计上，添加了选择题与判断题的探究作业。学生带着学习任务参与活动，会自觉认真聆听。同时，在活动中渗透评价激励，引导学生认真聆听，遵守秩序，并完成探究作业。

活动3：组建革命队伍，进行革命实践

（活动导语）同学们，刚才大家参观了新四军纪念馆，完成了相关的实践作业，接下来，想不想穿上新四军、游击队的服装，来当一回新四军战士、游击队队员呢？

（活动内容）12位学生分成两组（每组6人），选择合适的身份，并认领好角色服装（每组3套新四军服装、3套游击队服装）。

（活动要求）

1. 要求学生在2分钟内组成以6人为单位的小组，组建自己的革命小分队。
2. 要求学生在6人中选出1名队长、2名新四军战士、3名游击队员，来完成接下来的所有体验活动。

（活动时间）5分钟。

活动4：体验革命行军与生活：打一个行军背包，走一段行军路程

（活动导语）刚才同学们都体会了新四军游击队员在水中呼吸的不易，下面让我们来学习打一个行军背包，并走一段行军路程。

（活动内容）根据分好的小组进行比赛，分两步进行。第一步先观摩教师示范打行军背包，每小组6人合作完成一个行军背包（每个小组再发一张行军背包打法的分解示意图）。第二步进行接力比赛。学生脱掉鞋，在10米长的塑料脚底按摩垫上，背着行军背包进行接力，最先完成的小组获胜。

（活动要求）能听从教师的安排，遵守秩序，认真聆听，学习教师的技能传授，组长进行接力分工。

（活动时间）15分钟。

活动5：传一次革命信号：利用声音传信号

（活动导语）同学们，走完了一段革命路程，我们是否想知道当时新四军、游击队是如何传递信息的呢？

（活动内容）根据分好的小组进行接力比赛。6个学生为一个战斗小组，3人发信号，3人收信号。

（活动要求）

1. 教师先讲解信号具体内涵（每小组各发两张信号密码图）。示范播放动物声音，让学生先听一听。接着6个学生分两组就位。
2. 发信号组到教师处领取信息条："××敌人，带着××机枪和××步枪，离我们有××米远。"
3. 发信号组通过播放动物的声音向收信号组传递敌情，收信号组根据收听到的动物声音进行敌情记录。
4. 以信息传递准确无误为胜。

（活动时间）10分钟。

设计意图

为了打破传统参观活动中学生被动接受知识的陈旧模式,设计了"组革命队伍""体验水下呼吸""练习革命技能""学习信息传递"系列活动。这一系列活动紧紧围绕新四军纪念馆的特点,特别是"体验水下呼吸"是根据著名的"冲山突围"的历史事件设计的,让学生深刻体会新四军在抗战当年生存的不易、革命的不易,从而产生对革命烈士的崇敬之情,同时升华到珍惜今天的幸福生活。学生在活动中主动选择团队,共同探究知识,共同合作完成任务。在实践体验中,既能感受到革命的艰苦与危险,又能感受到团队合作的力量。

图12　打行军背包

图13　相互评价、总结

活动6:评价总结,升华感情

图14　纪念碑前默哀

(活动导语)通过刚才一系列的体验活动,你是否能感受到新四军战士、游击队员在抗战当年生存的不易、革命的不易,今天我们的幸福生活更是来之不易?对革命烈士的崇敬之情是否油然而生?下面,让我们一起站在这纪念碑前向为了革命而牺牲的革命烈士默哀。

(活动内容)分两步进行:第一步向纪念碑默哀,第二步进行活动评价。学生回到场馆服务台,工作人员根据活动任务单的完成情况,颁发相应的新四军纪念星级章。

(活动时间)5分钟。

设计意图

在一系列体验活动结束后,学生会身临其境地感受到新四军太湖游击队员在当年生存、战斗的不易,更能真切地提升学生对革命烈士的敬仰之情,这时设计一个向纪念碑默哀的环节是一次情感的提升。最后,对学生的活动进行评价,颁发相应的新四军纪念星级章,来对学生的这次体验活动进行小结。

【活动评价】

1. 活动评价的理念。

过程性评价与结果性评价相结合,生生互评与教师点评相结合。

2. 评价方式。

学生相互评价:展示小组的评分,其他成员点评,并根据学生获得的图章数决定最佳小组。

教师评价:教师从专业角度对各小组的活动进行评价,点评其设计和表演中的亮点,对不合理之处和失误及时给予纠正。

3. 评价的基本的内容。

活动1:安静聆听、完成探究作业的学生,获得一枚"学习章"。

活动2:做到"观赏之礼"的学生,获得一枚"观赏章"。

活动3:能找到"革命队伍"的成员,获得一枚"团队章"。能在规定时间内明确分工、选好服装的团队成员,获得一枚"合作章"。

活动4:遵守秩序、积极参与体验的学生,获得一枚"技能章"。

活动5:服从安排、认真完成任务的学生,获得一枚"任务章"。

活动6:认真参与默哀的学生获得"成长章"。最后将学生获得相应奖章的情况汇总后评定新四军纪念星级章。

【活动任务单】

新四军太湖游击队纪念馆"追寻太湖红色文化印记"实践活动任务单(4—6年级)

姓名_____ 体验时间:_____年____月____日

一、走一段革命路程,完成以下选择题。

1. 太湖游击队全称是新四军太湖抗日游击支队,小伙伴们知道它成立于哪一年吗?(　　)

　A. 1939年3月　　　　　　　　B. 1940年3月
　C. 1941年3月　　　　　　　　D. 1942年3月

2. 抗战时期,太湖游击队与日伪军展开了艰苦卓绝的抗敌斗争,取得了一系列战斗的胜利,同时也留下了不朽的英雄事迹,小伙伴们知道下面哪项著名事件是发生在抗战时期而且与太湖游击队有关的吗?(　　)

　A. 马山突围　　　　　　　　B. 冲山突围
　C. 平台山突围　　　　　　　D. 锡南突围

3. 冲山突围中,薛永辉等五人被敌人围困在太湖芦苇荡之中,他们在群众的掩护下躲过了敌人一次次的搜捕,小伙伴们知道他们在芦苇荡中一共坚持了多少天吗?(　　)

　A. 5天　　　　B. 10天　　　　C. 15天　　　　D. 20天

二、听一则革命故事,完成以下选择题。

4. 解放战争时期,薛永辉领导中共太湖县留守处的同志,同国民党反动派展开敌后斗争工作,发动群众开展"三抗运动",小伙伴们知道"三抗"指的是什么吗?(　　)

　A. 抗战,抗税,抗壮丁　　　　B. 抗租,抗捐,抗壮丁
　C. 抗租,抗税,抗壮丁　　　　D. 抗租,抗税,抗粮

5. 1949年4月21日,中国人民解放军横渡长江,揭开了全国解放的序幕,随后二十九军分多路攻入苏州城,吴县解放,小伙伴们知道吴县是什么时候解放的吗?( )
   A. 1949年4月25日　　　　　　　B. 1949年4月26日
   C. 1949年4月27日　　　　　　　D. 1949年4月28日

三、组一支革命队伍,选出你的角色并穿上相应的服装。

新四军战士□　　　　　　　　　游击队队员□

四、体验水下呼吸,请写出你的感受:_____。

五、体验革命行军与生活,记录你们小组完成的时间:_____。

六、传递革命信号,你们组成功传递信号用时:_____分钟。

【材料设备清单】

环节名称	材料、设备	地点
活动1:走一段革命历史	活动任务单,"学习章"	一馆、二馆
活动2:听一则革命故事	讲解员讲解材料,活动任务单,"观赏章",《新四军太湖抗日游击支队进行曲》MP3	
活动3:组一支革命队伍	音响设备,活动任务单,"团队章""技能章"	广场
	新四军服装(6套),游击队服装(6套)	
活动4:体验水下呼吸	现场情景:6米×6米×1米的木板框架(外面四周画出相关太湖场景内容),上面盖一层泡沫塑料(厚5厘米),插上芦苇丛,中间各处打好小孔(能正好穿过吸管),其他材料为吸管、鼻夹、音响设备	广场
活动5:体验革命行军与生活	音响设备,被子2条(不宜过大),绑带,塑料脚底按摩垫10米,技能操作说明单	广场
活动6:传一次革命信号	电脑设备,活动任务单,对讲机2个	广场
活动7:向纪念碑默哀3分钟	音响设备,活动任务单,体验活动章	广场

【安全保障】

环节名称	人员及安全须知	地点
活动1:走一段革命历史	1. 控制人数,亲子家庭不超过30人,进入展厅参观前须进行安全教育。 2. 配备工作人员、志愿者若干名。	一馆
活动2:听一则革命故事		二馆
活动3:组一支革命队伍	1. 控制人数,亲子家庭不超过30人,进入展厅参观前须进行安全教育。 2. 配备工作人员、志愿者若干。	广场
活动4:体验水下呼吸	加设标识标牌,现场配备志愿者若干名。	广场
活动5:体验革命行军与生活	加设标识标牌,配备工作人员、志愿者若干名。	广场
活动6:传一次革命信号	加设标识标牌,配备工作人员、志愿者若干名。	广场

(设计者:徐燕萍、曹林男、王静、马玉明、凌福男、蒋华琴)

时代精神

导师简介

周菊芳，女，苏州市吴江区盛泽实验小学教育集团程开甲小学副校长，苏州市综合实践学科带头人，苏州市优秀班主任，江苏省诗词先进个人。积极投身综合实践活动课程建设，从学生需求出发，整合各种资源，与学生一起亲历活动，推进学生对自我、社会和自然之间内在联系的整体认识与体验。曾获江苏省"杏坛杯"赛课一等奖，获苏州市综合实践活动课堂教学评比一等奖，在2015年"一师一优"评比活动中获综合实践学科"省优"称号。

参与编撰多套校本教材，其中《鲈乡风》获江苏省中小学优秀校本课程一等奖，《丝绸文化校本教材》获江苏省中小学优秀校本课程二等奖。积极主持、参与省市"十三五""十二五"课题研究活动，在《江苏教育研究》《江苏教育》《基础教育参考》《小学教学研究》等杂志发表论文20余篇。

教育教学理念：与孩子一起快乐实践，引导孩子主动发展。

导师评析

资源类别分析

博物馆是在适应社会发展的漫长历程中形成的、多职能的文化复合体。它是人类发展的见证，承载着不同历史时期、不同社会、不同民族的文化内涵，是人类精神财富的一种展现。随着社会的发展，博物馆的职能仍在不断发展变化中。在我国，博物馆一直为公众提供文化欣赏、历史研究、爱国主义学习等服务。近几年，在博物馆免费开放的新形势下，如何充分挖掘博物馆的资源优势，如何加强教育部门与博物馆的关系，进一步发挥博物馆在培育学生方面的作用，既是广大文博工作者也是广大教育工作者需要密切关注的新课题。

随着社会的进步与发展，有一类展示"时代精神"的博物馆逐步建设起来，进入了公众视野,面向公众开放。比如苏州公民道德馆、永联展示馆、蒋巷村史馆、太仓市规划展示馆、太湖雪蚕桑文化园、苏州市规划展示馆、独墅湖科教创新区展示厅、苏州工业园区规划展示馆等。这些展馆都充分展示了苏州各地在农村建设、城市发展、未来规划、企业扶持等方面取得的成就,展示了苏州蓬勃向上的发展动力,让实现全面小康的"中国梦"变得不再遥远。

1. 城市规划类。

苏州既有悠久的历史文化,在经济发展、城市建设等方面又保持迅猛发展的趋势。快速、可持续发展,离不开苏州对未来发展的长远规划。苏州市规划展示馆、独墅湖科教创新区展示厅、苏州工业园区规划展示馆、太仓市规划展示馆等展馆,充分展示了苏州在经济社会与城市建设上的主要成就和发展规划,展示了苏州发展中的长远目光和长程规划。例如,苏州工业园区规划展示馆共有3层19个展区;展馆一层作为苏州工业园区20周年成果展的专题展区;展馆二层展示苏州工业园区的总体规划、重点片区规划,以及总体规划模型和未来城市数字沙盘等内容;展馆三层从专项规划角度对苏州工业园区规划进行纵向贯穿演绎。

2. 新农村建设类。

加快新农村建设,实现城乡二元一体,是苏州基本现代化过程中的一项重要内容。苏州的多个新农村在重新规划发展后,燃起了新的生命。在新农村建设的过程中,苏州不仅关注经济发展,更重视文化建设。如张家港永联村、蒋巷村等多个新农村建设就体现了自身特色与发展。永联展示馆展示永联现状、永联历程、钢铁是怎样炼成的、永联经验等内容。该展馆摒弃常规的图文展板、模型,采用当前流行的铜版雕刻、声光电集成、三维地理信息系统、3D影视和国内领先的液体成像技术,以图、文、影、音相结合的全新视角,梦幻般的现代高科技数字的展示馆让人耳目一新。蒋巷村史馆既有20世纪六七十年代蒋巷村穷土恶水、荒凉偏僻的难忘回忆,又有八九十年代全村村民大搞工业、努力奋斗的艰辛历程,还有经过拼搏进取所取得的不计其数的荣誉和成果的展示,更有对蒋巷村美好蓝图的激情描绘。

3. 创新企业类。

苏州经济飞速发展的过程中,涌现出了许多各具特色的企业。这些企业在经济发展的同时,不忘企业文化建设。如在震泽省级湿地公园内,蚕丝品牌"太湖雪"企业还建起了太湖雪蚕桑文化园,一个以蚕桑为主题的生态园,包括桑园、丝绸文化、蚕的一生、传统现代制丝工艺展示等,开创了丝绸产业链全景体验新模式。在苏州还有很多类似的企业,在发展的同时,不忘传承,把创新精神融入企业特色化的展馆中,通过不同的方式展示,公众在参观、体验过程中感受蓬勃积极的时代精神。

4. 名人道德类。

苏州历史悠久,先贤众多。在苏州可以寻找到中华民族道德基因的历史文脉,探索从古代到现在社会主义核心价值观的道德精神延续。例如,苏州公民道德馆充分发挥道德模范的榜样示范作用,引导公众向道德模范学习,大力营造崇德尚善的社会氛围,积极培育和践行社会主义核心价值观。其中"苏州德贤"代表有泰伯、范仲淹、顾炎武、费孝通等,都是古今德贤名士,从他们身上可以看到苏州2500多年历史进程中优秀道德文化的生生不息和传承光大;"道德榜样"讲述丰厚的道德滋养孕育出苏州、吴江各位道德模范的故事;"德行苏州"展示苏州、吴江文明建设工作的累累硕果。

这些处处洋溢时代精神的展馆,无论是规划类、新农村建设类,还是创新企业类、名人道德类,都可以带领学生充分认识苏州这座城市的发展历程,领略苏州这座城市的内涵,了解苏州未来美好的蓝图,激发学生对家乡的热爱,激起他们的自豪感与认同感。

课程设计解析

如果说,读一本好书,就是和许多高尚的人对话,那么,进入体验站,就是和人类文明对话。在未成年人体验站课程中,可以突破传统课堂的局限,带领学生横穿世界、穿越古今,直面鲜活的文化、悠远的历史。学生在课程中形成的利用社会资源自觉开展学习的生命状态,将会使其终身受益。

那么,这本书怎么"读"呢?体现时代精神的体验站,如果仅仅参观、听讲解,对于学生来说跟看电视播放内容介绍没有本质区别。怎样让课程设计深深吸引学生?让他们不仅"带着满满的期望走进来",更"带着满满的收获走出去";还要让学生走出去后带动更多的人来体验站参加活动。基于这样的目标,课程设计必须要能吸引学生,并且能让学生在体验活动中有收获有成长。在和各时代精神板块的体验站教师一起商量、设计活动课程的过程中,在体验站实际实施这些活动课程中,我们发现这本"书"有以下阅读方式。

1. 体验式。

在真实的情景、活动氛围中,引导学生充分体验,在参与活动的过程中,经过观察和反思形成自己的认知。活动设计尽量将课本与体验馆资源相结合,透过情景再造、参与式体验、古今串联,遥远时空的历史得以重现,学生身临其境般地受到震撼与感动。如苏州公民道德馆"大道至简"这一板块就让学生把古代七位圣贤与社会主义核心价值观联系起来。这个活动设计帮助学生寻找隐含在两者中间的内在关系。学生可以充分发挥联想,把两者相关联,在有理有据阐述判断的同时,自然能感受道德的传承性。

2. 操作式。

"我听过了,我就忘了;我看见了,我就记得了;我做过了,我就理解了。"道一千遍不如做一遍。从学生的年龄特点来看,无论是小学生还是初中生,都是好动的年龄,喜欢动手,喜欢实践。可以提供操作活动的,就尽可能让学生动起手来。如在太湖雪蚕桑文化园,设计的"模仿试剥棉兜"活动让学生先认真观看剥棉阿姨如何剥棉兜,再跟着学习剥棉兜的手法。这样的设计让学生在体验的过程中,感受从剥蚕茧到棉兜的不易,不仅学习了传统技艺,提升了研究能力,还培养了孩子们相互合作的团队精神。最后的"蚕茧作画"活动让学生在体验、探究后,自己设计图案绘制到蚕茧上,通过动手操作,感受创新设计之不易。

3. 探索式。

探索式是指学生在学习体验的同时,教师引导学生主动发现问题,让他们通过认真阅读、仔细观察和思考、采访、实验、讨论等途径去深入探究,培养学生的自主性、创造性和合作精神。"时代精神"板块的展馆虽然以知识或历史呈现为主,但很多展馆还是可以因地制宜,设计探究活动,让学生在探究中发现问题、解决问题,加强他们对历史知识的理解,对家乡文化的感知。活动任务单的设计就充分发挥了教师的引导作用,通过精心设计的问题或任务,学生分组竞赛完成。活动任务单上的问题充分挖掘了体验站的资源,学生分组后到展厅内,根据提示合作完成任务。在这个过程中,可能需要采访馆内专业人士,可能需要认真观察馆内资源,可能需要现场动手操作。在学生完成任务后,还要组织学生将找到的结果与其他同学分享。此过程考验学生之间的默契、合作,而导览员只起到指导的作用。

例如,在张家港永联村,流光溢彩的"灯光秀"表演,3D电影《钢铁是怎样炼成的》,给学生带来了强烈的视觉冲击力和震撼的现场感,同时活动任务单上的任务也驱动学生思考,对于钢铁的炼制,他们产生了很多问题。通过采访馆内人员,学生对钢铁的炼制有了进一步的了解。而在另一侧的永钢厂区的钢铁实物炼制展示,更是让学生的探究活动得以深入开展下去。

活动实践评析

1. 时代精神得以宣扬。

"时代精神"类别的体验站系列活动,让学生在丰富多彩的活动中,深刻感受中华传统文化的独特魅力,领悟五千年中华文明的深邃与博大,加深他们对个体与社会、传承与创新、历史与艺术的正确认识和理解,形成对苏州过去、现在、未来的全方位认识与展望。这些系列活动对于培养学生丰厚的爱国主义情感和鲜明的爱国意识,形成社会凝聚力起到不可估量的作用。

2. 学校与社会资源的协同。

本次体验站活动设计,在苏州文明办的推动下,在综合实践活动团队导师的引领下,经过体验站与联盟学校精心设计、反复推敲,最大限度地发挥了体验站的资源效益。在这个过程中,体验站与学校自然而然地形成了友好合作关系。很多学校在帮助设计课程后,主动与体验站联系,带着本校学生先去进行了体验活动。这既是对课程设计的检验,又大大宣传了体验站的新课程;既丰富了学生的生活,又为创新教育、爱国主义教育寻找到了合适的土壤。

3. 全面教育意识的提升。

同一个体验站,根据学生的年龄特点、知识储备、经验积淀等,设计三个学段的课程活动。活动设计螺旋上升,不断推进体验深度与思维深度。如此,教育活动的差异化设计,让教师、学生、家长感受到了全面教育、终身教育的必要性。

【活动主题】做一个有道德的人
【体 验 站】苏州公民道德馆
【活动对象】4—6 年级学生
【活动人数】建议每批次 20 人
【学情分析】

1. 从 1 年级入学开始,无论是班会课、品德课,还是学校各类主题教育活动,每一个孩子都接受过无数次这样的主题教育——要做一个有道德的人。因此,对于这个主题,每个 4—6 年级的孩子都耳熟能详,他们也在丰富多彩的学校活动中,逐步形成正确的道德观,大部分学生能在校园生活中有意识地践行"做一个有道德的人"。但走出校园,对于中华民族几千年来的道德先贤,历史上的苏州德贤代表人物,他们了解得并不多;对于苏州这座城市近年来在文明城市建设方面的措施以及取得的成就,他们了解得并不多。

2. 苏州公民道德馆于 2015 年新建,展馆面积近 1000 平方米,共分"大道至德""苏州德贤""道德榜样""德行苏州""道德之暖"五个篇章。此馆设计富有现代化气息,设施新颖,交互性强,能很大地改变单一说教的模式,让学生在多元体验、快乐互动中,获得潜移默化的影响,知行联动,获得道德成长。

【主题知图】

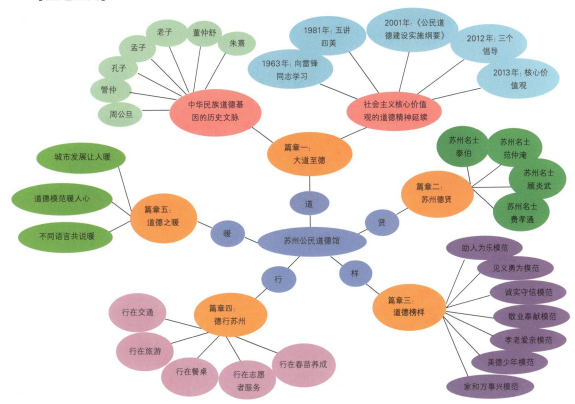

【活动目标】

1. 通过苏州公民道德馆这个江苏省最大的公民道德教育专题场馆和道德活动实践基地平台,学生了解中华民族道德基因的历史文脉,一起探索从古代到现在社会主义核心价值观的道德精神延续,了解苏州2500多年的历史进程中优秀道德文化的生生不息和传承光大,了解当代苏州和吴江市民的道德风采,用好人精神引领社会价值取向。

2. 通过体验、互动、操作、探究等情境活动,引导和激励广大学生以各历史时代的道德模范为榜样,进一步弘扬苏州优秀的道德传统,"积小善为大善""积小德为大德",自觉成为社会主义核心价值观的传播者和践行者,努力为苏州城市文明建设添砖加瓦。

【活动流程示意图】

第一篇章:大道至德

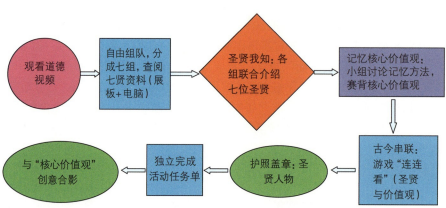

第二篇章:苏州德贤

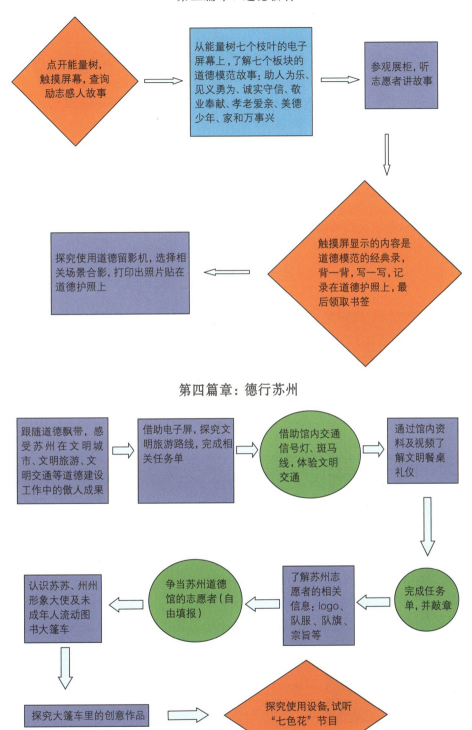

第五篇章：道德之暖

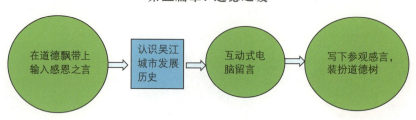

【活动过程】

一、任务启动

1. 布置任务，领取一本苏州公民道德馆道德护照。

2. 敲章提醒：这本苏州公民道德馆道德护照上，有系列敲章活动。积极完成任务，盖齐所有的章，可获得道德馆"体验章"。

二、篇章一：大道至德

中华民族道德基因从古代传承至今，在"大道至德"的篇章，我们将一起探索中华道德发展的历史脉络。

图1　道德讲堂

图2　七贤展板及电脑

1. 观道德视频。带学生来到古色古香的道德视频处（图1），静心观看，使自己慢慢沉浸到特定情境中去。

2. 溯本求源，查询资料。学生集中到周公旦、管仲、孔子、孟子、老子、董仲舒、朱熹七圣贤展板前，按对人物的兴趣自由结伴组成7组，各组择一圣贤了解。运用场馆中设备：展板＋电脑，查询相关资料（图2）。

3. 圣贤我知，形成印象。各组联合介绍七位圣贤。不要求全面，大致形成主要印象即可，如主要观点、典型故事等。具体人物，介绍要有侧重，寻找积极的方面。讲解员根据各组介绍，适当补充。

周公旦：周公一生最主要的功绩之一就是制礼。礼发源极早，最初的礼只是人们祈求鬼神的特定仪式。周公制定了完整的礼仪仪式。此外，他还提出"敬德保民"，制礼作乐，建立典章制度。根据血缘关系和身份，分别制定尊卑之间、长幼之间、亲疏之间各自的不同行为规范。

管仲：他倡导的文化精神就是"国之四维"：一曰礼，二曰义，三曰廉，四曰耻。管仲提出的"礼义廉耻"，植根于中华文化沃土，塑造着中国国民品格，是治国理政的价值取向和伦理追求。

孔子：他提出"志于道，据于德，依于仁，游于艺"。志于道，就是立志要高远。据于德，就是以德为根据，这是为人处世的行为。依于仁，是依傍于仁，对人对物要有爱心。游于艺的"艺"，指六艺，谓礼、乐、书、数、射、御。游于艺，就是以理想为基础，不断学习，提高业务能力，才能游刃有余。"三纲五常"作为一种道德原则、规范，最早出现于《论语·为政》。"社会"就是"人物关系"，讲求遵循一定的"秩序"，因而，"他律"是有必要的。

当然,这种他律有不同的时代特点。

孟子:他提出"恻隐之心,人皆有之;羞恶之心,人皆有之;恭敬之心,人皆有之;是非之心,人皆有之"。

老子:老子《道德经》第五十一章:"道生之,德畜之,物形之,势成之。"意思为:道生成万事万物,德养育万事万物。万事万物虽呈现出各种各样的形态,但环境使万事万物成长起来。故此,万事万物莫不尊崇道而珍贵德。

董仲舒:西汉思想家,在孔子"仁、义、礼"的基础上,提出儒家"五常":仁、义、礼、智、信。仁是仁爱之心;义是处事得宜和合理;礼是人际关系的正常规范,如礼仪、礼制、礼法;智(古书或作"知")是明辨是非;信是言无反复、诚实不欺。

朱熹:中国历史上著名的思想家、教育家。长期从事讲学活动,精心编撰了《四书集注》等多种著作,培养了众多人才。他的教育思想博大精深,其中最值得关注的,一是论述"小学"和"大学"教育,二是关于"朱子读书法"。"朱子读书法"六条,即循序渐进、熟读精思、虚心涵泳、切己体察、着紧用力、居敬持志。

4. 我有妙招,记忆核心价值观。

小组讨论记忆方法:如何有效理解性记忆社会主义核心价值观,如分层分类记忆,即从国家、社会、个人三个方面记忆;如理解后记忆,即翻阅木板后面的解释,理解后再记忆。

赛背价值观:组内同学比一比,看谁用时最短背出社会主义核心价值观。

5. 古今串联,游戏"连连看"。把古代七位圣贤与社会主义核心价值观联系起来,并举例说一说,如孔子。

设计意图

帮助学生寻找隐含其中的内在关系,标准不唯一,有理有据阐述、判断有依据即可。此步骤重在帮助理解,道德有其一定的传承性,也体现了时代特点。

6. 护照盖章:圣贤人物。每组以研究对象为区别,各执一章,负责加盖相应的人物章。要求来盖章的学生简要说出该人物的相关1—2个信息。(图3)

7. 独立完成活动任务单。

8. 核心价值观场景前合影留念。活动组织者拍下合影,活动结束后传到专题网站上。

团队创意合影:各组创意设计组员与价值观合影的造型。

趣味任务:你能回忆出照片中同批活动的有哪些同龄人吗?(告诉学生获取照片路径,如可以登录网站在特定栏目中观看、下载,吸引学生和家长登录网站学习。)

图3 盖章处

> **设计意图**
>
> 通过与核心价值观合影的方式,学生产生对核心价值观的认同感。学生选择与之合影的核心价值观词语,必将深深地印刻在他们的心上,并内化为一种道德成长的力量。学生选择与某价值观词语合影的心理过程,是对核心价值观的深度认同过程。同时,合影也是学生与组员进一步认知、相识的过程。

9. 盖章:在馆内提供的苏州公民道德馆道德护照中间"道德之花"页码上,盖上核心价值观的印章。

三、篇章二:苏州德贤

走过中国道德从古至今的发展之路,让我们进入苏州,看一看苏州这座文化之城的道德前行的脚步。在2500多年的城市历史里,"道德仁义"四个字仿佛融入苏州人血脉的道德基因,推动着这座城市的发展。

图4 核心价值观合影处

1. 观展板,识四位苏州德贤。

图5 苏州德贤

观察馆内的红绸带从天上飘落到地上,来认识苏州德贤代表(图5):泰伯、范仲淹、顾炎武、费孝通。

2. 赏珍贵物件,尊苏州德贤。

引导学生观察橱窗内展示的物品:费老非常珍贵的文献著作及生前贴身物件。

地图上寻找费老出生地(此活动对象为7—8年级学生):在提供的苏州地图上寻找费老的出生地——庙港。在小组内找一找有没有吴江人,有没有庙港人。

> **设计意图**
>
> 通过对四位德贤名人的了解和学习,为后续的书写名人名言和感悟做充分铺垫。7—8年级学生在地图上寻找费老的出生地,目的在于拉近与德贤名人的距离。

3. 金砖书写,名言印心头。

苏州的文化之盛大家都有感受,苏州公民道德馆内设置了一块金砖书写板(图6),引导学生分组蘸清水在上面书写。

4. 过关盖章,快乐体验。

完成书写任务后,盖上"道德仁义"的印章(图7)(盖在馆内提供的

图6 金砖书写处

图7 "道德仁义"盖章处

苏州公民道德馆道德护照对应的"苏州德贤"页码上)。

四、篇章三：道德榜样

1. 触屏启动能量树。

图8 能量树

顺着楼梯上四楼,这里有一个独立的展厅,道德飘带化作一棵巨大的道德正能量树(图8)。学生可以用手触碰屏幕上的手印图案,一条光带就会从枝叶汇聚到能量树的主干上。

设计意图

这个举动,如同一个简短的宣誓,所有学生正在为整个社会的道德正能量添砖加瓦。以直观可见的形式,学生感受团结力量之大,感受道德之美。

2. 查询感人故事。

在道德能量树七片延展下来的枝叶上,分别讲述的是助人为乐、见义勇为、诚实守信、敬业奉献、孝老爱亲、美德少年、家和万事兴七个板块的道德模范故事。学生可以前往触摸屏幕,屏幕会显示道德人物相关内容,学生可以在电子屏幕上查询这些励志、感人的故事(图9)。

3. 听志愿者讲故事。

展柜中,有完成跨越海峡两岸爱心传奇道德模范杭彬的记录书籍《爱心的回程》,有用生命诠释消防战士神圣和光荣的道德模范孙茂珲的日记本,还有谱写了近半个世纪母婿情缘的朱付生的荣誉证书与奖章……每件物品的背后就是一段动人的道德故事。

图9 电子触屏

图10 语录摘抄、领书签处

4. 背语录,领书签。

在触摸屏中,是道德模范的经典语录,学生可以点击查阅。看到触动心底的经典语录,可以拿起桌子上的笔,在道德护照上记录下来。桌子上还有精美的书签,上面有不同的好人语录,学生可以挑选,背出语录即可带走书签(图10)。

5. 探究使用留影机。

在馆内有一台大头贴留影机,里面有各种正能量的有趣模板,可供学生选择道德场景,用照相机直接拍照,并且打印出照片。学生以小组为单位,将合影贴在道德护照对应页面上,作为这段旅程的记录。

设计意图

留影机的使用方法,可以考验小组信息解读能力、探究能力;留影机提供拍照的道德场景很多,选择哪一个背景,考验小组民主解决问题的能力。

五、篇章四：德行苏州

在"德行苏州"的篇章，我们将一起感受苏州这座文明城市在各项道德建设工作中的傲人成果。借助馆内的资料和设施感受文明交通、文明餐桌、文明旅游的礼仪，了解苏州的众多青少年道德建设特色教育阵地。

1. 感受文明成果。

多年以来，苏州一直坚持以市区为中心，县市为纽带，若干中心城镇为基础，走出了一条城乡文明一体化发展之路。苏州蝉联"全国文明城市"荣誉称号，实现"三连冠"，张家港市四次获得"全国文明城市"称号，常熟市、太仓市获全国文明城市提名城市。

2. 体验文明交通、文明餐桌、文明旅游。

（1）1—3年级学生：利用馆内交通设施体验文明交通。

文明城市，文明交通，需要每一位城市人的共同维护。利用馆内交通信号灯、斑马线等交通设施，学生现场体验文明交通。以小组合作的方式，每组学生根据信号灯的指示过马路。

图11　文明旅游多媒体屏幕

（2）4—6年级学生：通过馆内资料了解文明餐桌礼仪。

"一粥一饭，当思来之不易"。苏州全市掀起了抵制"舌尖上的浪费"风潮，让勤俭节约的美德再次回归日常的生活中。桌面盘子上有我们经常看到的文明标语，各组学生可以坐在餐桌边上，读一读盘子上的标语，感受"光盘行动，势在必行"。

（3）7—8年级学生：通过电子屏探索文明旅游路线。

文明旅游，重在细节，美在德行。苏州是旅游城市，悠久的历史文化底蕴、著名的旅游景点都是向来客展示苏州道德风貌的好地方。通过点击多媒体屏幕（图11），查看不同的景点介绍和旅游服务。利用所了解到的信息完成任务单内容：选择感兴趣的景点，为初中生设计苏州一日或两日游方案，包括路线、游览攻略、文明旅游小贴士等。

设计意图

7—8年级学生，有一定的活动策划能力。通过设计苏州一日游或两日游的路线、攻略、文明旅游小贴士等，在考验学生信息获取能力的同时，也在活动中深化"文明旅游"的意识。

3. 完成任务单，盖文明餐桌章。

学习相关的文明就餐礼仪，完成任务单，在道德护照的对应页内盖上文明餐桌标语章（图12）。

4. 了解苏州志愿者的相关信息。

"奉献、友爱、互助、进步"，志愿者，是一座城市的爱心。依托苏州市志愿者总会，苏州市深入推进志愿服务制度化的建设，营造人人参与的良好氛围。通过观看橱窗资料及了解相关制度（图13），感受志愿服务的力量。

图 12　文明餐桌　　　　　　　　　　图 13　志愿者资料

5. 争当苏州道德馆的志愿者。

关爱他人,用爱心行动感动你我他。关爱社会,用文明礼仪滋润你我他。关爱自己,用优美环境惠及你我他。围绕三关爱的主题,自由填报申请表,争当苏州道德馆的志愿者,用切身的行动践行"我参与、我奉献、我快乐!"的志愿者精神。

6. 认识形象大使苏苏、州州及大篷车。

让我们跟随少先队形象大使苏苏、州州(图14),进入未成年人流动图书大篷车展馆。大篷车为全苏州少年儿童提供全程免费服务,免费办证、免费阅览、免押金、免超期费,把免费图书馆带到每个少年儿童身边,以此鼓励少年儿童多读书、读好书。

7. 探究大篷车内的学生创意作品。

在青少年道德建设中,有三个板块:主题活动、特色阵地建设、网络教育。在大篷车中,有一个展柜,里面陈列了青少年科技创新市长奖的各种奖杯,还有各种富有创意的实验装置座屏。各小组选择感兴趣的作品合作探究:这些作品有什么作用?创新之处在哪?这些发明设计运用了什么科学原理?

8. 试听 FM96.9"七色花"广播。

在大篷车尾处的"七色花"试听空间,学生调试耳机,感受"七色花"栏目的精彩内容(图15)。

图 14　少先队形象大使苏苏、州州　　　　　图 15　"七色花"收听系统

六、篇章五:道德之暖

1. 书感恩言,传善行意。

跟着志愿者说一说全世界不同语言的"谢谢"。

在你的生命中,一定也有很多让你郑重说一声"谢谢"的人,就让我们一起寻找好心

图16 各种版本的"谢谢",书写感恩的道德飘带

人,向他们表达自己最诚挚的谢意。在这红色电子屏上写下你想感谢的好人,点击发送,就可以通过红色飘带,上传到微博。你的一句"谢谢",就可延续一段善举。正是每一句"谢谢"才汇聚成了这条道德飘带(图16)。

2. 观道德模范,行道德之举。

感恩中国,感谢有你。十位江苏省道德模范,郭明义、钱月宝、朱付生……他们既是展厅的结尾,也是道德故事的开启。通过屏幕可以观看公益视频及公益海报。

在展厅的结尾,可以看到一台留言机,学生可以在上面留下参观后的感受等,也可以浏览前面参观者的留言。这个设备怎样使用呢?请同学们先自己研究一下。有需要的,可以请求帮助。

3. 让"道德树"繁茂。

这里的道德树上,已经填充了很多"树叶",也请将你的感动留下,让这棵道德树更加枝繁叶茂(图17)。

七、完成任务单,敲章过关

1. 拿出任务单,根据完成情况敲章。聊聊整个活动最喜欢的环节,也可以提出自己的建议。

2. 结语:我们今天的道德之旅就到这里,希望这次参观是一颗道德的种子,传递好事迹,传播正能量,建设更美好的苏州。

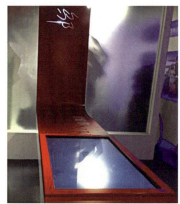

图17 道德树

【活动评价】

1. 活动任务单。

按年龄层次分成三个学段领取不同的任务单,任务单以书面答题为主,题目嵌在五个篇章的活动中。

2. 馆内自备护照:趣味盖章。

馆内设有多重敲章活动:

(1) 大道至德处:孔子、孟子、老子等七位圣贤的印章。

(2) 核心价值观处:24个字。

(3) 苏州德贤处:"道德仁义"章。

(4) 文明餐桌处:惜食有食,惜衣有衣;静以修身,俭以养德……

3. 个性化奖励。

(1) 精美书签:提供精美的书写名人名言的书签。

(2) 大头贴:学生可以选择喜欢的背景,现场合影,当场打印成照片。

(3) 苏州名人顾炎武、范仲淹传记图书。

【活动任务单】

"活动任务单"正面(1—3年级、4—6年级):

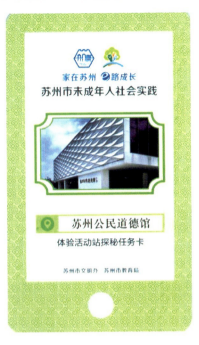

"活动任务单"反面:

苏州公民道德馆"做一个有道德的人"实践活动任务单

1. 在古代德贤人物展区,你知道"孝悌忠义、礼义廉耻"这8个字是谁提出来的吗?(　　)
   A. 孔子　　　　　B. 孟子　　　　　C. 老子　　　　　D. 朱熹
2. 你记住了哪几个社会主义核心价值观?
   _____

3. "先天下之忧而忧,后天下之乐而乐"这句话是谁说的?(　　)
   A. 泰伯　　　　　B. 范仲淹　　　　C. 顾炎武　　　　D. 费孝通
4. 在苏州道德模范展示区,我们可以了解很多苏州的道德模范,其中有一位是第一届江苏省孝老爱亲道德模范,他谱写了近半个世纪的母婿情缘,你知道他是谁吗?(　　)
   A. 张云泉　　　　B. 朱付生　　　　C. 韩惠明　　　　D. 徐敏芳
5. 通过参观及学习,你了解了哪些苏州景点?
   _____

6. 文明餐桌展示区展示了5个盘子,每个盘子上都有文明标语,你记住了哪句?请你写一写。
   _____

体验时间:_____年___月___日　星期___　天气_____

探秘感悟：_____
_____
_____

【材料设备清单】

1. 苏州地图50份。
2. 三个年级段的活动任务单。
3. 不同国家"谢谢"的发音录音；三首歌的录音：《一分钱》《三字经歌》《好人》(韩磊版)(可录在讲解员的手机里)。
4. 好人语录书签(馆内已备)，空白的精美书签200份。

【安全保障】

1. 苏州公民道德馆是2015年新建的封闭式建筑，五个篇章的活动是在室内沿着既定的轨迹前进的。馆内通道宽敞，馆内设施相对比较安全。每个地方安排好志愿者讲解、敲章互动即可。
2. 以现场组队的方式进行参观、互动活动，小组成员可以互换照顾、约束。

附件：主题活动资源包——苏州公民道德馆

1. 周公旦、管仲、孔子、孟子、老子、董仲舒、朱熹七位圣贤的人物生平、故事、代表作、语录等。(一人一个文件夹)
2. 泰伯、范仲淹、顾炎武、费孝通的人物生平、故事、代表作、语录等。(一人一个文件夹)
3. 苏州各景点的介绍等。(一个景点一个文件夹)

(设计者：徐燕萍、周菊芳、王亚晴、潘卫平、陆舜娟、邬香吉、沈勤芳、王守美、钟赟)

【活动主题】走进太湖雪 体验蚕桑文化
【体 验 站】太湖雪蚕桑文化园
【收费须知】5元(工本费)
【活动对象】4—6年级学生
【活动人数】15人
【学情分析】4—6年级的学生好动,注意力易分散,因此,以小组合作的形式进行现场学习更能吸引他们的注意力。4—6年级的学生已经具备了一定的学习能力,在个别活动环节上可以适当地放手探索。同时,该学段学生尚不能完全实现自主学习,必要环节,仍需要教师的适时讲授与恰当指导。本案例设计重在鼓励学生尝试、体验和思考,通过探寻、合作、倾听、制作等方式,达到教学目的,既学习知识,又达成互助合作的团队建设。
【主题知图】

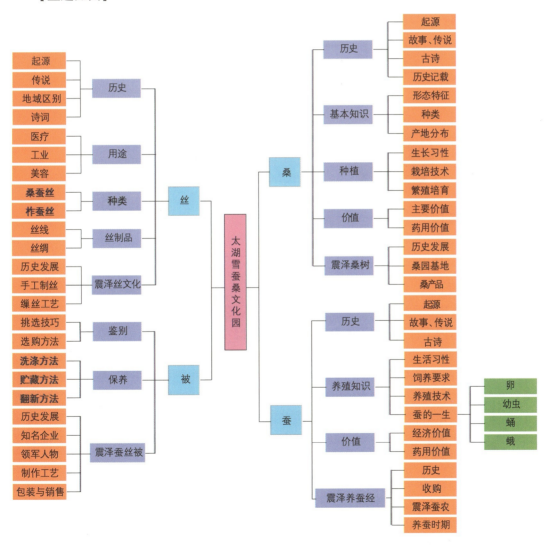

【活动目标】

1. 知识目标。

（1）了解蚕桑文化的发展历史、代表人物及蚕丝制品。

（2）了解蚕的一生，体验剥棉兜，聆听蚕丝被的制作工艺。

（3）创作一个蚕茧画。

2. 过程与方法。

（1）以小组为单位，在参观的过程中完成预设的小组活动目标。

（2）以团队合作与竞争的形式，通过看、听、摸等方式了解蚕桑文化，通过剥一剥、画一画等活动体验蚕桑文化。

3. 情感态度价值观。

（1）通过体验活动，学生走进蚕桑文化，了解蚕桑文化。

（2）培养学生热爱家乡，热爱家乡传统技艺，热爱家乡文化。

【活动流程示意图】

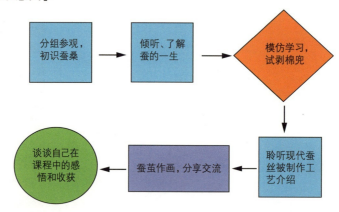

【活动准备】

1. 剥茧工具三套，煮熟的茧子若干。

2. 水彩笔、任务奖励贴纸若干。

【活动过程】

一、导入

古镇震泽，因千百年来出产最优质的蚕丝而闻名，自古就是苏州的蚕桑丝绸重镇。时至今日，勤劳的水乡儿女仍在用一枚枚蚕茧和一根根蚕丝，守护着"蚕丝古镇"的荣耀。

我们所在的太湖雪蚕桑文化园，园内的陈列以蚕的历史进化为主线，为我们展示了蚕桑发展与人类文明的关系，并构筑起一幅蚕宝宝生命发展的动态全景图。种桑、养蚕、择茧、缫丝、织造、印染、刺绣……一幅幅精美的图展、一间间蚕桑试验室，让大家近距离接触到蚕的一生，实地了解蚕桑生产，知晓蚕桑科技，体验蚕桑文化，感受震泽人对蚕桑的热爱与执着。

今天让我们一起走进太湖雪蚕桑文化园，来一场蚕桑文化之旅。

二、分组参观，初识蚕桑

任务一：抢答分组

1. 看图抢答：用抢答的方式让学生们回答，每答对一题就发放一枚小贴纸，答题结束后,小贴纸最多的3位学生自动成为3个活动小组的组长。

2. 学生们自行分组找合作伙伴,组成活动小组,自行调整。

任务二:展厅探秘

1. 根据活动任务单上的提示,小组合作完成所有的挑战任务。学生需要迅速找到与问题相关的知识,浏览信息后完成挑战题。

2. 完成所有挑战后,到达指定地点集合。

最先到达且完成所有任务的小组每位成员奖励3枚小贴纸,第二到达的小组每位成员奖励2枚小贴纸,第三到达的小组每位奖励1枚小贴纸。

3. 交流:学生们说说参观后对蚕桑文化的了解。

设计意图

彼此陌生的十几位学生来到太湖雪蚕桑文化园,组建小组,可以帮助大家在人数有限的小团队中迅速相互熟悉。设计在活动任务单上答题,意在帮助学生了解关于蚕桑文化的基本知识。要求小组协同完成具体任务,寻找和获取知识的过程就是学生仔细观察和相互沟通的过程。这一环节的活动,既是参观文化展厅的过程,也是知识习得的过程。

三、倾听、了解蚕的一生

任务三:蚕的一生

1. 认真倾听,参观蚕的一生科普展厅。在此过程中,每位学生各自完成活动任务单上的题目。完成任务后到育蚕课堂集中。在育蚕课堂中,学生们可以亲自看看、摸摸,近距离接触蚕宝宝。

2. 最先完成并答对的前5名学生每位奖励3枚小贴纸,6—10名学生每位奖励2枚贴纸,最后5名学生每位奖励1枚贴纸。

3. 了解了蚕的一生,大家都知道了蚕宝宝最终吐丝成茧,那么,同学们知道蚕茧的用途吗?

设计意图

育蚕展厅有别于文化展厅。学生们隔着玻璃参观蚕的一生,聆听园内工作人员的介绍。在这个展厅,学生不能直接接触蚕宝宝,这对他们来说相对比较枯燥。因此,在这个环节中设计一些选择题,要求学生们边听边找答案,有目的地去参观、去听。这样,既抓住孩子的注意力,也训练孩子认真倾听他人,抓住对方讲解中的重点去找到答案,完成任务的能力。

四、模仿学习,试剥棉兜

吴江震泽桃源一带早就有手工剥蚕茧拉制丝绵被的历史。丝绵是江南地区习用的最佳保暖衣料,其轻暖、柔软、贴体而远优于棉花及人造丝绵。

任务四:剥棉兜

1. 先认真观看剥棉阿姨如何剥棉,再跟着学习剥棉的手法。

2. 小组比赛试剥棉兜。3个盆里装有同样个数的茧子,接力剥茧,每人剥3个茧子,在规定时间内完成的小组得3枚小贴纸。最后由剥棉阿姨评选出名次,第一名的小组每位成员奖励3枚小贴纸,第二名的小组每位成员奖励2枚小贴纸,第三名的小组每位成员奖励1枚小贴纸。

　　蚕茧放在锅中烧煮,使蚕茧在温水中解舒,然后捞出茧子,挖去蚕蛹,再用手扯成均匀的棉膜,绷在卵形的竹筐之上,层层叠加,至一定厚度后取下晾晒,干后就成一只只洁如冰莹的棉兜。让孩子们跟着阿姨学习剥棉,再分组接力剥一个棉兜,不仅学习了传统技艺,提升了研究能力,还培养了孩子们相互合作的团队精神。

五、聆听现代蚕丝被制作工艺介绍

1. 介绍:震泽蚕丝被有着悠久的历史文化。明代嘉庆年间蚕丝被曾作为宫廷的贡品,而民间女儿出嫁,蚕丝被更是必备的嫁妆,有的家庭要翻制十多条蚕丝被作为陪嫁。震泽的蚕茧因个子大,蚕丝长度长、颜色白、质地细腻而久负盛名。早年间在制作时将棉兜均匀地扯成棉,层层叠加就做成蚕丝被。而现代工艺制作时脱去了蚕丝中的丝胶,运用纵横交错的方法叠加,达到免翻的效果。

2. 学生聆听园内工作人员介绍蚕丝被的现代制作工艺。

　　通过聆听介绍,亲手触摸感受的方式,学生们了解蚕丝被的制作工艺,感受这项传统的手工艺。

六、蚕茧作画,展示交流

任务五:蚕茧作画

1. 每人拿一个茧子,构思并在茧子上作画。
2. 画完后展示,并说一说、夸一夸自己的茧子画,图案是什么?有何寓意?

七、畅谈收获,分享成长

体验活动接近尾声。这一次活动,我们学到了很多知识,你们都记得哪些?谁来说说?让我们一起来评选出今天的最佳小组和活跃之星,并由文化园的负责人发放纪念品。希望同学们能把今天的收获分享给更多的人,也欢迎同学们再来太湖雪蚕桑文化园感受蚕桑文化的魅力。

　　学生在参与整个课程的过程中内心是会有所触动或感受的,鼓励学生把今天的收获与更多人分享,也是他们探索自我发展的过程。

【活动评价】

1. 按照小组获得的贴纸数量总和,评选出"最佳小组"。
2. 按照个人获得贴纸数量,评选出3名"活跃之星"。

3. 获得最佳小组和活跃之星的学生可获得文化园纪念徽章一枚。
4. 完成课程的学生可以把自己制作的茧子画带回家。
5. 完成课程的学生获得文化园认证,并盖章。

【活动清单】

活动任务单每人一份,铅笔若干,剥茧工具3套,煮熟的茧子若干,水彩笔若干,小礼品若干(任务奖励小贴纸、纪念徽章)。

【安全保障】

1. 成立体验课程责任小组:文化园负责人任组长,组员包括园内工作人员、安保人员、讲解员、志愿者代表。
2. 学生入园参加活动,须遵守园内秩序,服从园内教师安排。
3. 园内相关工作人员配备齐全,活动指导教师和讲解员随时关注各小组活动情况。
4. 制定活动体验课程安全规范,在课程开始之前由活动教师宣读。

【活动任务单】

太湖雪蚕桑文化园"走进太湖雪 体验蚕桑文化"实践活动任务单
展厅探秘

进入蚕桑文化厅参观,小组合作完成下列选择和填空,答案就在厅里,记得一定要仔细看哦!

1. 震泽湿地公园是围绕(   )主题打造的。
   A. 蚕桑　　　　B. 农业　　　　C. 生态　　　　D. 桑园
2. (   )编写的《天工开物》最早著录家蚕杂交的经验。
   A. 朱熹　　　　B. 王明阳　　　C. 黄宗羲　　　D. 宋应星
3. 中国古代农桑并重,(   )开始有了人工栽培的桑园。
   A. 周代　　　　B. 商朝　　　　C. 商代　　　　D. 汉代
4. 丝绸一般分为(   )大类。
   A. 4　　　　　 B. 8　　　　　 C. 10　　　　　D. 14
5. 1959年在吴江(   )出土了带有蚕型纹饰的陶器,证明了吴江地区在新石器时代就有了种桑养蚕的农事。
   A. 震泽　　　　B. 八都　　　　C. 同里　　　　D. 梅堰
6. 被称为现代蚕丝之母的是(   )
   A. 郑辟疆　　　B. 费达生　　　C. 胡永絮　　　D. 张兆珍
7. 蚕丝被誉为纤维皇后,含有_____种氨基酸,被称为人体的第二层肌肤。
8. 1921年,浔震丝帮参加美国_____万国丝绸博览会。
9. 第53届_____落户苏州,太湖雪荣获唯一指定丝绸礼品。
10. 太湖雪于_____年___月___日获得中国十大丝绸品牌的荣誉称号。

倾听、了解蚕的一生

1. 蚕的一生经历四个形态。（排序）_____
   ① 蛾　　② 卵　　③ 幼虫　　④ 蛹
2. 蚕宝宝头部微微昂起,一动不动的状态叫_____。
3. 蚕宝宝的一生一共要经历_____次蜕皮,生命周期有_____天。
4. 曾随神舟十一号一起上天宫的蚕宝宝品种是_____。
5. 蚕宝宝上山结茧采用的方式是：_____。

（设计者：徐燕萍、周菊芳、金明芬）

类别三

名人先贤

导师简介

沈荦，苏州中学园区校团队负责人、工会副主席，一级教师，综合实践活动课程教师。工作以来一直担任综合实践活动课程指导教师，每学期指导多个研究性学习课题，综合实践课程深受学生喜爱。2016年，先后参加市直属、苏州市和江苏省高中综合实践活动课程青年教师基本功大赛，均荣获一等奖。同年，在全省公开教学展示中获得好评。

教育教学理念：让学生在做中学，玩中学，研中学。走出课堂，寻找自己的大千世界！

导师评析

资源类别分析

"名人先贤"板块共有16家体验站，大多都是苏州名人故居、博物馆、陈列馆，呈现出来的特点也比较一致，概括起来有以下几点。

第一，体验站馆藏实物类型较为单一，主要以画像、文字介绍、代表作品、手稿为主，对于未成年人来说距离过于遥远，难以从展览和藏品本身激发出学生的兴趣。由于学生年龄普遍较小，对于相关历史知识不甚了解，导致参加活动的学生很难从观看所展览的实物自发地产生代入感和体验感。

第二，馆内参观方式以静态参观为主，形式比较老套。本板块多数场馆面积较小，学生入馆参观也以静态参观为主，体验站内的多媒体互动设备不多，苏州市名人馆因建造年代较近，在馆内设置了一批电子阅读屏幕，可以让学生点击选择想了解的人物或其他内容，但也都是以文字和图片为主，学生接收到的基本都是静态信息，比较缺乏交互性。

第三，体验站工作人员专业性较强，跨界思维较为欠缺。受到这些故居、博物馆、纪念馆单位本身的限制，馆内工作人员大多只了解本场馆所展出物品的相关内容，对本场馆进行简单的介绍。但是，加入"家在苏州·e路成长"的项目之后，体验课程活动需要具备一定教育教学经验的、经过综合实践活动培训的、善于和学生们沟通的工作人员参与进来，这就对各个体验站原有工作人员提出了严峻的挑战。虽然可以依靠招募志愿者来解决一部分体验课程教师的缺口，但是从长远来看，体验站的工作人员也必须要加强教育教学和师生沟通等方面的培训和学习。

第四，地方文化特色鲜明，易于体现家国情怀。16家体验站涉及的都是苏州地区从古至今各个时代的著名人物，这些名人先贤对于苏州的发展、对于中国历史的进步、对于传统文化的继承和发扬都有着非常重要的意义。这些人物或是出现在各种历史典故之中，或是出现在形形色色的文学艺术作品中，或是出现在文化宣传的海报上，或是深藏在苏州的一条条小街小巷之中。他们是苏州曾经的辉煌，学生是苏州未来的希望，这就是所有名人先贤体验站和苏州市广大中小学生之间的天然纽带。

第五，蕴含丰富的文史知识，能够拉近学生和师长的距离。由于本板块所有体验站都介绍和展出苏州古代和近代名人，所以文学类、历史类、艺术类的内容成为学生们最容易从体验站汲取的知识。同样，对于历史年代比较悠久的藏品，面对已经矗立了上百年的遗迹和故居，教师、家长和学生之间的年龄差距荡然无存，所有的人都成为历史面前的"小学生"，这成为三个群体共同学习、共同活动的基础。

课程设计解析

结合本板块体验站的特点和资源类型，在设计体验课程时，主要考虑如何充分利用体验站的各种设施和设备，通过形式丰富的活动、指导教师的组织引导及学生们的互助合作，来减轻学生对场馆展览内容的乏味感，从而能让学生在活动中参观，在活动中学习，在活动中成长。因此，要从以下三方面来突出体验课程的设计。

第一，突出小组合作，团队学习。区别于传统的、由纪念馆工作人员带领、讲解的参观模式，本次体验站活动的设计，要求各家站点都能尽量采用小组合作、自主探究的方式来完成馆内指定内容的参观和学习。以名人馆为例，馆内陈列众多名人的事迹和作品，如果按照正常的游览路线，在工作人员的带领下一个接一个展厅进行参观，学生就会感觉很没劲，听到的讲解内容也不会记得多少，效果并不好。但是，如果将学生进行分组，通过活动任务单将馆内名人相关知识变成挑战任务，再加入一些竞争环节，如比比哪个小组用时最小，哪个小组答对题目最多，那么学生的求知欲和学习热情将非常高涨。这就是一个从被动学习到主动学习的转变。学生依据手中的任务单，根据名人馆内的介绍和提示，找到对应的展厅，查找到相关内容，完成挑战任务。学生在活动过程中既有"闯关打怪"的新鲜感，又有完成任务的满足感，还能锻炼他们合理分配任务、优化团队配置、合作学习的本领，可以说是一举多得。

第二，充分利用站点特色，打造精品亮点。在进行课程设计的时候，要充分发掘各个体验站的特色项目，每个场馆除了常规的文物展出之外，总有一些与众不同的特色。例如，苏州市名人馆在二楼设置有一个电子交互的状元之路答题屏幕，利用三座"探花""榜眼""状元"的牌坊，既可以让学生了解古代科举制度的主要知识，又可以利用电子地屏和牌坊进行闯关挑战活动。学生通过答题从一座牌坊前进到下一座牌坊,体会古代学子们一级一级参加考试,最终参加殿试金榜题名的过程,用模拟情景的方式使学生产生历史代入感,更能够加深他们对科举制度的理解。又如,顾炎武故居主要围绕明末清初著名思想家顾炎武先生的生平设计,以"天下兴亡,匹夫有责"这一句大家耳熟能详的名言为核心,打造文化特色课程,整个体验活动以"礼仪""炎武精神"为主要线索,通过在体验站的古代建筑、美丽花园中开展的学礼懂礼活动,结合故居本身的陈列和介绍,学生在参加体验课程过后,对于古代文化礼仪和顾炎武先生的主要思想有着亲身体会和更加深刻的认识。

第三,找到学生兴趣与场馆的结合点,设计活动吸引学生。如在苏州市名人馆的课程设计中,最后一个动手实践的环节就是把学生的兴趣爱好和场馆内容有机结合的一个比较好的示范。可以说,模型制作是大多数中小学生都比较感兴趣的活动,也能锻炼学生的观察能力、合作能力和动手能力。因此,在课程设计过程中,我们发现名人馆内有祖籍为苏州的、世界著名建筑大师贝聿铭先生的介绍。贝聿铭先生主持了很多著名建筑的设计和建造工作,所以这就使我们开展这个活动有了基础。我们找来了贝聿铭先生具有代表性的作品——香港中银大厦的纸插模型,让学生分组进行搭建,这样既节省了时间,又可以在搭建过程中让学生学会如何分工配合,尽快完成作品。

活动实践评析

由于得到了合作学校和体验站的大力支持,所以整个体验课程实践过程非常顺利,各个体验站都完成了首轮体验课程的录制工作。在具体课程的实施过程中,应该说绝大多数达到了设计最初的预定目标,但是也呈现出以下一些在课程设计时没有预计到的情况。

第一,不同学生活动参与度相差较大,学生间互相影响明显。在活动开展过程中,由于本板块体验站的特点,平时对中国历史、苏州地方文化比较感兴趣,相关知识掌握较多的学生在活动中优势非常明显。无论是团队挑战、闯关答题还是模型制作,平时知识积累较多的学生很容易进入角色,完成任务也较为轻松。这样的学生多数都成为各自小组的核心,他们参加活动的热情非常高涨,参与度相当高。但是,这方面知识比较欠缺的学生在活动过程中参与度和积极性就稍差一些,不过在具体课程开展的时候,活跃学生带动非活跃学生的效果很好,出乎我们的意料,这就体现出小组学习、团队活动的优势。在各个小组,由于有着一个或者几个活跃学生的存在,他们主动分解任务、分配任务,带领全组同学行动起来,共同完成课程设计的一系列活动,使得那些不太活跃的学生也能体现自身价值,在活动中学到知识,获得自信。同时,那些平时对历史、对苏州地方文化不太感兴趣的同学也通过这次体验课程意识到掌握这方面知识的必要性和好处,对于在课程结束之后他们主动去学习相关文史知识起了促进作用。

第二,学生的创意带来体验活动意料之外的惊喜。在活动开展过程中,有一些开放性的任务,例如,苏州市名人馆体验课程中的"才艺秀"表演,每组用10多分钟的时间准备一个小节目,内容和形式完全由学生自主决定。在设计的时候,我们认为学生在进行此环节时可能会有些害羞,有些准备不足,所以在体验活动的时候,工作人员特地准备了一些简单的素材,以免出现冷场的窘况。但是,学生在进行这个环节时表现出来的热情和能力出乎所有人的意料,每个小组都拿出了精彩的表演,有的是小话剧,有的是历史情境再现,有的是中国风歌曲串烧,孩子们的创意和团队合作能力使所有参与课程的工作人员刮目相看,也让我们对"家在苏州·e路成长"这样一个社会实践体验课程项目更有了信心。孩子们在体验课程中不仅学到了知识,还能够激发出他们平时在家、在学校无法展现出来的能力,非常难得。

第三,校外体验站的情景再现,成为开展体验课程最大的助力。区别于传统的课堂,校外体验站元素就丰富了许多,有的像公园一样,有的是故居遗迹,有的具有浓厚的文化气息,这些学校里难以呈现出来的东西,让学生参与体验课程时产生了特殊的感受。在顾炎武故居厅堂中学习拱手礼,和在教室里学习古代礼仪相比,感觉大不一样;在名人馆内模仿先贤名作,和观看图片文字相比,多了些许生动;在泰伯庙内体验古彩戏法,和上课看视频相比,多了一份亲近。这些场馆打造出来的情景成为学生学习各方面知识的天然课堂。对于参加体验课程的学生来说,这样的活动留给他们的印象和影响,远比传统课堂来得深刻,学习的效果也要好许多。学生在愉悦和放松状态中,以一种游玩的心态来接受知识,锻炼能力,这也是社会实践体验课程最大的价值所在。

【活动主题】探寻名人足迹　助力自我成长
【体 验 站】苏州市名人馆
【活动对象】7—8 年级学生
【活动人数】建议每批次 15 人
【学情分析】

1. 7—8 年级学生处于小学到中学过渡阶段,注意力尚不能长时间集中,容易对形象生动的事物和形式多样的学习活动产生兴趣,思维比较活跃,条条框框的束缚较少,创造力很强。

2. 经过小学阶段活动课程的培养和锻炼,7—8 年级的学生应该具备一定的动手操作能力和实践能力,在教师的引导下可以进行一些自主探究,并且得出初步的结论和观点。

3. 7—8 年级学生有很强的表现欲望,与义务教育段其他年级相比,思维能力相对突出,但是,思考问题还不够全面、客观,常以自我为中心,在理解、包容、合作等方面还需要多多学习并强化境脉训练。

【主题知图】

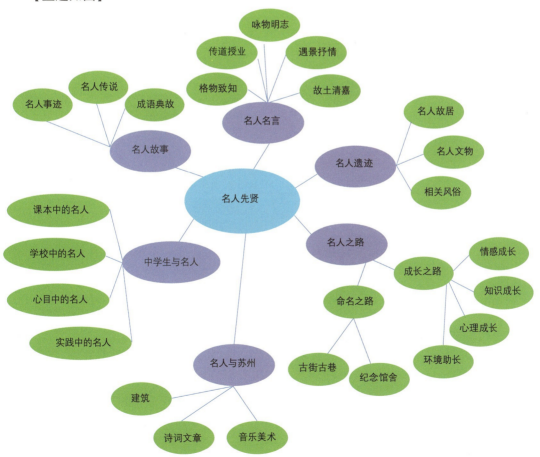

【活动目标】

1. 了解苏州名人及主要事迹、主要活动,概述名人的历史贡献,探究名人与时代发展的内在关系。

2. 学习名人先贤的优秀人文精神,培养学生强烈的社会责任感,增强学生对于家乡的感情,帮助学生形成良好的人生观和价值观。

3. 学会运用多种手段查阅、搜集和整理资料,了解和体验合作学习的过程,能主动对自己的实践活动进行反思总结,乐意学习其他小组和同学的成功经验。

【活动流程示意图】

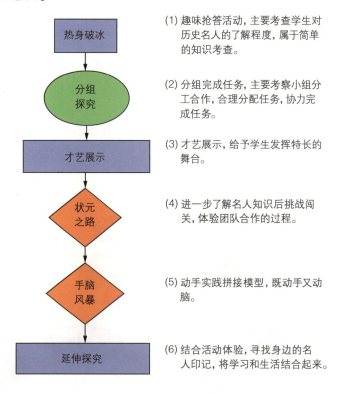

(1) 趣味抢答活动,主要考查学生对历史名人的了解程度,属于简单的知识考查。

(2) 分组完成任务,主要考察小组分工合作,合理分配任务,协力完成任务。

(3) 才艺展示,给予学生发挥特长的舞台。

(4) 进一步了解名人知识后挑战闯关,体验团队合作的过程。

(5) 动手实践拼接模型,既动手又动脑。

(6) 结合活动体验,寻找身边的名人印记,将学习和生活结合起来。

【活动过程】

一、热身破冰——趣味问答找伙伴

1. 教师(讲解员)准备一些关于苏州历史名人的简单问题,用抢答的方式让学生回答,每答对 1 题就发放 1 枚小贴纸,答题结束后,小贴纸最多的 3 位学生自动成为 3 个活动小组的组长。

2. 学生按照贴纸数量多少,依次上前领取 3 种颜色的活动任务单,每种任务单分别对应三个展厅(红色——先秦至宋元厅、明代厅;绿色——清代厅、民国至中华人民共和国厅;蓝色——状元宰辅厅、院士厅)。所有拿到同种颜色任务单的学生成为一个活动小组。

图1　趣味抢答　　　　　　　　　图2　领取活动任务单

　　参加活动课程的学生之前互不相识,因此不知道各自的情况和知识水平。趣味问答环节的设置有利于了解学生对于苏州名人和苏州历史的知识储备情况,领取任务单的设置既简单又方便操作,还尽可能考虑学生的个人喜好,便于学生迅速组成活动小组开展接下来的探究活动。

二、分组探究——展厅寻宝大挑战

1. 根据任务单上的提示,小组合作完成知识类、表演类、连线设计类三大部分的所有挑战任务。

知识类挑战任务:主要呈现为相关主题展厅历史人物的问题。题型以选择题、判断题为主。学生需要迅速找到问题相关历史人物介绍,浏览信息之后完成挑战题。

表演类挑战任务:主要呈现为根据要求,模仿、创造并演示相关历史场景和画面。挑战相应地点会有工作人员负责盖章,证明学生已经完成表演类挑战任务。

连线设计类挑战任务:主要通过对展厅相关人物的学习,完成任务单上的连线题,并自行设计一个符合当时历史背景的人物服装或道具。在完成设计文稿后每组派出一位代表简单解释,并进行现场演示。

图3　参观历史人物　　　　　　　图4　趣味模仿

图5　领取奖励贴纸

2. 在进行此挑战任务时,希望学生发现同伴的特长,为下一环节"才艺展示"选择合适的同学参加表演。

3. 学生完成所有挑战后,到达指定地点(明代厅古戏台前)集合。

最先到达且完成所有任务的小组每位成员奖励5枚小贴纸,第二、第三到达且完成所有任务的小组每位成员分别奖励4枚、3枚小贴纸。

设计意图

每组的任务有知识类、表演类、连线设计类的挑战,需要每个小组迅速制定出分工合作的策略,分头进行挑战才能达到节省时间的目的。这一挑战任务设置的时间为20分钟,在这么短时间内要了解组员特长,确定各人工作,展厅实地操作,对于学生各方面的能力都是非常好的锻炼。

三、才艺展示——古戏台前拼才艺

经过上一环节"展厅寻宝大挑战"后,各小组选择适合的同学参加才艺展示,才艺表演形式有歌曲、舞蹈、小品、真人模仿和诗歌朗诵等,对于没有表演特长的小组,工作人员会提供若干名人诗词供其进行集体朗诵。

每个小组派出1到2名代表,用演讲或是表演的形式,来为大家说一说或演一演苏州名人,可以选择的素材有苏州古街巷、家(学校)附近的名人故居、苏州名人故事、苏州名人诗词、风俗民歌等。

图6　学生们上台表演

图7　台下学生认真观看

每位上台演讲或是表演的学生,可以获得2枚小贴纸奖励。现场通过掌声评选出的"小名人演艺之星",额外获赠名人馆纪念品一份。

 **设计意图**

经过之前的挑战环节,小组成员之间从陌生到熟悉,已经建立起了基本的合作机制,对各个成员的特点也有所了解。演讲(表演)环节的设置主要是为了拉近学生和历史名人之间的距离,让学生感到其实身边也有很多历史名人,名人其实离我们并不遥远。

四、状元之路——鲤鱼一跃跳龙门

每个小组派出一名代表,佩戴相应小组颜色标志,站在状元之路上。小组其他成员站在"鲤鱼一跃"起跳线之前。游戏开始,由教师出题,学生代表和组内其他成员均可抢答。抢答正确者进入下一门楼,答对3题后全体小组成员用"立定跳远"结束整场挑战,寓意"鲤鱼一跃"。按照完成任务先后顺序进行第一、二、三名的排序,给予"状元小组""榜眼小组""探花小组"徽章或是贴纸。

设计意图

本环节是知识与体力并重,进一步加强团队凝聚力的活动。全组同学齐心协力答题完成闯关,所有同学最后纵身一跃,将整个活动中培养起来的团队友谊体现到了极致。

图8 鲤鱼一跃

五、手脑风暴——齐心协力建大厦

各组来到大厅集合,教师提供各组活动材料——贝聿铭先生设计的香港中银大厦纸插模型材料。各小组合作进行模型搭建,拼接完成后与作品合影留念。所有小组成员在作品成品上签名,随后放入苏州市名人馆专门展柜展出。名人馆体验站网站,定期发布纸插模型作品图片和小组成员合影,还可以进行网络投票竞选,胜出团队的所有成员可以凭借"个人护照"获得"名人馆荣誉大使"称号,还可以邀约好友共同前来免费体验活动课程。

图9 小组合作搭建模型

图10 全体学生合影

完成作品后,小组集合,进行整个馆内体验课程的总结和颁奖活动。分别评选出"最佳名人小组""苏州小名人""活跃之星"及"探寻名人足迹标兵"若干,并给予礼品奖励。

设计意图

这是一个考验动手操作能力和团队配合的环节。简单的一个纸插模型,要把它拼好不是一件容易的事情,需要大家齐心协力,共同动手动脑,仔细观察,细致制作。签名留念更是对此次活动有意义的记忆和纪念。

六、延伸探究——苏州名人在身边

现场活动课程结束后,每位学生可以继续探寻身边的苏州名人,用照片、文字、实地考察等方式搜集名人史料,填写在任务单最后一页,下次可以带到名人馆换取小礼品。

设计意图

课后延伸部分,将名人馆活动体验课程对学生的影响持续下去,让他们进一步感受苏州之美、名人之美,对家乡、对历史、对生活产生不一样的体验和感悟。反馈的实地考察信息,也能帮助体验站搜集相关地方资源,不断扩充主题资源。

【活动评价】
1. 按照小组获得的贴纸数量总和,选出"最佳名人小组"。
2. 按照个人获得的贴纸数量,选出3名"苏州小名人"。
3. 每组推荐一位"活跃之星"。
4. 对所有参与课程体验的学生,均授予实践体验"探寻名人足迹标兵",发放证书。
5. "最佳名人小组""苏州小名人""活跃之星"均能获得苏州市名人馆准备的精美礼品一份。

【活动任务单】

苏州市名人馆"探寻名人足迹　助力自我成长"实践活动任务单
(先秦至宋元厅、明代厅)

A 区:知识挑战

提示:按照要求完成下列选择题或填空题,答案就在展厅里面,记得一定要动手摸一摸、点一点哦。

一、先秦至宋元厅

1. 春秋时期吴国人言偃,字子游,他在南方一带阐述孔子学说,成为启发东南文化的先驱。请写出《论语》中关于他的一句话语:_____。
2. 白居易任苏州刺史期间,修筑了阊门至虎丘的河堤(又叫白公堤),也就是现在繁荣的哪条街?(　　)
　　A. 十梓街　　　　B. 山塘街　　　　C. 观前街　　　　D. 凤凰街

二、明代厅

1. 况钟,任苏州知府期间,刚正廉洁,政绩显著,被誉为"况青天"。著名的昆剧_____讲述了况钟断案的故事。

2.《园冶》是中国及世界最早、最系统的造园著作,详细地记述了如何相地、立基、铺地、掇山、选石,为后世的园林建造提供了理论框架,它的作者是_____。

B 区:COPY 不走样

请按提示完成任务,寻找附近工作人员确认后,在下方区域内盖章。

任务内容:模仿先秦至宋元厅内任意三座铜像的表情和动作。

C 区:连线设计

| 他的遗迹地点位于苏州穹窿山孙武苑 |  |

| 张家港因他而姓"张" |  |

| 他自称"江南第一风流才子" |  |

| 编订话本小说集《喻世明言》《警世通言》《醒世恒言》 |  |

D 区:延伸探究

提示:找一找你家、学校附近有没有和苏州名人有关的内容,可以是一个故居,可以是一条小巷,可以是一座雕像,可以是……

将你发现的名人信息写下来、拍下来,下次来到名人馆,可以用它换取一份精美的礼品。

苏州市名人馆"探寻名人足迹 助力自我成长"实践活动任务单
（清代厅、民国至中华人民共和国厅）

A 区：知识挑战

提示：按照要求完成下列选择题或填空题，答案就在展厅里面，记得一定要动手摸一摸、点一点哦。

一、清代厅

1. 林则徐严禁鸦片，虎门销烟，抵抗侵略，主张学习外国先进科技，是中国近代"开眼看世界的第一人"，伟大的爱国主义者和民族英雄。林则徐纪念碑位于苏州_____。

2. 叶桂，清朝著名的医学家，于温热病研究贡献特别大，在痘麻斑疹（天花、麻疹、猩红热等）类疾病治疗方面尤为擅长，名满天下。他以春、夏、秋、冬为题材写了四首诗，每首诗包含有许多的中药材，请列举《夏》诗中的4种中药材：_____。

二、民国厅

1. 吴江人_____与柳亚子、金松岑并称为"吴江三杰"。1909年，他在苏州与柳亚子等人一起创办了我国近代第一个革命文学团体——南社。

2. 张应春是江苏妇女运动的先驱，在1926年3月8日国际妇女节当天创办了《_____》月刊，宣传妇女的历史使命。

三、中华人民共和国厅

1. 叶圣陶，苏州人，现代著名的作家、教育家、编辑出版家。他的故居位于苏州的哪条街上？（ ）

    A. 十全街　　　　B. 道前街　　　　C. 十梓街　　　　D. 凤凰街

2. 费孝通是我国社会学和人类学的奠基人，他的著作《_____》阐述了一套几千年里中国社会维持世代之间关系的比较完整的理论。

B 区：COPY 不走样

请按提示完成任务，寻找附近工作人员确认后，在下方区域内盖章。

任务内容：在石桥边（注意不能走上石桥）模仿一幅吴作人先生的绘画作品（建议选择动物类画作）。

C 区：连线设计

天下兴亡，匹夫有责。
生无一锥土，常有四海心。

《朱子治家格言》，又称《朱子家训》的作者

| 他的纪念馆位于苏州藏书小王山 |

| 油画作品《石湖串月》《枫桥夜泊》的作者 |

D 区：延伸探究

提示：找一找你家、学校附近有没有和苏州名人有关的内容，可以是一个故居，可以是一条小巷，可以是一座雕像，可以是……

将你发现的名人信息写下来、拍下来，下次来到名人馆，可以用它换取一份精美的礼品。

苏州市名人馆"探寻名人足迹　助力自我成长"实践活动任务单
（状元宰辅厅、院士厅）

A 区：知识挑战

提示：按照要求完成下列选择题或填空题，答案就在展厅里面，记得一定要动手摸一摸、点一点哦。

一、状元宰辅厅

1. 我国分科取士选拔官员的科举制度，始创于_____，确立于唐，完备于宋，明清趋于成熟，达到鼎盛，终于_____。

2. 宋朝时期，苏州有一对父子宰相_____和_____，一生忧国忧民，勤政清廉。

二、院士厅

1. 中国工程院院士潘镜芙，在赠予名人馆的亲笔信中提到了他学习中的心得体会：_____，_____，与英谚"Know something of everything, know everything of something"有异曲同工之妙。

2. 1964 年至 1970 年，我国在核技术、人造卫星和运载火箭等领域取得一系列重要成就。展厅中有 4 位院士为我国成功研制"两弹一星"做出了突出贡献，荣获"两弹一星功勋奖章"，请列举其中一位：_____。

B 区：COPY 不走样

请按提示完成任务，寻找附近工作人员确认后，在下方区域内盖章。

任务内容：模仿乾隆和钱棨（qǐ），朗诵《御制三元诗》。请认真观看视频，也可以寻求附近工作人员帮忙。

C 区：连线设计

此人曾经任出使俄、德、奥、荷四国大臣

苏州著名的苏纶纱厂、苏经丝厂的创办者

他设计了美国肯尼迪图书馆、北京香山饭店、苏州博物馆

她的格言：为保护人类唯一的家园——地球而献身，是责任，也是光荣。

D 区：延伸探究

提示：找一找你家、学校附近有没有和苏州名人有关的内容，可以是一个故居，可以是一条小巷，可以是一座雕像，可以是……

将你发现的名人信息写下来、拍下来，下次来到名人馆，可以用它换取一份精美的礼品。

【材料设备清单】

各小组任务单共计 15 份，纸插模型 3 份，苏州市名人馆地图简介 15 份，铅笔若干，小礼品（苏州名人卡贴、主题笔记本、明代苏州人物系列书签、苏州名人故事书＋CD、任务奖励小贴纸）若干。

【安全保障】

1. 成立体验课程责任小组：馆长任组长，组员包括各场馆工作人员、安保人员、讲解员、志愿者代表。

2. 各场馆相关工作人员配备齐全,活动指导教师和讲解员随时关注各小组活动情况。
3. 制定活动体验课程安全规范,在课程开始之前由教师宣读。

附件:主题活动资源包——名人先贤

1. 苏州市名人馆电子地图及简介。
2. 苏州市名人馆共计448位名人的相关资料。
3. 苏州名人相关故事、诗词和典故。

(设计者:徐燕萍、沈荦、周小建、陆玉芳)

精品案例

【活动主题】让顾炎武精神伴随你我成长

【体 验 站】顾炎武纪念馆（故居）

【活动对象】4—6年级学生

【活动人数】建议每批12—30人，按照人数进行具体分组

【设计背景】参观名人故居，无非就是游览者"看"和讲解员"讲"。但是，这种参观方式比较呆板、枯燥，形式单一，很难调动起学生学习的积极性，也很难让学生真正体味顾炎武先生的家国情怀。我们设计这一课程的目的，就是要创设一种新的参观模式，把抽象、枯燥、难以表述和理解的知识具体化、形象化，通过形式多样、内容新颖独特的实践教学，全方位调动学生学习的积极性，从而让学生更好地理解顾炎武先生的家国情怀，培养学生热爱家乡的感情，帮助学生树立正确的人生观和价值观。

【学情分析】

1. 4—6年级的学生处于对古人认知的懵懂时期，但他们好动，热爱学习，对一切新鲜事物保持着极大的热情。在顾炎武纪念馆上课，可以充分调动他们学习的积极性和热情，在玩中学，在学中玩。

2. 这个阶段的学生对于呆板、枯燥的知识不感兴趣。因此，形式多样、内容新颖独特的体验式教学方式更能够吸引他们的注意力。本课程就是充分利用千灯纪念馆的设施条件，通过争章体验活动，充分调动学生的学习兴趣，让他们在做中学。

3. 不论是从语文还是历史学科的角度看，从书本上获得对于顾炎武的了解是远远不够的。本活动将促进学生对于顾炎武、对于他的家国情怀有更深一步的了解，并将其浸润在自己的日常生活当中去。本活动还将顾炎武的爱国情怀渗透到学生心中，让学生学中动，动中思，在懵懂的年纪里以最喜欢的方式去认识、走近顾炎武，让顾炎武精神伴随他们成长。

【主题知图】

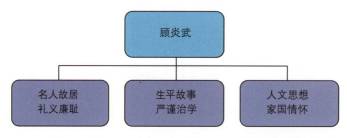

【活动目标】

1. 参观故居，了解顾炎武的主要事迹，认识这位昆山地区著名的历史人物，逐步体会他身上浓浓的家国情怀。

2. 学习顾炎武的优秀人文思想，培养学生强烈的社会责任感，增强学生对于家乡的感情，帮助学生形成良好的人生观和价值观。

3. 通过小组合作完成指定的任务，在实践活动中提高学生的动手能力和团队协作能力。在活动结束过后，在教师的引导下进行初步的反思总结，学习其他小组的先进经验，在总结中成长，在反思中提升。

【活动流程示意图】

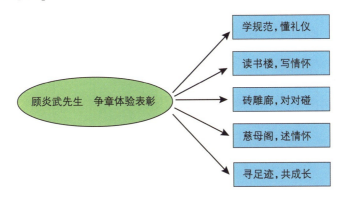

【活动过程】

1. 开场白。

师:各位同学,大家知道今天来到的地方是哪一位名人的家呢?

生:顾炎武。

师:既然大家都知道这是顾炎武先生的故居,那么,有没有哪位同学可以来给大家讲一讲顾炎武到底是一个什么样的人?

生:思想家、亭林先生……

师:老师来给大家介绍一下顾炎武先生。他呀,别号亭林先生,是我们昆山市千灯镇人,他是明末清初杰出的思想家、经学家、史地学家和音韵学家,还参加过反清复明的斗争,是一位杰出的仁人志士。有一句非常有名的话,"天下兴亡,匹夫有责",就是从顾炎武先生作品里总结出来的。今天,就让我们一起走进顾炎武先生故居,看看他生活的场景,进一步了解顾炎武先生的思想,真正认识一下这位充满了爱家爱国情怀的伟人。

学生分组:接下来的活动,需要我们所有的学生组成活动小组来进行,每个小组4—5位学生。学生们在自愿结合的基础上,完成分组。

2. 学规范,懂礼仪。

学生跟随教师(讲解员)进入清厅和明厅了解顾炎武先生崇高的思想道德及礼仪规范,学习基本的礼仪——拱手礼和安席食礼。学生在学习拱手礼过后,做得最标准,学得最快的小组成员可以在体验食礼的时候坐在上首位。所有的学生在学习完之后都奖励"礼仪章"一枚。

拱手礼:拱手礼及与其相似的礼仪称"作揖",是中国古代开始的,在相见或感谢时常用的一种礼节。行礼时,双手互握合于胸前。男子行拱手礼时右手握拳在内,左手在外;女子行拱手礼时则正好反过来。这是因为男子以左为尊,女子以右为尊。

古代行拱手礼,身体和手都不动。现代行拱手礼,身体立正,两臂如抱鼓伸出,双手在胸前抱举或叠合,自上而下,或自内而外,有节奏地晃动。左手掌心平张,向内压住右拳,正对胸口,不高于膈不低于胸,平臂行礼,此乃"王者对揖""时揖""平揖"。

平辈行礼,左手手心向内贴于低于胸口,直身行礼,此乃"士揖""下揖"。

上位者还礼,双手平伸,指间交错,左手在外,两掌心向内,双臂前伸如抱一环,举手至膈,欠身行礼,此乃"天揖""上揖"。此礼也适合向长辈行礼。以此手势直身举手过额,此乃"帝揖"。过去为祭祀用礼,后来被用来向皇室和宰相行礼。

食礼:中国宴会食礼的基础仪程和中心环节,即是宴席上的座次之礼——安席。两汉以前,"席南向北向,以西方为上",即以面朝东坐为上。而在位于宫室主要建筑物前部中央坐北朝南的"堂"上,则是以南向为最尊,次为西向,再次为东向。

设计意图

顾炎武纪念馆(故居)对于学生来说是陌生的,他们充满好奇,此次活动也是学生初步了解顾炎武的一个途径。通过故居内现有的摆设,利用桌子、廊柱、厅堂等场所,开展学礼活动,为下面的活动环节打好基础。同时,通过学习和实践,学生自己动手学一学、做一做,更加能够明白基本礼仪的规范,深入体会顾炎武先生文章中"礼义廉耻"的首字"礼"。

图11 男生学习拱手礼

图12 女生学习拱手礼

图13 学生认真参观故居

3. 读书楼,写情怀。

顾炎武先生的思想对后人有着深远的影响。

(1)教师(讲解员)讲述顾炎武的治学故事,接着让学生从顾炎武的诗句或者著作中找一句自己喜欢的话。

(2)学生朗读一遍自己写的格言。

(3)每小组挑选一首顾炎武先生的诗歌进行集体朗诵。

(4)每位学生奖励"读书章"一枚。

图14 倾听勤奋学习故事

设计意图

顾炎武先生是一位著名的文人和思想家,他思想最精华的观点就集中在他的一些名言名句当中。现场学习顾炎武先生的诗句、抄写诗句,是一个思想内化的过程,可以培养学生的动手和朗读能力,同时又让顾炎武的思想融入学生的学习生活中。另外,在活动安排上,也是一动一静的搭配。在小组集体学礼活动过后,第二项设置相对安静,让学生从学礼的"动"中安定下来,转换成"静"的状态。小学年段学生比较活泼,适当的沉静有利于整个活动的顺利进行。

4. 砖雕廊，对对碰。

听讲解员讲解9块砖雕的小故事，然后取出任务单，做连线，将砖雕图片和故事主题相连匹配。全对者奖励"故事章"一枚。

（1）贞孝慈母，家中启蒙。

顾炎武的嗣母王氏，是一位有文化、有知识的女性，顾炎武幼时的启蒙教育，就是由她来担任的。顾炎武7岁开始就读于私塾，但王氏仍经常在家中亲自授课。

（2）归奇顾怪，共游复社。

顾炎武14岁考中秀才，与归有光的曾孙归庄同在县学学习，二人都极有个性，被称为"归奇顾怪"。他们热心于社会活动，都参加了复社，结识了一大批文人学士。

（3）从军苏州，起义昆山。

顺治二年（1645）五月，清兵攻占南京，六月进驻苏州。顾炎武和归庄等人投笔从戎，参加了战斗，后兵败苏州，顾炎武等退守昆山。他坚守城池，21天后由于粮草断绝、援兵不至，昆山城破。

（4）跪听谆嘱，恪遵母训。

顾炎武嗣母王氏听闻常熟陷落，绝食殉国，临终嘱咐炎武"读书隐居，无仕二姓"。

（5）屡败屡战，自比精卫。

在复明无望之际，一些人选择以身殉国，但顾炎武有自己的精神追求。他以填海的精卫自比："我愿平东海，身沉心不改。大海无平期，我心无绝时。"

（6）行万里路，读万卷书。

45岁后顾炎武辞别亲友，离开了他深爱的故乡，到北方进行实地山川考察，足迹遍及山东、河北、山西、河南，曲折行走二三万里，读书一万余卷。

（7）置产章丘，垦荒雁北。

1664年初，顾炎武在山东章丘定居。当地地势优越，工商业发达，他便在此经商，后垦荒于雁门之北、五台之东。然而不多久，他又在北京与山东之间游历。

（8）坚拒朝聘，不臣二姓。

顾炎武始终不肯与清朝当局合作，清廷曾屡次尝试聘请顾炎武参加《明史》编纂工作，都被顾炎武断然拒绝，后来干脆远离京城，到陕西华山之麓隐居起来。

（9）巨儒绝笔，曲沃终老。

顾炎武北游的最后一站是在山西曲沃，长年奔波劳累使他患上了严重的呕泻病。待病情好转，他趁天晴骑马赶往华阴整理书稿，上马时从马上重重摔下，呕吐不止，最后与世长辞，享年70岁。

设计意图

参观图片、聆听讲解是进行历史教育的主要形式，但是这一活动形式对于学生来讲过于简单枯燥，通过听故事，连一连小故事，学生带着学习任务参与活动会自觉认真，并能加深他们对顾炎武生平的理解。

图15 欣赏砖雕

图16 学习砖雕小故事

5. 慈母阁,述情怀。

(1) 在慈母阁前先听讲解。

图17 慈母阁前听讲解

顾炎武从小过继叔叔家,嗣母王氏在顾炎武很小的时候就开始亲自为其授课,经常给幼年的顾炎武讲各种爱国的故事,为他成为伟大的思想家、爱国学者奠定了良好的基础。

同时王氏又以实际行动为顾炎武做了表率。当清兵南下,昆山、常熟相继沦陷后,为表忠烈,王氏绝食殉国。临终告诫儿子要坚持民族气节,忠心为国。顾炎武先生谨记母亲遗训,清政府多次请他去北京入仕,都被他严词拒绝。

(2) 学生分享、交流,如还了解哪些治学严谨、刻苦学习的人物,说出一个人物的学生可以获得"勤学章"一枚。

以顾炎武勤奋学习的故事,来引申出身边或者以前学到过的,有着与顾炎武类似故事的人物,来体会他们刻苦、认真的精神。这样的设计能使学生将平时已经学习过的历史人物和历史故事与顾炎武产生联系,利用知识迁移的手段让学生更能体会顾炎武先生勤奋学习的精神。

6. 寻足迹,共成长。

(1) 瞻仰亭林墓。

(2) 说出两个以上有家国情怀的人物。

(3) 奖励"爱国章"一枚。

在参观完顾炎武故居之后把家国情怀引申出来,让各小组找一处最喜欢的场馆合影留念。这样既激发学生摄影的乐趣,又加深顾炎武先生在学生心目中的形象,更能辐射到学生身边的家人和朋友。

7. 表彰。

在活动结束之后，获得 5 枚图章的学生可以兑换顾炎武纪念馆（故居）书签一张。

 设计意图

通过争章活动，在体验中学习，在学习中体验，将顾炎武的爱国情怀渗透到学生心中，让学生在学中动，在动中思，在懵懂的年纪里以最喜欢的方式去认识、走近顾炎武，让顾炎武精神伴随学生成长。

【活动任务单】

砖雕任务连连看

贞孝慈母，家中启蒙

归奇顾怪，共游复社

从军苏州，起义昆山

跪听谆嘱,恪遵母训

屡败屡战,自比精卫

行万里路,读万卷书

置产章丘,垦荒雁北

坚拒朝聘，不臣二姓

巨儒绝笔，曲沃终老

【安全保障】

1. 常态组织顾炎武纪念馆（故居）工作人员进行相关的安全教育培训，提高有关人员安全意识，使其从思想上认识安全工作的重要性。

2. 排查纪念馆的安全隐患，在必要的地方张贴警示标志，如玻璃门、卫生间等位置，提醒过往人员注意安全。

3. 文物设置围栏，未经工作人员允许，不得翻越。

4. 不得在消防通道内或门前摆放、堆积杂物，以免在火灾事故中堵塞逃生路线，危害生命安全。

（设计者：徐燕萍、沈荦、沈梦怡）

类别四

历 史 文 博

导师简介

　　张嘉，苏州工业园区教师发展中心中小学综合实践活动课程教研员，教育硕士，中学高级教师，苏州市区学科带头人，苏州市综合实践活动课程中心组骨干成员。近年来，主持及参与省、市级课题6项，多篇文章在核心期刊、国家及省级刊物上发表。曾在省级业务评比中荣获一等奖3次，2011年荣获江苏省综合实践活动优质课评比一等奖，2013年荣获江苏省综合实践活动青年教师基本功竞赛一等奖第一名。先后培养3名教师荣获江苏省综合实践活动优质课一等奖第一名，2名教师荣获教师基本功竞赛二等奖。

　　教育教学理念：让学生拥有带得走的能力。和学生共同成长。

导师评析

资源类别分析

　　文修兼格致，博古亦通今。
　　历史文博课程，让孩子们走进历史博物馆，窥探一个更为广阔的世界。在由一件件古代精美文物构建的广阔时空里，孩子们怀揣敬畏之心，向智慧敬礼，向文明鞠躬。在这里，孩子们将自己的思维和认知放置于中华历史文明的长河中，感受中华传统文化的独特魅力，加深对民族与国家、历史与艺术的正确认知和理解，从中寻找自我身份认同与归属感，建立起文化自信。在各类历史文博课程的实践体验中，孩子们通过看、听、摸、做等，多感官结合，进行各学科知识的联动，丰富和发展了社会生活经验和艺术审美情趣，并形成以文物器具为线索贯穿古今的思维方式，多角度认识真实世界的哲学思想，这些都成为历史文博课程最独特的价值。
　　历史文博类体验站，多为历史考古类博物馆，主要包括苏州博物馆、苏州城墙博物馆、苏州碑刻博物馆、苏州市档案馆新馆、苏州园林档案馆、苏州市方志馆、江苏省农机具博物馆、苏州东吴博物馆、吴江博物馆、太仓博物馆、巴城老街博物馆群等。从课程资源功能性角度来看,历史文博类体验站的素材性资源和条件性资源都很丰富,使得历史文博课程的开发与实施具备了理论依据和现实可能。具体表现在:第一,各博物馆中有丰富的素材,能够成为学生直接学习的对象,这些素材是学生知识、技能、经验、方法、情感态度和价值观等培养目标达成的关键因素。如苏州博物馆,馆藏文物4万余件,设有"吴地遗珍""吴塔国宝""吴中风雅""吴门书画"四个常设展厅,特展厅和现代艺术展厅不定期地举办海内外现代艺术品展览,这些馆藏文物、建筑特色为学生的多样化学习和体验提供了可能性。又如江苏省农机具博物馆,属于专史博物馆,汇集了富有特色的太湖流域耕种及丝纺织业农耕文化的大量实物、图片、文字等,孩子们在参观、实践、探索的过程中,了解农业生产和农业器具的发明、制造和使用,能激发他们对技艺类知识和技能的学习兴趣,产生自觉传承和弘扬中国传统民俗文化的意识。第二,各博物馆中人力、物力、财力、场地、媒介、设备和环境等资源丰富,直接决定课程实施范围和水平。如苏州博物馆,除展厅场馆环境外,还设有专门的教育活动室供孩子们学习、活动,并聘有专业教师指导孩子们开展体验活动,体验活动所用素材均为真材实料。再如巴城老街博物馆群致力于打造"昆曲"主题小镇,老街现有一级作家杨守松老师的工作室、梅花奖得主俞玖林老师工作室等一系列优秀资源,让孩子们浸润在昆曲文化中,对昆曲产生兴趣,了解昆曲的入门知识,并意识到传承昆曲文化的责任。

独特的课程价值、丰富的课程资源,使历史文博类体验站的课程开发呼之欲出。

课程设计解析

历史文博课程内容的设计,遵循综合实践活动经验课程的特质。一方面以课程总目标为纲,研究和确定学生的素质现状,了解他们已经具备或尚须具备的知识、技能和素养,分低、中、高三个学段设计课程;另一方面研究各体验场馆各类资源状况,着力体现体验站场馆特色。遵循历史文博场馆的特点,主要课程设计逻辑为:

初步感知 ⇨ 深入了解 ⇨ 实践体验 ⇨ 展示评价 ⇨ 情意提升

具体活动设计,力求体现以下几点。

1. 关注文博资源的选择,力求体现场馆特点,以小案例见大历史。

如苏州博物馆之类,馆内藏品丰富,可以由一个经典主题切入,结合场馆布展设计课程深入体验。如青花瓷,作为苏州博物馆的特色馆藏,可以让学生在环环相扣的体验活动中,品鉴青花之美,还可以文物为线索,让学生了解中国陶器到瓷器的演变史。如苏州城墙博物馆之类,场馆陈列比较集中,可以贯穿整馆设计活动,从相关的小案例如城墙年龄、城墙故事、城墙诗词着手,让学生在体验和实践中探究城墙历史,领略古代苏州人民的精巧建筑技术,感悟苏州古城墙传承的文化精神。

2. 关注学科知识的融合,力求培养学生素养和学科跨界综合运用能力。

历史文博课程以学生所熟悉的建筑、器皿、服饰、乐戏为基础,在课程开发过程中有意打破学科壁垒,强调多学科知识的交叉运用,有意培养学生对知识的综合运用能力。以"青花瓷文博课程"为例,内容就涉及语文、历史、物理、美术、劳技等。欣赏和理解青花瓷图案设计是美术史上的课题。陶瓷的演变涉及物理学上的知识,也是参透历史发展的重要证据。而体验青花瓷制作及绘制,是考验学生劳技、美术课上练就的本领。这样的体验课程,是在培养学生跨学科学习的能力,对学生关键能力和综合素养的培育、情感态度价值观的形成都具有深远的教育意义。

3. 关注体验情境的设计,力求加深代入体验,激发学生学习动力。

课程设计基于学生立场,力求设计真实或仿真实的体验情境,运用博物馆真实场景、博物馆数字技术、线上学习社区等,加深学生的体验。如通过亲手触摸博物馆文物,学生体验动手制作陶胚等各种活动,全面调动他们的感官,学生充分感受陶瓷艺术的独特魅力;通过精彩纷呈的视频对文物工艺的展示和内涵的解读,通过模拟各种声光色电信号来还原真实或者虚拟的世界,制造出逼真的具有代入感的场景,来增强文物观赏的全面性、互动性和吸引力。此外,在互联网的平台上、社会实践微信公众号上建立线上学习社区,孩子们可以互相交流,在体验学习中思考、互动、分享和共进。

4. 关注评价方式的多元化,力求鼓励多元发展,倡导共性,尊重个性。

每个体验站的课程活动都会结合任务单设计相应的评价,力求让每个孩子在体验活动中都会得到反馈和成就感。评价主体力求多元化,如学生自评、组间互评及教师评价,既倡导共性又尊重个性;评价方式力求多元化,如语言激励、打星集章、颁布证书等,评价贯彻整个活动,集过程性、终结性、表现性评价于一体,力求关照学生的各方面发展。如苏州城墙博物馆设计的"博物馆纪念拼图"活动,在完成相应任务并答对问题后,可获得一张拼图代码,全部完成则可以获得完整拼图,这样的任务评价单体现了站点特色,集各种功能于一身,深受孩子喜爱。

活动实践评析

历史文博类课程实施一阶段后,受到广泛认可,参加体验的学生、家长、教师认为这类体验课程真实、有深度,指向素养培育,集文化性、社会性等为一体,凸显了其教育价值和教育魅力。

1. 真实——真实情景中的体验。

课程设计充分利用博物馆自身设施条件和馆藏文物,创设博物馆学习的真实情境,通过看、听、摸、做、画等各种体验活动,学习知识,思考探究,实践体验,加深学生的体验,让学生感受历史带来的厚重,并敬畏历史。如在"巴城老街昆曲文化课程"中,孩子们参观昆曲文献和梁辰鱼介绍的水磨韵,参观水磨雅集、巴溪驿站等昆曲主题的文创、邮局,参观《昆曲之路》作者、一级作家杨守松老师的工作室,再穿上戏服,走上戏台,吟一声水磨腔……孩子们意犹未尽地说道:"我们觉得活动充满了仪式感,我们体会到了穿越历史时空、身临其境的无穷乐趣。"

2. 深度——全方位、有深度的体验。

为了让学生体验更全面,课程设计进行了深度挖掘。如"青花瓷文博课程"整堂体验课的教学设计包括"展厅探秘、宝物揭秘、工艺秘籍、尝试制宝、夸夸宝贝、护宝使命"六项任务。随着每项任务的完成,学生们会在体验中了解陶至瓷的演化发展历程、陶和瓷的区别、新古青花瓷的鉴别、文物的触摸方式、青花瓷的工艺流程等知识,体验泥料拉坯、设计并绘制青花图案等青花瓷器制作过程,认识青花瓷及文物在历史、文化、艺术等方面的价值。这样的体验活动,就青花瓷主题来说,全面深入,而且在知识技能、能力方法、情意价值观等多方面都有关照。经历这样全方位的深度体验,学生感慨:"我觉得自己是个青花瓷小专家了。"

3. 素养——指向综合素养培育的体验。

各类课程精心设计体验活动,配合任务单及评价方式,指向培养学生的综合素养。例如在"探寻农机具 感悟农业发展"体验课程中,通过"摇柴龙、智力拼图找农具"的体验,引导学生关注农机具的发展,培养学生的动手能力、探索能力、认知能力及团结协作能力,使其成为有探索精神和创新意识的一代新人。再如"青花瓷文博课程",通过"年代排序、竞猜年代、触摸文物"三项体验,引导学生建立以文物史料来了解历史的思维方式,构建相关知识体系,着力培养学生的学习力、探究力;通过"夸夸自己制作的宝贝"这个环节,学生在碰撞中反思成长,提高审美力,体会传统文化的魅力,思考如何对传统文化进行传承与创新。这些指向综合素养培育的体验课程设计,让学生在"玩中学,玩中得",有所习得,多元发展。

【活动主题】青花瓷文博课程
【体 验 站】苏州博物馆
【活动对象】7—8年级学生
【活动人数】建议每批次16人
【学情分析】

1. 7年级学生正处在小学到初中的过渡时期,年龄特点决定了他们好奇心强,善于接受新鲜事物。在博物馆上课,围绕珍贵文物来开展学习,这种独特的学习形式和学习内容,无疑能充分激发学生的学习热情和积极性。

2. 初中生好动、好表现,注意力容易分散,因此,形式多样、内容新颖而独特的教学方式更能吸引他们的注意力。本课程的教学,就是要充分利用博物馆自身设施条件和馆藏文物,通过看、听、摸,既学习知识,又体验动手拉坯、画青花等活动,全面调动他们的感官,让学生充分感受陶瓷艺术的独特魅力。

3. 初中生对陶瓷的系统了解较少。在7年级历史课本上,虽然已经涉及古代彩陶知识,如越窑青瓷、邢窑白瓷、唐三彩、宋代五大名窑和瓷都景德镇等,但这些内容都是点到即止、非常浅显。在8年级美术课本中,亦有一课内容是关于陶瓷工艺和陶艺欣赏的。这次博物馆青花瓷艺术课程的设立,能让书本上的文字和图片变成触手可及的实物,并让学生亲密接触那些平时不可触及的文物,相信学生一定会非常感兴趣。

【主题知图】

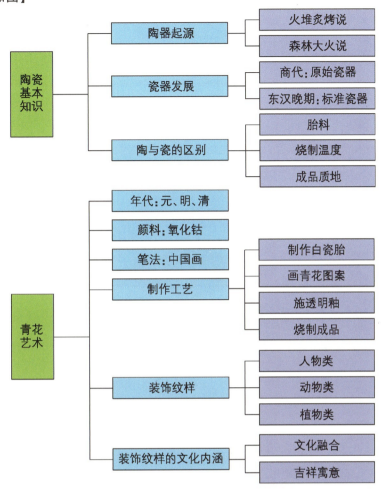

【活动目标】

1. 知识与技能层面培育目标：知道陶器的起源，陶至瓷的演化发展历程，陶和瓷的区别和联系；了解青花瓷不同时期的代表器形、不同装饰图案及其文化内涵等；理解精美的青花瓷背后复杂的制作工艺，掌握正确的青花瓷制作步骤及方法技巧。

2. 过程和方法层面培育目标：通过展厅观察青花瓷展品、青花瓷年代竞猜、青花图案及文化内涵探究等，提高探究力与学习力；通过亲身体验泥料拉坯、瓷胎制作、设计并绘制青花图案等制作过程，锻炼动手操作能力，培养分工合作与沟通能力；通过展示自己的作品，进行思维碰撞，反思成长，提高审美力。

3. 价值观层面培育目标：体会文物的魅力，感受历史气息，从而培养对我国悠久历史和古老文化的兴趣，树立保护文物的意识和爱国主义情怀。

【活动流程示意图】

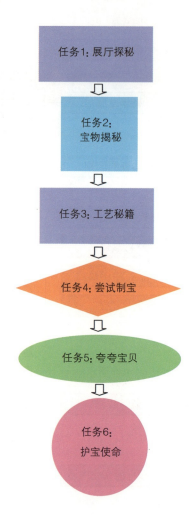

【活动过程】
一、第一环节：鉴宝

设计意图

文物是人类在历史发展过程中留下来的遗物，具有历史价值、艺术价值和科学价值，是人类宝贵的历史文化遗产。苏州博物馆的陶、瓷器藏品种类丰富，其中，馆藏青花瓷器形多样、纹饰别致，是极具中国特色的釉下彩装饰瓷器，非常值得品鉴。

任务1：展厅探秘

活动之前，与学生明确体验活动要求。

学生进入展厅，观察、欣赏各类青花瓷，将找到的青花瓷展品按年代先后进行排序。例如，(1) 明·永乐"白地青花鸡心底碗"，(2) 明·宣德"青花海水白龙纹盘"，(3) 清·雍正"青花大盖碗"。之后回到活动室，揭晓正确的排序答案。

图 1　明确活动要求

图 2　展厅探秘

任务 2：宝物揭秘

1. 竞猜年代：出示两件青花瓷标本（文物和现代瓷器各一件），请学生猜想两件瓷器各自的时代，教师同时渗透知识（古瓷和现代瓷的区别：造型、釉面、色料、画工、底足、起泡）。

2. 触摸文物：介绍陶、瓷器基础知识，让学生触摸不同年代的陶器和瓷器，并掌握正确触摸文物的方法。

图 3　了解陶、瓷器基础知识

图 4　触摸文物

二、第二环节：制宝

　　青花瓷制作工艺起源于唐代，经宋代发展，到元代而成熟，明代青花日益精美，至清康熙年间达到顶峰，后逐渐衰落。较之其他瓷器，青花瓷有其独特而复杂的制作工艺，须各环节紧密配合方能成功制作一件作品。让孩子们分组配合制作一件青花瓷，不仅能学习传统技艺，提升研究能力，还能培养孩子们互助合作的团队精神。

任务 3：工艺秘籍

配合 PPT 演示文稿、视频，介绍青花瓷制作工艺、各类青花图案及其文化内涵。

青花瓷制作标准流程：揉泥、拉坯、晾干、修坯、补水、绘制图案、上釉、烧制成品。

探究 1：关于青花用色。教师引导学生思考探究青花瓷的颜色构成（白地蓝花、青花拔白），让学生猜想蓝、白两色为何得到珍视，并进行详细说明。

探究2：关于青花图案及其文化内涵。让学生回想在"展厅探秘"活动中见过的青花图案，师生共同归类，总结出青花图案的类型（人物类、动物类、植物类），并阐释其文化内涵及寓意。

任务4：尝试制宝

首先，由教师进行现场演示泥料拉坯方法，并请几位学生参与体验。

之后，学生以小组为单位，共同体验画青花。小组内同学进行分工，合作体验颜料调制、设计并勾勒图案、绘制和渲染图案。后期，作品可经上釉、烧制形成青花瓷成品。

图5　泥料拉坯　　　　　　　　图6　体验画青花

三、第三环节：护宝

设计意图

孩子近距离接触博物馆内的珍贵文物，学习青花瓷制作的传统技艺，不仅能够让他们感受历史气息，学习文物知识，体会传统的魅力，更希望培养他们的爱国主义情怀和对我国悠久历史及古老文化的兴趣，并帮助他们从小树立保护文物的意识。

任务5：夸夸宝贝

各组夸夸自己做的宝贝，图案是什么？寓意是什么？谈谈各自参与环节的体验感受。

图7　夸夸宝贝

任务6：护宝使命

1. 认识青花瓷已经成为中国传统文化艺术的代表元素，创新运用在很多方面；认识文物在历史、文化、科学、艺术等方面的价值，建立保护文物的使命感和捐赠文物的意识等。

2. 完成学习体验课程后，向周围的同学、亲友谈谈自己的鉴宝、制宝等经历，宣传保护文物的重要性，做一个"护宝小使者"，并在宣誓栏上签字承诺。

图8　签字承诺

图9　获得技能章

【活动评价】

自评：学生对自己的表现进行打星评价。

师评：教师根据任务单完成情况和参与体验活动情况给予评价并盖章。

活动环节	任务要求	奖励标准	奖励章
任务1：展厅探秘	在展厅找到各类青花瓷展品，按年代先后排序	正确排序5个以上	识宝新技能章
任务2：宝物揭秘	用正确方式触摸文物，了解陶器与瓷器的区别	正确触摸文物的方式	鉴宝新技能章
任务4：尝试制宝	积极参与"画青花"活动体验，并回答问题	能答对青花瓷制作工艺的几个环节，青花瓷用色、图案及其文化内涵，认真参与"画青花"活动体验	制宝新技能章

【活动任务单】

苏州博物馆"青花瓷文博课程"实践活动任务单

[任务一：展厅探秘]

　　进入"陶冶之珍"展厅，仔细欣赏每件青花瓷展品。结合展品标签中的年代介绍，将任务单上的图例按对应展品的年代先后进行排序。

1. 你找到的青花瓷展品有（请在下面图例旁的方框中打钩，并在图例下方写下展品的年代及名称）：

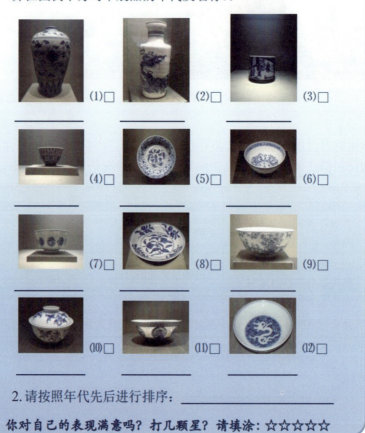

2. 请按照年代先后进行排序：＿＿＿＿＿＿＿＿

你对自己的表现满意吗？打几颗星？请填涂：☆☆☆☆☆

恭喜你获得"识宝"新技能！

[任务二：宝物揭秘]
1.进行文物触摸，应注意这几个方面：＿＿＿＿＿＿、
＿＿＿＿＿＿、＿＿＿＿＿＿、＿＿＿＿＿＿。
2.请简单写一写陶器和瓷器有哪些区别。
＿＿＿＿＿、＿＿＿＿＿、＿＿＿＿＿、＿＿＿＿＿。
你对自己的表现满意吗？打几颗星？请填涂：☆☆☆☆☆

恭喜你获得"鉴宝"新技能！

[任务三：工艺秘籍]
1.青花瓷制作流程有：＿＿＿＿、＿＿＿＿、＿＿＿＿、
＿＿＿＿、＿＿＿＿、＿＿＿＿、＿＿＿＿。
2.请将青花瓷的各种图案及其寓意进行连线。
　　　石榴　葡萄　桃　蝙蝠　龙凤　鹤

　　　　　　多子　　长寿　　福气　　祥瑞
你对自己的表现满意吗？打几颗星？请填涂：☆☆☆☆☆

[任务四：尝试制宝]
　　今天体验的青花瓷制作环节主要有：设计纹样，颜料调制，勾勒、绘制和渲染图案。
　　你参加了青花瓷制作的哪一个环节？＿＿＿＿＿＿＿＿
你对自己的表现满意吗？打几颗星？请填涂：☆☆☆☆☆

恭喜你获得"制宝"新技能！

[任务五：夸夸宝贝]
你对自己的表现满意吗？打几颗星？请填涂：☆☆☆☆☆

[任务六：护宝使命]
　　我愿意做一位"护宝小使者"，担当起保护和传承中国优秀历史文化的责任。
　　　　　　　　　　　　　　　　　　签名：

【材料设备清单】

1. 教案准备：PPT演示文稿、视频、任务单。
2. 器材准备：电脑（装有青花瓷相关介绍、图片、视频，供学生自主浏览学习）、环境布置（古韵音乐、青花瓷图片及实物装饰、供学生宣誓签名的"护宝宣誓板"）、陶器和瓷器文物标本、现代青花瓷、拉坯机、泥料、白瓷胎坯、钴料、水、调色盘、画笔、纸张、青花纹饰参考图案、活动保护服等。

【安全保障】

1. 学生入馆参加活动，须遵守馆内秩序，服从馆内教师安排。注意衣着整洁，不携带食物、有色饮料或其他不允许携带入馆的物品。如有需要，请按馆方要求接受安全检查。
2. 在馆期间，请按队列有序参观，不高声谈笑、追逐嬉戏，确保在馆期间人身安全。
3. 在进行"触摸文物"环节活动时，须耐心等候，依次触摸文物，每次1—2人。须对文物怀有敬畏之心，触摸文物时用双手捧持，或一手握上部，另一手托底，轻拿轻放，严禁单手掰边。一般不可将文物高举离开桌面。如有传递，小件文物应在确认对方已握牢后方能放手，以防滑脱。（触摸陶瓷可不戴手套）
4. 在青花瓷制作的观摩和体验过程中，严禁一哄而上、随意触碰或操作机器、工具及电源开关等其他室内物品。应仔细聆听馆内教师的讲解，在教师的指导下认真操作，不抢夺工具，在选定的学习中认真完成本组任务，配合完成青花瓷制作体验，注意自身安全。
5. 如遇其他突发事件，须及时报告学校领队或馆内指导教师，或向馆内着制服人员寻求帮助。紧急联络电话：0512—67575666。

附件：主题活动资源包——青花瓷文博课程

1. 馆藏青花瓷器图片。

（1）明·景泰—天顺 青花缠枝莲大梅瓶

（2）清·康熙 青花海水龙棒槌尊

（3）清·康熙 青花人物笔海

（4）明·永乐 青花压手环

（5）明·永乐 青花缠枝葡萄纹大盆

（6）明·永乐 白地青花鸡心底碗

(7) 明·永乐-宣德 青花菱花口团大碗　　(8) 明·宣德 青花折枝花果尺盆　　(9) 明·成化 青花人物碗

(10) 清·雍正 青花大盖碗　　(11) 清·康熙 青花人物镂空大碗　　(12) 明·宣德 青花海水白龙纹盘

2.《青花之美：青花瓷的工艺与装饰》课程视频（略）。

3.《景德镇手工制瓷技艺》课程视频（略）。

（设计者：徐燕萍、张嘉、李喆、蒋炜、褚燕、陆丽芳、徐晴絭、何燕）

精品案例

【活动主题】探寻农机具　感悟农业发展
【体　验　站】江苏省农机具博物馆
【活动对象】1—3年级学生
【活动人数】建议每批次20人
【学情分析】

1. 随着工业的飞速发展,先进的农业耕作技术逐渐代替了过去的传统耕作模式,传统农具渐渐从人们的视线中消失。孩子们对传统农机具的用途等知之甚少。该活动充分调动孩子们已有的经验和知识,引导学生感受传统农机具对中国农工业文明发展的贡献。

2. 1—3年级学生处于小学低中年级,注意力尚不能长时间集中,容易对形象生动的事物和形式多样的学习活动产生兴趣,思维比较活跃,条条框框束缚较少,创造力很强。

3. 1—3年级学生在教师的引导下可以进行一些比较简单的动手操作和实践,并且得出初步的结论和观点。

4. 小学低中年级阶段的孩子有很强的表现欲望,但是考虑问题还不够全面、客观,以自我为中心,在理解、包容、合作等方面,需要多多学习。

【主题知图】

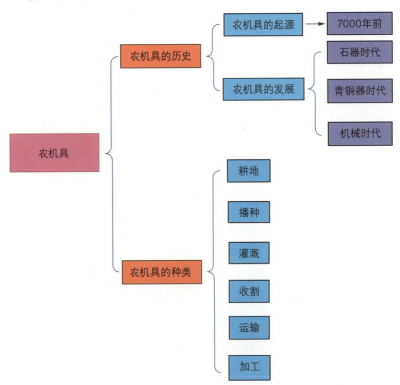

【活动目标】

1. 通过江苏省农机具博物馆社会实践活动体验课程,在参观、实践、探索的过程中,了解农业生产的发展,农业器具的发明、制造、使用,认识古代及现代各种农机具。

2. 通过体验探究活动,培养学生遵守规则、动手动脑、团队协作能力,初步掌握由文物联想历史、说明问题的方法,尝试有创意地探究和解决问题。

3. 珍视家乡的历史与文化,自觉传承和弘扬家乡民俗文化,形成爱学习、爱劳动、爱家乡的情感。

【活动流程示意图】

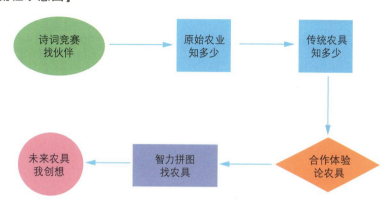

【活动过程】

一、诗词竞赛找伙伴

1. 教师(讲解员)准备4首关于农业或农具方面的古诗词,采用抢答的形式让学生回答,前4名回答的学生就是4个小组的组长,其他学生当场抽古诗,所抽古诗一致的学生归为一组,每组5人。

2. 分组结束,组长领取下一环节的活动任务单。

20位学生相聚在一起参加农机具博物馆的体验活动,他们彼此之间可能是完全陌生的。通过赛诗环节组建小组,他们彼此快速地进行了沟通和了解,同时赛诗也是一个对农业相关知识学习的过程。

二、原始农业知多少

1. 参观原始馆,根据活动任务单上的提示,小组合作完成挑战题,内容主要为原始农业时期农具知识。学生要根据展厅呈现的相关知识,迅速完成知识问答题。教师根据完成的速度,对学生进行表彰。

2. 完成最快的学生得4颗星,第二名得3颗星,以此类推。

本环节的活动任务单设计了两道挑战题,主要为知识类的题型。这里需要每个小组进行合理的分工,这样才能最快速地完成挑战任务。

三、传统农具知多少

学生在教师(讲解员)的带领下,参观传统农具馆。教师(讲解员)重点介绍木犁、锄头、手扶拖拉机、大型拖拉机 4 种农具的造型、结构、用途,为后阶段相关体验任务做知识铺垫。

> 本环节主要带领学生认识中国农业发展史上出现的各种农机具,使学生对各种农机具的造型、结构、用途有所了解。

四、合作体验论农具

1. 挑担子比赛。

(1) 观看视频《肩挑箩筐》。

(2) 进行挑担子比赛。

在扁担两边的篮子里各放 2.5 千克的农作物,小组选取代表完成。途中篮子不能碰地,扁担不可以离开肩膀,否则作违规处理。看谁能在最短的时间内,肩挑重物走到终点。如中途货物打翻或出现违规行为,则返回起点,重新开始。

(3) 根据完成速度的快慢进行表彰。完成最快的学生得 4 颗星,第二名得 3 颗星,以此类推。

2. 亲身体验推小车。

(1) 请农具馆工作人员进行推小车示范,讲解体验要领。

(2) 以小组为单位,接力体验推小车运货物。要求小车要推起来。推行过程中货物掉落的,要把车子推到货物掉落点,捡起货物,再从原地重新开始推行。

(3) 根据合作情况及完成时间快慢等,工作人员评出名次,最佳的小组每人得 4 颗星,第二名得 3 颗星,以此类推。

3. 运输工具来比较。

通过两轮运输任务的体验,请学生说说"挑担"和"推小车"有什么相同之处和不同之处,它们的优劣分别是什么。

> 经过上一环节的合作,小组成员已经逐渐认识、熟悉,彼此也有了一定的了解。本环节主要设计了两个运输工具的体验活动。队员们通过亲身挑担、推小车,了解农民的日常劳作,感受古代人民农作的艰辛,同时也让孩子们发现劳动人民是充满智慧的。其次,组员之间的接力也进一步加强了团队的凝聚力,全组同学齐心协力完成闯关,让孩子们的友谊在活动中进一步升华。

五、智力拼图找农具

1. 参观现代馆。了解各类现代化农机具的作用。

2. 小组合作拼图。参观结束后,领取活动任务单,合作完成任务单中的拼图。拼图图片分别来自几个场馆内的相同作用的不同农具。农具分别为木犁、锄头、大型拖拉机、手扶拖拉机。

3. 农具年代排序。拼图完成后请学生来说一说这个农具有什么作用,出现在什么年代。最后再进行小组讨论,判断它们出现的先后年代顺序。

4. 根据完成速度快慢进行表彰。完成最快的小组敲 4 颗星,第二名敲 3 颗星,以此类推。

 设计意图

这是一个考验眼力、动手操作能力、团队协作能力和探究思考能力的环节。通过"拼、说、排"的过程,孩子们将参观所得内化为自己的知识,并初步形成由史物联想到历史发展的意识。

六、未来农具我创想

1. 活动提升,请学生们畅谈对未来农具的设想。

2. 小组及个人表现总评价,总结活动感想。学生通过该活动认识到我国劳动人民充满智慧,并激发他们自觉传承和弘扬我国传统民俗文化的意识,产生积极探索、爱学习、爱劳动、爱祖国的情感。

 设计意图

这一环节是对整个活动的提升与评价,学生们畅所欲言,谈古论今。该环节的活动激发了学生们的求知欲望,培养了他们的创新思维和思辨意识。

【活动评价】

根据任务单完成情况和参与体验活动情况评星。

1. 按照小组获得的星数总和,选出优胜小组,再根据每组在活动中的具体表现,评出最佳合作组、最佳风采组、最佳技能组。

2. 每组推荐一位"活跃之星"。

3. 所有参与课程体验的学生,均获得活动小礼品一份。

【活动任务单】

江苏省农机具博物馆"探寻农机具　感悟农业发展"实践活动任务单

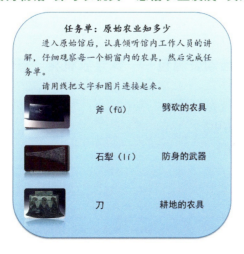

【材料设备清单】
1. 教案准备:活动任务单、智力拼图、评价材料、相关视频。
2. 器材准备:小推车 4 辆、箩筐担 4 副(内装有 2.5 千克农作物)、学生写字用笔。

智力拼图

【安全保障】
  1. 学生入馆参加活动,须遵守馆内秩序,服从馆内教师安排。注意衣着整洁,不携带食物、有色饮料或其他不允许携带入馆的物品。如有需要,请按馆方要求接受安全检查。
  2. 在馆期间,请按队列有序参观,不高声谈笑、追逐嬉戏,确保在馆期间人身安全。
  3. 在进行"挑担""推小车"环节活动时,请耐心等候、依次进行,注意来回跑动过程中的安全。
  4. 如遇其他突发事件,须及时报告学校领队或馆内指导教师,或向馆内着制服人员寻求帮助。紧急联络电话:0512—63752772。

(设计者:顾唯娟、张嘉、孟玲、徐燕萍)

附件:主题活动资源包——探寻农机具　感悟农业发展

1. 有关农机具历史的文献材料。
2. 课程视频《农机具历史》。
3. 课程视频《肩挑箩筐》。

艺术品鉴

导师简介

时苗，苏州工业园区金鸡湖学校办公室副主任，苏州市综合实践活动中心组成员，苏州市中小学教坛新苗，园区综合实践活动学科带头人。多年从事综合实践活动课程建设及一线教学工作，曾获江苏省综合实践活动优质课评比一等奖第一名，苏州市综合实践活动教师基本功竞赛一等奖，苏州市综合实践活动优秀成果展评一等奖，苏州市综合实践活动论文评比一等奖，苏州市综合实践活动案例评比一等奖等，参与多项综合实践活动课题的研究及中小学综合实践活动教材的编写，多篇论文在各级各类比赛中获奖。

教育教学理念：沉淀下来的才是教育。

导师评析

资源类别分析

艺术品鉴类社会实践课程是苏州市未成年人社会实践体验课程中重要的一部分，中国苏州评弹博物馆和苏州金鸡湖美术馆是其下属的体验站。

1. 盘点现有课程资源。

要在体验站中开设并开展艺术品鉴类社会实践课程，首先需要对现有的课程资源进行盘点，了解其可利用和可改造之处。现有的课程资源根据其性质的不同可分为活动类资源、实物类资源和指导类资源。

体验站多种多样的艺术活动构成了艺术品鉴社会实践活动中最重要的活动资源，根据活动媒介的差异可分为视象艺术（苏州金鸡湖美术馆）、听象艺术、心象艺术和视听形象（中国苏州评弹博物馆）。体验站在学生已有的生活经验上开展各种可亲、可学、可乐的艺术活动,让艺术走下高阁,成为身边唾手可得的风景。在此之前苏州金鸡湖美术馆开设的艺术活动主要以学生参观馆藏作品为主,而中国苏州评弹博物馆在参观的基础上,还开展过专业教师教授及学生学唱评弹的活动。

实物资源根据存在的方式可以分为显性的展示资源和隐性的环境资源。如各种美术馆中的展品属于显性资源,是学生艺术品鉴体验活动中直接指向的大众性课程资源,作为涵育学生审美能力和艺术修养的第一个纽扣,通常出现在体验活动的参观环节。值得一提的是,中国苏州评弹博物馆的展品是相对静止的,大部分展品是不会变动的,包含了各种评弹知识的展板、模型,评弹艺术家的服饰、道具等,而苏州金鸡湖美术馆的展品是流动的,每年都有几个大型的展览及一些苏州当地的艺术展出,因此,设计的体验活动既需要有适切而灵活的内容,又需要有可以应对各种变化的框架结构,这对社会实践课程设计的要求是比较高的。

中国苏州评弹博物馆中的工作人员是资深的昆曲演员和评弹演员,他们的举手投足、一颦一笑、一坐一唱也是整个体验活动中非常重要的艺术品鉴内容;苏州金鸡湖美术馆每个作品旁都有关于该作品的二维码,学生也可以通过扫码的形式来接受艺术指导。

2. 开发潜在的课程资源。

课程资源的开发是伴随着课程设计展开的。在这个过程中,顺势开发出来一些潜在的灵动的课程资源,能够更充分地体现体验站的艺术特色。

活动类资源可以进行扩充和细化,可以将原有的活动切分得更全面、更细致,让学生的活动体验更丰富、更立体。苏州金鸡湖美术馆原先的艺术活动主要是参观藏品,在后期的课程开发中又加入了带领学生布展、为展品绘制宣传海报等艺术活动,使整个活动过程更饱满更多元;中国苏州评弹博物馆也是在原先学唱评弹的基础上加入了一系列的鉴赏活动,使得学生的艺术品鉴过程更丝丝入扣。

除了艺术馆的馆藏外,很多艺术馆本身也是一件艺术品,构成了艺术品鉴课程的隐性课程资源。隐性的课程资源有着潜移默化的效果,各体验站通过环境的创设与布置,以及营造各种情境,使学生能身临其境,陶冶情操,切身体悟,创造想象。例如,中国苏州评弹博物馆中有一座评弹表演的戏台,下面还有观众的座位。在课程设计中,就将这座戏台用作教师的讲台,将座席中的"状元桌"作为小组活动中的奖励,将情景、学生、活动融合得恰到好处。一位中学美术教师在参与了苏州金鸡湖美术馆的社会实践课程后也说:"我们发现,孩子在美术馆上课,更加专注。美术馆所营造的艺术氛围,学校课堂难以复制。"

艺术品鉴活动比起其他社会实践活动更渴望得到专业的评价,这样会激发学生的活动热情,并且能帮助他们更准确地了解自己的艺术活动。苏州金鸡湖美术馆将参展的艺术家纳入社会实践课程资源体系,艺术家的面对面访谈、指导和评价让体验活动熠熠生辉。

课程设计解析

艺术品鉴类社会实践课程的设计是超越学校、超越学科、超越课堂的,它更为开放、综合、自主和个性化,其设计过程经历了生本化创生、多元化整合和精品化打造的过程。

1. 突出重点,生本化创生体验课程。

社会实践课程设计包括目标、内容、过程和评价。学生踏出校门,走进社会实践体验课程,渴望获得真切细致的体验感受。为了满足学生的诉求,需要生本化地创生体验课程。

艺术品鉴类社会实践课程的目标为让学生情境化地、全方位地、探究性地进行艺术品鉴,从而习得知识,提升能力,获得审美;其课程目标分解为一要让学生了解相关的艺术知识,二要让学生掌握相关的艺术品鉴及创作的能力,三要让学生热爱相关的艺术,获得审美的感受。

基于以上的目标设计及生本化诉求,这类课程的纵向结构要符合学生对艺术的认知规律,经历"感知美—鉴赏美—创造美—评价美"这样一个由表及里、由客体到主体的过程。因此,课程的环节设计也分解为"参观—鉴赏—创作—评价"这样4个过程。如在中国苏州评弹博物馆设计的社会实践课程"走进吴苑深处 体验评弹艺术"中,体验活动被设计成了4个环节:分组参观,初识评弹—看说听摸,鉴赏评弹—坐摆唱演,体验评弹—分享成长,回味评弹。在活动过程中,学生的体验角色不断发生着变化:参观者—鉴赏者—表演者—内省者,活动内容丰富、完整。

这类课程既要注重情景体验和活动建构,又要通过学生体验活动的不断变化,收获丰富的体验层次,因此横向结构上,课程设计的每个环节都要包含学生的主动探究、教师的适时点拨和及时有效的评价。

2. 统筹兼顾,多元化整合体验课程。

艺术品鉴类未成年人社会实践课程中整合了大量综合实践活动课程的元素,从而使课程更符合教学的规律,更可行,更有操作性。

社会实践课程中注入团队合作元素。在参观环节让素不相识的学生迅速破冰,学生互助完成任务,这样的元素被大量运用到艺术品鉴体验活动的初步感知环节,让体验活动更有归属感和责任感。

社会实践课程中注入实践探究元素。在鉴赏环节调动学生全面感知事物,教师于关键处点拨,适时恰当,水到渠成。大量课程都保留了原先的"探秘"活动,即在活动之初通过完成活动任务单上的题目来自主参观体验站,考验学生的观察力、分析力和解决问题的能力。此外,还有很多课程在学习鉴赏艺术的环节中,改变了原本教师教授艺术知识的形式,转而优化设计成由学生分组讨论、自主探究,再由教师进行解密的过程。如在中国苏州评弹博物馆设计的社会实践课程"走进吴苑深处 体验评弹艺术"中,评弹演员的各种道具不再是玻璃橱窗中可望而不可即的展品,而是各个小组可以尽情触摸探究的物品,小组成员经过研究、讨论、分析来推测这些道具的用途。这样的鉴赏过程让学生全情投入,而最后教师解密的知识也将牢牢地在学生心中留下印记。

社会实践课程中注入多元评价的元素。专家点评、组员互评及自我反思,可以让学生多方位地认识自己,收获成长。评价可以是知识的沉淀,也可以是方法的归纳,甚至是情感的共鸣。如果说体验是灵动的,那么评价就是隽永的。艺术品鉴类体验活动的评价也更具有艺术性。如中国苏州评弹博物馆设计的社会实践课程"走进吴苑深处 体验评弹艺术"就设计了多个评价环节,其一是由台下的小观众向上台表演的学生献上一朵小花,既应景又不失趣味;其二是自己在任务单上圈出积极评价自我的关键词并加以阐释,收获清晰的自我认知和阳光的行为模式。又如苏州金鸡湖美术馆设计的社会实践课程"走进金鸡湖美术馆 争当小小艺术家",更是邀请了参展的艺术家们点评学生创作的作品,这一环节充满了吸引力。

3. 彰显个性，精品化打造体验课程。

各体验站的社会实践课程虽然都以艺术品鉴为主题，但是又不尽相同，各具特色。在课程设计的过程中，既要规范，又要打造出一定的精品课程。

对于精品课程的打造要注意学段的切分，不同学段的课程设计绝不是简单的活动内容的加减，而是要根据不同学段的学情设计与之相匹配的体验活动，并通过学生发展的内在规律，形成一定的活动序列。如在中国苏州评弹博物馆设计的社会实践课程"走进吴苑深处　体验评弹艺术"中，针对1—3年级学生，教授他们演唱的是一段苏州童谣，针对4—6年级学生，教授他们演唱的是描写姑苏风情的古诗《枫桥夜泊》，针对7—8年级学生，教授他们演唱的则是经典评弹选段中的一两句唱词。这些活动是根据学情定制的，层层深入，并且符合学生认知和发展规律。

对于精品课程的打造还要注意充分开发和利用课程资源，从而在同类社会实践课程中脱颖而出。16家艺术品鉴类的体验站中，美术馆就有10家，如何彰显自己的个性，就需要思考自身的特色和优势。如苏州金鸡湖美术馆以现代美术为特色，兼顾苏州地方美术，他们设计的社会实践活动也更为时尚，其中有一个非常有特色的环节就是让学生体验布展的过程，扮演一回策展人，从而了解美术展背后的运作与奥秘。这样基于自身资源的课程设计，会走得更远。

活动实践评析

1. 让审美成为常识。

艺术品鉴类社会实践活动的基础，是对艺术的认知，抛开知识的社会实践活动是没有根基的，是浮于表面且无法深入的。因此，在社会实践活动中传递艺术方面的知识，是评价的基本标准。如中国苏州评弹博物馆设计的社会实践课程"走进吴苑深处　体验评弹艺术"让学生了解了评弹的历史、表演特色和艺术价值，以及几位评弹艺术家的生平和特色；苏州金鸡湖美术馆设计的社会实践课程"走进金鸡湖美术馆　争当小小艺术家"让学生对当代艺术有初步的认知，了解了一个艺术展从布展到呈现的过程。在这样的体验活动中，学生获得美的启迪，认识美的意义，掌握美的常识，培养对美的直觉意识，让审美成为一种常识。

2. 让审美成为情趣。

艺术品鉴以美为导向，以美的意义来建构社会实践活动的意义。在这个过程中，社会实践活动让学生和艺术交往，从初识走向深交。多数体验站设计的课程都能实现学生身份角色的蜕变：从刚刚踏进体验站的游离的参观者，转变成走出体验站时身怀绝技的鉴赏家。通过在各家体验站的社会实践活动，学生们能够在掌握一定的艺术知识基础上，学会品——欣赏，学会鉴——甄别。品鉴的过程是通过一系列的探究和创造活动实现的，随着参与的层层深入，学生的审美能力逐步提高，并将这种能力变成一种自然的习惯，一种生活的情趣。

3. 让审美成为生长。

参与艺术品鉴类社会实践活动的学生不仅是审美的主体，更是立美的客体。学生在社会实践活动中的成长，本身也是一种美的价值所在。苏州金鸡湖美术馆设计的社会实践课程"走进金鸡湖美术馆　争当小小艺术家"开设之后，一位现场的指导教师说："我能从艺术家、学生双方面感受课程给彼此带来的成就感与获得感。艺术家通过与学生交流,把传统艺术与当代艺术进行了有效传承,学生通过近距离接近艺术大家,切身感受到了艺术的魅力。"社会舆论对此次活动有如下反馈:"该课程的设计让学生拥有了第二个艺术课堂。通过走进美术馆,与艺术大家的近距离接触,孩子对艺术的感受力更加深刻。"可见,艺术品鉴类社会实践活动让学生留下了美好的印迹,淬炼了人生的底色,播下了美的种子,让审美成为一种生长。

示范案例

【活动主题】走进吴苑深处　体验评弹艺术
【体 验 站】中国苏州评弹博物馆
【活动对象】4—6 年级学生
【活动人数】建议每批次 25 人
【学情分析】

1. 4—6 年级的小学生对评弹艺术具有初步的了解。4 年级音乐教材中,歌曲《小巷风韵》就是以评弹为基调的,孩子们通过演唱应该能够初步了解评弹的曲调。

2. 4—6 年级的小学生好动、注意力易分散,因此,以小组合作的形式进行现场学习更能吸引他们的注意力。本课程的教学模式,就是要充分利用博物馆自身的设施、条件和专业教师的指导,通过探寻、合作、表演等方式,达到教学目的,既学习知识,又达成互助合作的团队建设。

3. 现在会讲苏州方言的孩子很少,部分原因是有些学生来自"新苏州人"家庭,另一部分原因是学校要求在公共场合使用普通话,这些造成方言使用的荒废。据此,带学生来到博物馆接受乡土文化教育意义深远:了解苏州本土的方言文化、地方戏曲文化,享受最纯正吴语方言的听觉饕餮盛宴。同时,体验活动的设计也要充分考虑方言的使用情况,尽量避免学生因为听不懂而不专心参与课程活动。本案例设置混合分组活动,兼顾吴方言和非吴方言孩子的共同发展与相互融合,一方面便于课程突破方言障碍得以顺利推进,另一方面促进孩子之间的合作。

【主题知图】

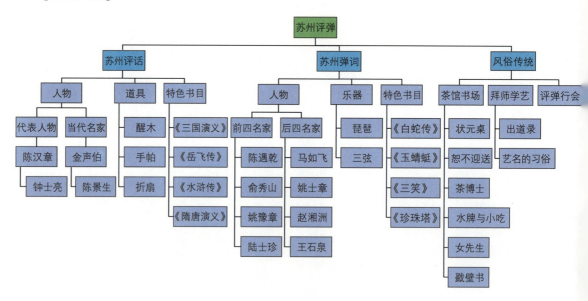

【活动目标】

1. 知识与能力。

（1）了解苏州评弹的发展历史、代表人物、大致流派及艺术价值。

（2）用苏州方言构建简单对话。

（3）学习几句评弹表演的唱词。

2．过程与方法。

（1）以小组为单位，在参观过程中完成预设的小组活动目标。

（2）以团队合作与竞争的形式，通过看、说、听、摸等方式鉴赏评弹艺术；通过坐、摆、唱、演等方式体验评弹艺术。

3．情感态度价值观。

（1）通过体验活动，让学生走进评弹，热爱评弹艺术。

（2）培养学生热爱家乡，热爱家乡语言，热爱家乡文化。

【活动流程示意图】

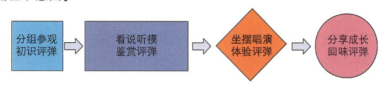

【活动过程】

一、导入

教师：同学们，欢迎大家来到中国苏州评弹博物馆。苏州评弹是江南传统文化的杰出代表，流传至今已有400多年的历史。苏州评弹是苏州评话和苏州弹词的总称。苏州评话也称"大书"，只说不唱，以一人演出为主，表演注重"说、噱"，演员在台上凭借一块醒木、一把折扇就能模拟世情百态。苏州弹词也称"小书"，有说有唱，一般以两人演出为主，表演注重"说、噱、弹、唱"和"理、味、趣、细、技"等特色。苏州评弹以其简便的说唱形式、精彩的书目内容、惟妙惟肖的表演方式深受广大观众的喜爱，与中国昆曲、苏州园林一起，成为历史文化名城苏州的"文化三绝"。今天让我们一起走进吴苑深处，体验评弹艺术的魅力。

二、分组参观，初识评弹

学生找到自己的合作伙伴，组成活动小组，完成设定的小组活动（小组可以事前确定，也可以当场抽签确定，一般由5人组成一组。小组建设，兼顾吴方言和非吴方言孩子的共同发展与相互融合，一方面便于课程突破方言障碍得以顺利推进，另一方面促进孩子之间的合作）。

每组学生沿着设计的参观路线（顺时针参观博物馆的1楼，最后回到吴苑深处书场），认真、有序地参观，并仔细地观察博物馆中的各种资料信息。通过小组的团队合作，完成任务单正面的内容（5道选择题、3道填空题，涉及评弹的基础知识）。20分钟后，在吴苑深处书场集中，最快最准确地完成活动任务单的小组，入座"状元桌"。"状元桌"是苏州评弹独有的，是前排中间最大的一桌，也就是现在常说的贵宾席。

图1　学生分组参观并完成活动任务单

设计意图

彼此陌生的数十位学生来到评弹博物馆,组建小组,可以帮助大家在人数有限的小团队中迅速相互熟悉,也便于在理解方言上相互协助。在活动任务单上答题的设计,意在帮助学生把握关于评弹的基本知识点。要求小组协同完成具体任务,寻找和获取知识的过程就是学生仔细观察和相互沟通的过程。这一环节的活动,既是参观博物馆的过程,也是知识习得的过程,更是小组破冰的过程。

三、看说听摸,鉴赏评弹

1. 教师宣布活动任务单的答案,最快最准确完成任务单的小组,入座"状元桌",其他小组也有序入座。

2. 看一看,鉴赏评弹的环境。

评弹有数百年的发展历史。书场和书台基本没有变化,大体上就是学生们现在看到的样子,让学生仔细观察一下,这个书场有什么特别之处。

(1) 书桌:因为比吃饭的桌子小一半,所以也叫作"半桌"。半桌上围的布叫"桌围",主要是为了好看和雅观。

(2) 椅子:书台上的椅子比一般座椅要高一些,这样演员演出时能给人一种挺拔的感觉。椅子上围的布叫作"椅披",考究一些的话,还可以绣上花。

(3) 踏脚:演员坐下后垫脚所用。配合椅子使用。

(4) 位置:评话一般多由一人表演,需要把半桌横向摆放,演员坐在半桌的后面面对观众;弹词多由两个人来表演,需把半桌纵向摆放,演员分别坐在半桌的两边面朝观众。以吴苑深处书场为例,靠西面一边的座位称为"上手"(三弦),靠东面一边的座位称为"下手"(琵琶)。上手多为男演员,下手多为女演员(也可两男或两女,并无规定)。上手的分量较重,是书情发展和时间把握的主要控制人,下手则以琵琶弹奏和唱腔为主。男演员一般穿长衫,演出现代书目时也可以着时装。旗袍则是评弹女演员的主要演出服装。

图2 学生身临其境感受书场的氛围

设计意图

书场的环境有别于教室,在书场上课对于学生而言一定是一份奇妙的体验。学生会非常好奇周遭的环境,并且通过仔细观察来发现其与众不同之处。在实境中,学生好奇种种特别之处,教师适时恰当讲解书场的环境布置,这符合基本的认知规律。

3. 说一说，鉴赏评弹的语言。

苏州评弹，就是一种用苏州方言来讲故事的说唱艺术。有人说苏州话很软、很糯、很嗲。举个例子，"阿要给俫记耳光搭搭""阿要请俫吃顿生活嗒，阿要来试试看嗒"。你看，苏州人连吵架都那么彬彬有礼的样子。

再如，一个苏州人骑着自行车，骑着骑着，突然发现前面有根电线杆，但已来不及刹车了。他会不停地喊："啊呀，勿好哉勿好哉。"等到"砰"一声撞到了，他却又说："那么好哉。"（还没撞时说"不好了不好了"，撞了后却说"好了"）

虽说这是个笑话，但苏州话相比较其他方言来讲，的确比较软和慢，所以会被称为"吴侬软语"。据说，好多的游客来苏州旅游的目的之一，就是要听苏州人讲话。所以说，要了解和学习苏州评弹，首先是要能听懂并且会说苏州话。

> **设计意图**
>
> 从这个环节开始，学生从评弹博物馆的参观者转换成评弹艺术的鉴赏者。苏州评弹的载体是苏州方言，让这些不太会说苏州方言的小学生先了解一下苏州方言的特点，尝试在小组中说一说，既可以增强他们的体验感，活跃课堂氛围，又可以为后面的吴语朗读《枫桥夜泊》活动做好铺垫。

4. 听一听，鉴赏苏州评弹的表演形式及区别。

苏州评弹有哪两种表演形式？区别在哪里？评话只说不唱，弹词有说有唱。苏州评话和苏州弹词统称为苏州评弹。

虽说评弹也是有说有唱的，但却不同于戏曲，所以它的服饰、道具，包括演出场所都是相对简单的。它属于一门曲艺，和北方的相声属于同一曲种。

播放 5 个音频，请学生听一听，哪些是苏州评弹？其中，哪些是评话？哪些是弹词？

> **设计意图**
>
> 评弹艺术有别于其他地方戏曲，辨识度较高。评弹艺术本身又分为评话和弹词，有较大区别。设计听力辨析活动，既巩固前面学习的评弹基础知识，又可以活跃学生的听觉和大脑。

5. 摸一摸，鉴赏评弹的道具。

教师拿出几种评弹演出时使用的道具，分发给每个小组来动手摸一摸，并猜猜这些道具的用途。

（1）扇子：中国的扇子就是种文化，但拿在说书先生手上，就是千变万化的道具，可以是评话中的刀枪棍棒，也可以是弹词中的书信、毛笔，甚至吃饭用的筷子。

（2）手绢：演员在起角色时候必不可少的道具。手绢是古代小姐、丫鬟的随身物品，还可把它当作银票、绳索、布匹等。

（3）醒木：一般是按照演员自己的习惯去定制大小的，多用在评话中和弹词表演的男演员手中，用食指和无名指夹住用来轻敲桌面。材料也有多种多样，一般用普通木头制作，讲究一些的，可以用红木、牛角甚至翡翠来定制。一般上台开书碰一下，结束前碰一下，说道紧要关头碰一下。醒木不能随便乱敲，如何敲是有讲究的。

图3　学生摸一摸评弹演员的道具

（4）三弦：靠西面一边的座位称为"上手"（三弦），上手多为男演员，他的分量较重，是书情发展和时间把握的主要控制人。教师可以指导学生弹一弹三弦。

（5）琵琶：靠东面一边的座位称为"下手"（琵琶），下手多为女演员。下手则以琵琶弹奏和唱腔为主。教师可以指导学生弹一弹琵琶。

设计意图

评弹演员的道具是学生们很感兴趣的物品，将道具分发给每个小组，让他们触摸感受、猜测用法、揭晓道具功能，能充分激发学生的好奇心和求知欲。小组讨论也能让学生更投入地参与团队活动，获得集体归属感。

四、坐摆唱演，体验评弹

1. 坐一坐，感受评弹演员的气场。

每组推选一位代表上台，坐一坐评弹演员的演出座位，教师指导辨认座位的"上手"和"下手"。

2. 摆一摆，模仿评弹演员的姿态。

每组推选一位代表上台，穿上评弹演员的演出服，坐上演出座位，在教师的指导下摆一个具有代表性的表演姿势。其他学生可以在自己的座位上尝试着摆一摆。

设计意图

在这个环节中，学生再一次转换身份，从评弹鉴赏者转换成评弹表演者，坐上表演的座位，穿上演出的服装，再摆上一个传神的动作，真是妙趣横生，能激发学生学习评弹的强烈愿望。

3. 唱一唱，体会吴语方言的软糯。

教师准备一首简单的苏州评弹教学唱腔，只有四句话，是唐朝诗人张继所写的诗《枫桥夜泊》（评弹教师自弹自唱）。

学生先跟着教师用苏州话把这首诗读几遍。刚开始学生会觉得很拗口，多读几遍，就会越来越熟练了。教师一定要让学生先用苏州话朗读流利了，再加入唱腔，这样学生学起来才会更容易些。

在学生跟随教师逐句用苏州方言朗读《枫桥夜泊》时，教师要纠正学生错误之处，并让学生正确朗读。数遍过后,学生集体朗读。之后,教师教学生用唱词的方式将这首诗唱出来。最后,每个小组各自练习。

设计意图

在古典书场,学上一首耳熟能详的《枫桥夜泊》,会带给学生极大的审美感受,激发学生热爱评弹文化,同时也让这次体验之旅留给学生一些能带走的技能。

4. 演一演,采撷评弹艺术的神韵。

请3—5位学生选择桌上的道具,登台现场表演一段苏州评弹,教师在旁伴奏。

所有学生一起投票,将活动任务单上的大拇指轻轻撕下,赠送给你认为唱得最好的同学。

在播放一段经典评弹视频时,表演的学生自己清点票数。

最后获得大拇指票数最多的学生获赠吴苑深处书场书票一张或亲子套票一套,教师为其颁奖。

图4　学生代表上台唱一唱吴语诗歌

设计意图

进行至此环节时活动达到高潮。在前置活动的层层蓄势之下,学生代表上台,模拟一场评弹表演,观众们用点赞的方式给予评价,大家精神饱满,现场气氛热烈,让学生留下难忘的美好回忆。在活动任务单一角印有大拇指的图样,现场撕下大拇指的纸角点赞,富有动感。

五、分享成长,回味评弹

1. 分享活动感受,发现自己的优点。

请学生们在活动任务单的背面圈出他们在这次活动中的优点。每组选择代表,分享今天的体验感受。每次活动选择的学生代表要尽量错开,确保每个学生都有尝试和表达的机会。

设计意图

整个活动步步紧扣,涉及评弹主题的诸多方面。活动方式丰富多样,学生的体验任务和角色不停转换。设计这一个内化和沉淀的活动环节,是希望学生们能在走过、看过、唱过、笑过之后,留下自己的思考,在发现评弹艺术的美之外,能够发现更好的自己。

2. 结束语。

今天的社会实践体验活动到这里就结束了,希望这次活动能让大家对苏州评弹这一传统曲艺有更深的认识,也希望大家以后能多多关注苏州的传统艺术文化。

【活动评价】

1. 最快最准确地完成活动任务单上参观任务的小组,入座"状元席"。

2. 唱《枫桥夜泊》唱得最好,表情姿态最到位的学生获得评弹演出亲子套票一套,其他参与的学生获得戏票一张。

图 5 学生在体验活动之后绽放笑脸

3. 活动结束后,在活动任务单的背面圈出自己在这次体验活动中的优点并进行分享。

【活动任务单】

中国苏州评弹博物馆"走进吴苑深处　体验评弹艺术"实践活动任务单

正面　　　　　　　　　　　反面

【材料设备清单】

1. 投影仪、笔记本、翻页笔、课件、话筒、桌牌。
2. 评弹的道具、服装、乐器。
3. 活动任务单,每人一张。
4. 戏票若干。
5. 摄像及录音设备。

【安全保障】

1. 常态组织博物馆员工进行相关的安全教育培训,提高人员安全意识,使其从思想上认识安全工作的重要性。

2. 排查博物馆内部的安全隐患,张贴明显的警示标志,提醒过往人员注意安全。

3. 未经管理处工作人员同意,不得私自用火用电、搬动展柜展品、攀越馆部古建等。

4. 博物馆内严禁存放易燃易爆物品,严禁工作人员、游客和观众携带易燃易爆、剧毒及其他危险物品进入博物馆。

5. 不得在博物馆内使用大功率电器设备,如电饭锅、电磁炉、电焊机等,以免电量负荷过大造成开关跳闸,线路短路起火,引起火灾事故。

6. 严禁在电房、机房门口摆放或堆放杂物,以免在发生意外情况时影响工作人员的工作,延误抢险的最佳时机。

7. 不得在消防通道内或门前摆放、堆积杂物,以免火灾事故中造成逃生路线堵塞,危害生命安全。

8. 除消防专业人士外,任何人不得私自使用博物馆内的消防设施、设备,或改变原摆放位置,消防设施、设备周围应无遮蔽物阻挡。

附件:主题活动资源包——走进吴苑深处 体验评弹艺术

1. 青铜人像雕塑。

青铜人像雕塑位于中国苏州评弹博物馆大门口,是展现20世纪二三十年代的评弹演员赶赴演出场地的场景的还原雕塑。评弹在当时苏州老百姓的文化生活中,具有无可替代的作用,在当时的艺术经济中也占有非常重要的地位。

2. 柳敬亭向莫后光学艺。

这是门厅处的一组磨漆画,追溯评弹艺术发展史上的一些重要人物。

中间的一位叫柳敬亭,他是明末一位泰州籍的说书艺人,原先书艺一般。江南松江府(当时隶属苏州)有一位私塾教书先生莫后光,他擅长表演,说表精妙。柳敬亭慕名前往,拜莫后光为师。柳敬亭虚心学习,说书技能大为精进,数年后成为名噪江南的一代说书大家。从明朝末年至清朝初期,经过历代说书艺人的口口相传,苏州话的占比越来越多,逐渐形成了苏州评弹。

3. 书品、书忌。

乾隆年间,苏州的说书名家王周士提出了"书品"和"书忌",以四字口诀的形式,对评弹艺术表演境界进行了概括。"书品、书忌"是他对苏州评弹的毕生理论心得,强调了表演要恰到好处,过犹不及,可以说是评弹艺术的演出规范。

4. 茶博士。

在普通的茶馆里,拎着茶壶的叫"茶房",但在评弹书场里,他叫"茶博士"。因为长年听苏州评弹,知道了很多故事、很多知识,每天接触了各种各样的人,他懂得特别多,社会阅历丰富,所以人们尊称他为"茶博士"。

5. 光裕社宝幢。

走出前厅,在天井的西侧,竖着一座宝幢,这个就是光裕社宝幢。宝幢又称"法幢"。这座宝幢是1926年为纪念光裕社成立150周年而打造的。它的形制模仿佛教的经幢样貌,上面雕刻了捐助光裕社、育才学校的出资人姓名,而在其顶部,则是当时达官显贵的题词。只因历史的沉淀,碑刻的字迹已模糊不清。

6. 吴苑深处书场。

经过宝幢来到正厅,这便是评弹博物馆的吴苑深处书场,也是100多年前姑苏城里最著名的四大书场(苏州人称之为"四庭柱")之首。原书场的书台是仿清代沧浪亭而建,因为当初乾隆皇帝下江南时,听过"江南书王"王周士说书,地点就在当时的行宫沧浪亭里。但是,由于仿沧浪亭的舞台空间比较局促,不利于演员的施展,在2013年对原来的书台进行了改造。现在的书台仍然保持传统古朴的风格,呈现清代传统书场建筑格局。书台下面座椅是供听客喝茶听书的,桌椅摆放也是按照清代书场的格局来布置的。前排中间最大的一桌是苏州评弹独有的"状元桌"。

7. "江南书王"王周士的故事。

苏州评弹发展到乾隆年间,开始出现知名艺人,名重者首推弹词名家王周士。相传1775年,乾隆皇帝南巡时,在苏州听说有个弹词艺人叫王周士,说、噱、弹、唱,无所不能。皇帝好奇,特在苏州行宫沧浪亭内召见他御前弹唱,一听果然书艺精湛,令人欲罢不能。皇帝听得高兴,带回京城,御前弹唱两年,赐封王周士七品冠带。1779年,王周士在苏州创建了第一个评弹艺人的行会组织"光裕社"。所谓"光裕",即为"光前裕后"的简称,是"光大前人,裕润后代"的意思。在成立以后的两百多年时间里,光裕社制定行约行规,逐步规范起评弹艺人从拜师学艺、师满出道到同业竞争等一系列行业行为,使评弹艺人的利益得到了保证,从而促进了评弹艺术的繁荣与发展。

8. 经典书目。

吴苑深处书场的东西两壁有6幅画,分别介绍了评弹艺术的一些经典书目,有大书,也有小书。评弹艺术是评话和弹词的总称。评话,又称"大书",通常一人登台开讲,只说不唱,内容多为金戈铁马的历史演义和叱咤风云的侠义豪杰的故事,如《隋唐》《三国演义》《水浒传》等(南方叫"评话",北方叫"评书")。弹词,又称"小书",一般两人表演,有说有唱,上手持三弦,下手抱琵琶,自弹自唱,内容多为儿女情长的传奇小说和民间故事,如《白蛇传》《三笑》《珍珠塔》等。

9. 传人、传书。

评弹以书传人。拜师后,先生会把一部长篇书目传给他的学生。学生学会后,出码头,说长篇,只能说自己先生所传授的。如果要说别的长篇,就要重新拜师,经学习及先生同意后才能演出。评弹的传承,除了书目的传承外,更重要的是传人。每位先生收徒弟后,都会给徒弟取艺名。我们可以看到,每一部长篇书目都有条理清晰的传承人图谱。有的艺人先生没有给他取艺名,一是拜师前他已经小有名气,不必改名;二是在这位先生之前,他已经拜过别的先生了,自然也不用再改了。

10. 书场模型。

书场模型将清代早期茶馆书场的世俗风情用瞬间凝固的手法展现在大家面前,人物各具神态,栩栩如生,描绘了一幅充满人生情趣的江南评弹图。所谓"会书",就是年终艺人们齐聚一堂"摆擂台"各展书艺的专场演出。旧时,从农历十二月起,各地书场就陆续停演,艺人便汇集于各大中城镇,书场邀请他们同场演出,各显书艺,优胜者从此名声远扬。因此评弹艺人对每年的"会书"都非常重视。茶馆书场早期,由于封建社会的偏见,女子说书还没有出现,因此台上弹唱表演的一般是一到两位男子。前面的观众席中间的长型桌,称"状元桌",两边各放几只凳子,形似百脚,称"百脚凳",有身份的读书人方可入座。早期茶馆书场男女有别,即使出现少数女客,也只能旁坐,不得入主席。书场座位越往后,听书人的身份越低下。

11. 光裕厅(评弹艺人的拜师与出道)。

光裕社是苏州评弹最早建立的行会组织,为保护艺人权益、培育艺术人才、推动评弹艺术发展做出了很大贡献。早期年轻人要想学艺,要有三步曲。

第一步必须拜光裕社会员为师,并委托社内艺人介绍,向所崇拜的艺人举行拜师典礼。这被称为"出小道"。经过一二年磨炼,艺术上大有长进,则开始进入第二步。由恩师带着他到光裕社,拜见会长和师叔、师伯等老一辈艺人,让大家熟识一下,这称为"出茶道"。然后再出码头演出一二年,艺术上基本成熟了,再由恩师带着到光裕社,经过会长和老一辈艺人的认可,才能登录"出道录"成为光裕社的正式成员,也就是第三步"出大道"。此后也开始有资格招收学徒传授技艺。

书场投影仪所播内容,就是对当时光裕社拜师和出道的再现。

书场内两边的黄杨木雕像,分别为"前四名家"和"后四名家",他们都是为评弹事业做出杰出贡献的一代大家。

嘉庆、道光年间,风靡书坛的"前四名家"有:陆士珍、俞秀山、姚豫章、陈遇乾。咸丰、光绪年间的"后四名家"有:马如飞、姚士章、赵湘洲、王石泉。

自嘉庆以来,载入评弹史册的说书名家有300多人,创造了27种流派,写就了170余部长篇书目。

12. 上海书场一条街。

这里展示的是20世纪20至40年代的书场。当时正值苏州评弹的鼎盛时期。许多评弹名家云集上海,在激烈的艺术竞争中,评弹技艺日益精进。他们创造了风格不同的流派艺术,深受广大上海市民的青睐。评弹艺术的发展,也推动了各类书场的蓬勃发展。上海街头书场林立,光是繁华的大马路(南京路)就开设了10多家书场。其中有开办时间较长的沧州书场,有开在舞厅的仙乐斯书场,有在永安公司顶楼商业电台开办的空中书场,有南京饭店开办的女书场,有新新公司和新世界公司分别开办的娱乐场附设书场,还有老茶馆书场一壶春、凤鸣楼等。走在马路上,不时传来吴侬软语和弦索叮咚之声,形成了当时最具特色的"上海书场一条街"。

13. 临特展厅。

评弹博物馆的二楼是临特展厅。这里的展览主题和展品,每季度都会进行更换。如苏韵流芳——评弹名家旗袍特展,分别征集并展示了老、中、青三代评弹女艺人演出用旗袍,呈现了旗袍与评弹文化息息相关的艺术审美元素。

14. 评弹在海外。

随着苏州评弹艺术的发展,演出区域日益扩大,苏州评弹逐步跨出吴语地区,走向世界。在对外文化交流中,苏州评弹以其特有的艺术魅力,赢得了海外侨胞和外国友人的高度赞赏,他们称苏州评弹为"中国最美的声音"。

15. 流派展示厅。

这里陈列了评弹27种流派创始人的介绍。评弹能够得到广泛的流传,也是因为它有众多的流派。在苏州评弹400多年的历史上,从三大流派唱腔,即陈(遇乾)调、俞(秀山)调、马(如飞)调开始,发展到今天共有27种流派,流派之多也堪称当今戏曲之最。

16. 评弹新发展。

1949 年后,苏州评弹进入了一个崭新的时期。

20 世纪 70 年代末,经过了十年浩劫后的苏州评弹重获新生。特别在 1977 年,陈云亲自提议并得到文化部同意,在杭州召开了"评弹工作座谈会",为评弹事业的发展指引了前进的方向。

上海评弹团原团长、上海市文联副主席吴宗锡和苏州文化局原局长周良,在评弹理论研究上都取得了卓越的成绩。

在陈云的直接关怀下,20 世纪 60 年代初,在苏州创建了第一所培育评弹人才的学校——苏州评弹学校。

中国苏州评弹艺术节是中国评弹界的艺术盛会。艺术节上展示了很多评弹名家的风采,也涌现出了一些优秀的青年演员。

17. 陈云纪念厅。

这里陈列的是陈云及一些国家领导人与评弹演员的合影,以及陈云的一些手迹。陈云一直非常关心评弹艺术及评弹演员的成长。这里还有近年来一些评弹演员进京演出的照片,以及一些优秀评弹演员为国家领导人演出的照片及合影。

(设计者:徐燕萍、时苗、刘钰贤、翁亦星、陈恬)

【活动主题】走进金鸡湖美术馆　争当小小艺术家
【体　验　站】苏州金鸡湖美术馆
【活动对象】4—6年级学生
【活动人数】每次15—20人
【学情分析】4—6年级的学生对美术基础知识和基本技能有一定的掌握,学习习惯比较好,对美术的学习兴趣也比较浓厚,同时具有一定的绘画基础和对各种材料综合运用的能力。大部分学生能较好地表现平面形象、立体造型,并能大胆地发挥想象,学生从空间环境想象和色彩理论应用的初步阶段正式转向理性认识阶段。教学过程中要对学生的知识和技能进一步深化,侧重对美术文化的学习和渗透,把学生的想法与创造力相统一,加强学生对知识的综合运用能力,并感受美术所带来的乐趣。

【主题知图】

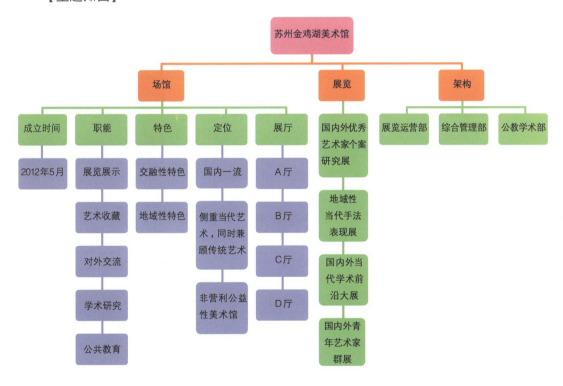

【活动目标】

1. 知识与能力。

了解苏州金鸡湖美术馆的概况,对当代艺术有初步了解;初步了解一个艺术展从布展到呈现的过程;初步学会如何赏析艺术品。

2. 过程与方法。

(1) 初步印象。参观美术馆,对美术馆有初步认识和了解,完成预设目标。

(2) 展前探秘。进入布展现场,了解艺术展览前期布置过程,与艺术家、策展人深入交流。

(3) 艺术赏析。在专业教师指导下,欣赏完整呈现的艺术作品,用绘画或文字的形式呈现心得。

(4) 作品展示。美术馆展示学生的观展心得体会。

3. 情感态度与价值观。

(1) 通过体验活动,学生走进美术馆,学会赏析艺术,感受艺术的魅力,提升美育感知度。

(2) 培养学生热爱艺术,热爱生活,感受艺术融入生活的美好。

【活动流程示意图】

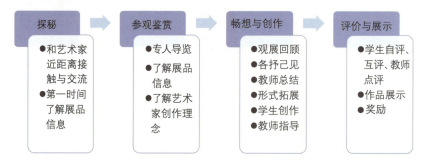

【活动过程】

一、探秘

1. 导入。

苏州金鸡湖美术馆,坐落在苏州金鸡湖畔苏州文化艺术中心二楼,于 2012 年 5 月正式开馆,其建筑面积 3180 平方米,展览场地面积 2000 平方米。苏州金鸡湖美术馆是一座专业化、学术化的公益性美术馆,可实现多元艺术展示和活动的举办,以研究、策划、展示、收藏国内外优秀的当代艺术作品为主,并兼顾传统艺术研究,注重国际艺术交流和推广。通过国际性与地域性、学术性与普及性相结合的发展思路,苏州金鸡湖美术馆充分发挥艺术展览、收藏、交流、研究、教育五大公益职能,全面承担起传播文化艺术的社会责任。让我们一起走进苏州金鸡湖美术馆,体验布展艺术的魅力。

图6 苏州金鸡湖美术馆

2. 分组参观,初识布展现场。

图7 参展艺术家肖素红介绍自己的创作理念

学生找到自己的伙伴,组成活动小组(可以事前确定,也可以当场抽签确定,一般 2 人组成一组)。

每组学生沿着探秘路线(顺时针探秘美术馆,最后回到美术馆 A 厅),认真、有序地观察学习,通过小组的团队合作,完成活动任务单正面的内容(2 道选择题,4 道问答题,涉及美术馆当前展览的相关知识),并仔细按照工作人员的指引有序参观。30 分钟后在美术馆 A 厅集中。

设计意图

彼此陌生的数十位学生来到美术馆,组建小组,可以帮助大家在人数有限的小团队中迅速相互熟悉。活动任务单上问题的设计,意在帮助学生把握有关苏州金鸡湖美术馆的基本知识点及当前展览情况。要求小组协同完成具体任务,寻找和获取知识的过程就是学生仔细观察和相互沟通的过程。这一环节的活动,既是参观美术馆的过程,也是知识习得的过程,更是小组破冰的过程。

答题完毕后各位学生有序回到美术馆 A 厅。美术馆工作人员公布活动任务单上的答案。最快、最准确完成活动任务单的小组,可向喜欢的艺术家提一个关于展品的问题,并与艺术家合影留念。

设计意图

美术馆布展现场有别于正式开馆后的美术馆。在布展现场探秘对于学生来说一定是一次奇妙的体验。学生会非常好奇周遭的环节,并且通过仔细观察来发现其与众不同之处。

图8　参展艺术家李超德回答学生问题

二、参观鉴赏

1. 引导活动。

美术馆专业导览员站在美术馆门口,微笑迎接学生:"各位同学,欢迎来到苏州金鸡湖美术馆。我是＊＊＊老师。现在将由我带领大家参观此次展览。"

本次展览主题:机杼——当代艺术展

主办单位:苏州金鸡湖美术馆

展览总监:朱强

策展人:吕越、章燕紫

开幕式:2017 年 6 月 24 日(周六)下午 4:20(凭邀请函入场)

展览日期:2017 年 6 月 24 日—8 月 27 日

展览地点:苏州金鸡湖美术馆

展览理念:机杼,本义为"织机总称",引申义为"事情关键,构思布局,胸臆"。

此次"机杼——当代艺术展"邀请中国优秀的当代艺术家,在回顾丝绸发展史的基础上,探索文明和生命的意义,从自身的角度重新面对"化茧成蝶"的过程,并用他们各自独特的语言与之展开一次全新的对话,相信当代文明与古代文明将在这里碰撞出新的火花。

图9 学生认真听美术馆工作人员
介绍美术馆及整个展览情况

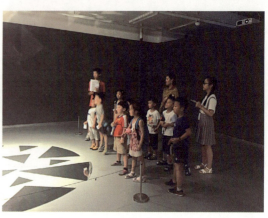
图10 美术馆工作人员介绍艺术家
王亚彬作品《镜·映》

图11 美术馆工作人员介绍艺术家梁绍基
作品《雪藏No.1》《雪藏No.2》

设计意图

正式开馆后的美术馆会以更加震撼的一幕呈现在大家面前。在经历过布展探秘活动后的孩子们会更加期待这一幕的上演。所有的展品会以一种很严肃的状态展示给大家欣赏,让学生们去发现它,走进它,感受它,爱护它……

2. 安全纪律教育。
(1) 不能大声喧哗。
(2) 不能奔跑。
(3) 不能越过规定距离,不能触摸展品。
(4) 不能使用铅笔以外的记录工具,以免弄脏展品。
(5) 未经允许,不能拍照。
(6) 不能在展区吃东西。
(7) 穿着整洁,不能穿汗衫、拖鞋。

3. 走进美术馆。

教师带领学生,一起走进"机杼"的神秘世界。

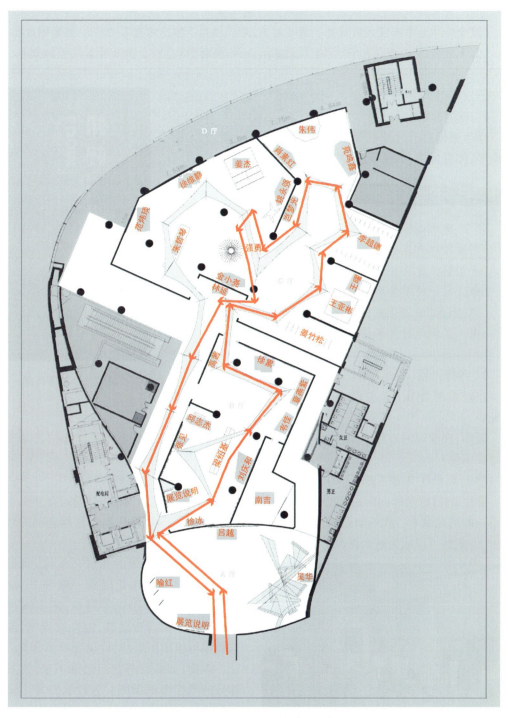

图 12 苏州金鸡湖美术馆展厅参观路线图

正式开展后的美术馆与探秘期间的展厅情况大有不同,两种截然不同的展场环境会给学生带来极大的震撼。两种对比,可让学生了解美术馆举办一次展览的过程,从无到有,从无序到有序。只有通过团队合作、辛勤劳动,才会换来展览这样的效果。

三、畅想与创作

1. 观展回顾。

学生根据自己之前的学案进行艺术展的回顾:艺术家的生平、作品风格、创作手法、艺术成就等。

美术馆机杼展共有 31 位艺术家参展,每一位艺术家都有自己的风格。学生通过参观、鉴赏,初步了解了此次展览的理念及每位艺术家的创作理念。每一位学生会对自己喜欢的艺术家更加感兴趣,因此,他们会充分发挥自己的想象力去探索他,深入了解他的作品并再创作它。

图 12 机杼展海报

2. 各抒己见。

在轻柔的音乐、优美的环境下师生共同交流,各抒己见。

教师:在参观的过程中,给你留下最深印象的是哪个场馆?哪个作品?哪位艺术家的介绍吸引你?

学生 1:展厅 A 最震撼了,20 多米高的空间,在其他场馆很少见到。

学生 2:吕越老师的作品《化》,让我印象最深。这幅 7 米宽、5 米高的作品,有 999 个大小不一的绣花绷子。我们知道绣花绷子是传统女红的刺绣工具,没想到在吕越老师的巧思妙手下,竟然可以成为这么漂亮的艺术品。太让人惊叹了!

学生 3:这里面的参展艺术家,我最喜欢王亚彬老师。她是国家一级演员、北京舞蹈学院青年舞团青年演员,还出演过很多电视剧。我喜欢跳舞,也喜欢美术,原来这些都可以融汇贯通,可以变得那么美。

教师:如果要把它们记录下来,这几个部分的顺序能颠倒吗?为什么?重点应该写哪部分?写观后感不能事无巨细地记"流水账",而要抓住重点内容来写。如果把一篇好的参观记看成是一串项链的话,有条理就相当于什么呢?(绳子、链子、丝带)

图 13 学生各抒己见

设计意图

通过参观、鉴赏及回顾,学生们围在一起各抒己见。要让每位学生畅所欲言,谈一谈此次观展的感受及最喜欢的展品。

3. 教师总结。

在学生交流的基础上,教师指出观后感的要点:有条理、有重点、有情感。

4. 形式拓展。

(1) 形式。

教师:除了用文字来表达我们观展以后的感受外,还可以用什么形式来表现呢?

学生:观后小报、作品临摹、思维导图……

图14　观后小报　　　　图15　思维导图　　　图16　作品临摹　图17　作品临摹

教师(总结):我们可以采取图文并茂的形式来表达自己对此次作品展览的参观、学习的感受。

(2) 欣赏范例。

欣赏网上搜集的小报、思维导图,激发学生设计思路。

(3) 创作流程。

确定主题—设计版面—绘制作品。

5. 学生创作。

学生确定主题,然后搜集相关素材,设计版面,动手绘制观后小报。

图18　手绘绢扇活动1　　　　　　图19　手绘绢扇活动2

> **设计意图**
>
> 通过在美术馆参与绢扇上绘画的活动,学生进一步走进展览之中,感受艺术家创作时候的真实感受,做一个小小艺术家,抒发自己不一样的感受。

6. 教师指导。

教师巡视辅导,融入学生中,随时在绘制过程中点拨他们。

图20　艺术大家在给学生点评、指导

> **设计意图**
>
> 美术馆邀请这方面的专家、艺术家来参与这个环节,亲自指导学生的创作。让学生更加投入自己的创作中,也是美术馆活动的一大特色。

四、评价与展示

1. 学生评价自己的小报的设计构思、制作过程、表达的思想等,并对教师和其他同学的现场提问给予回答。学生也可以互评,或者采用师生评讲的形式点评作品。

2. 作品在教室展示,也可以在美术馆门口进行展览,还可以由同学选出从内容到版面都优秀的作品,推荐到报刊或网站发表,可以极大地激发学生对后续参观的兴趣。

图21　学生展示成果

图22　在艺术家作品前集体展示成果

设计意图

通过教师的指导与点评，学生会更加深入地进行自己的创作，最后的成果展示是对他们作品的肯定。通过探秘、鉴赏、创作这几个环节，学生对参观美术馆有了不一样的体验。原来美术馆也能这么有趣！

3. 奖励。

凡是作品得到教师肯定的学生都可以获得美术馆精美画册一套。

图 23　精美画册

设计意图

苏州金鸡湖美术馆自开馆以来已举办过 20 多次高质量的展览。每次展览都会出一本画册，每一本画册都凝聚了每位艺术家和每位工作人员的心血与努力。故集齐这些画册对学生来说，就是一个极大的收获，当然也是对美术馆最大的肯定与鼓励。

【活动任务单】

苏州金鸡湖美术馆"走进金鸡湖美术馆 争当小小艺术家"实践活动任务单

走进金鸡湖美术馆　争当小小艺术家

我的名字：　　　　我的学校：　　　　我的年龄：

1. 苏州金鸡湖美术馆成立于哪一年？（　）
   A. 2010年　B. 2011年　C. 2012年　D. 2013年

2. 苏州金鸡湖美术馆现有几个展厅？（　）
   A. 1个　　B. 2个　　C. 3个　　D. 4个

3. 苏州金鸡湖美术馆正在展出的展览名称是什么？
   _____

4. 展出的时间是：_____。

5. 本次展览中，你最喜欢哪件艺术品？它的作者是谁？
   _____

6. 本次展览中，你最喜欢哪位艺术家？
   _____

正面

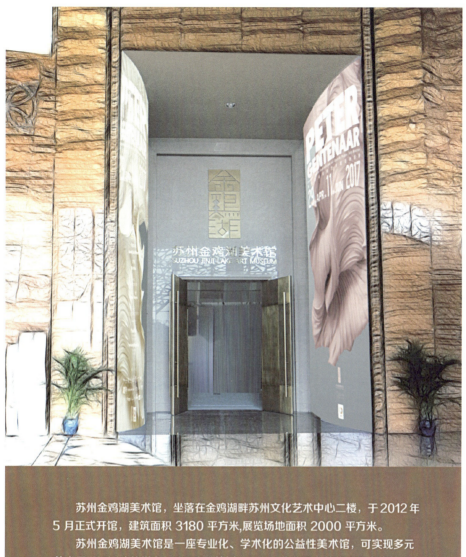

反面

【材料设备清单】

彩色卡纸(4开)、可溶性炫彩棒(18色)、粗记号笔、细记号笔,每人一份。

【安全保障】

1. 参加活动的人员必须持参观券,经安保工作人员检票后方可进入展厅。

2. 安保人员在参加活动的人员入场前,需要注意提醒他们禁止携带食品、有色饮料及易燃易爆等危险物品入场。

3. 展厅前台工作人员、安保工作人员必须负责展品的安全,每天上下班前清点展品数量,查看有无损坏,如发现人为破坏展品,应迅速制止破坏行为,并控制当事人,同时呼叫美术馆值班工作人员和保安领队到现场,保护好现场,进行拍照,请美术馆和物业部负责人同时到场进行处理并做好详细记录。

4. 展览期间,展厅安保人员应时刻维护展厅及观众参观时的良好秩序。

5. 展览期间,展厅内应保持安静,展厅安保人员须制止观众在展厅内喧哗、抽烟、打闹、摄像、使用闪光灯等行为。

6. 安保人员及保洁人员分别负责、管理、维护所看管的展览大厅及相关空间场地设施的安全和卫生。

7. 展览期间,安保人员应提醒观众禁止触摸、挪动展品及相关展览设备;如有发现应该及时制止。

8. 安保人员须随时观察,并提醒观众禁止跨进隔离栏内,以保证展品安全。

9. 如发现展厅内拥挤,展馆安保人员根据场内情况有权安排观众分批入场,一般控制在80人左右。

10. 美术馆人员实行准入制度。工作人员和管理人员须佩戴长期出入证,临时工作人员须办理短期出入证,其余人员凭券入场。

(设计者:徐燕萍、时苗、吴燕、张越、单飞、丁文)

苏作工艺

导师简介

吴江，苏州工业园区新城花园小学教导处干事，一级教师。苏州市综合实践活动中心组成员，苏州工业园区综合实践活动学科带头人，苏州工业园区综合实践活动核心组组长。苏州工业园区教育技术应用能手，苏州工业园区优秀共产党员。曾经荣获江苏省综合实践活动优质课评比一等奖，江苏省综合实践活动基本功竞赛二等奖，全国"一师一优课"评比省级优课。在江苏省名师课堂、"国培"计划等省市级活动中多次执教公开课。擅长短线活动课教学，课堂氛围灵动、富有生气。认为师生关系的最高境界是相互欣赏、教学相长，坚信能力比知识更重要，认为关注核心素养是新时代育人的关键。

教育教学理念：统整教育，让学生学会把不同的知识进行整合运用。

导师评析

资源类别分析

手工艺是中华民族文化的一部分，它是对中华文化智慧的传承。历史文化名城苏州，是中国最重要的民间手工艺中心之一。苏州手工艺历史悠久，门类众多，在全国工艺美术11大类中，苏州就拥有10大类3000余个品种，其中许多在全国乃至世界享有盛誉。

苏州市目前拥有联合国教科文组织"人类非物质文化遗产代表作"6项，居全国各类城市之首，其中民间手工艺类有3项；拥有国家级非物质文化遗产代表性名录项目29项，列全国同类城市前茅，其中民间手工艺类有18项。2014年联合国教科文组织授予苏州"手工艺与民间艺术之都"称号。

在这许多荣耀的背后，传承显得尤为重要。我们依托苏州9家博物馆，即先蚕祠（吴江丝绸陈列馆）、苏州市非物质文化遗产展示馆、核雕艺术馆、御窑工坊、巧生炉博物馆、御窑金砖博物馆、姑苏区非物质文化遗产生活馆、苏州丝绸博物馆和苏州工艺美术博物馆，进行主题为"苏作工艺"的体验站平台建设。

我们以这9家博物馆为平台，基于每家博物馆的特色进行主题课程的开发，根据博物馆的资源设计具有"文博""鉴赏""制作"等特色的"苏作工艺"类课程，旨在传承中华文化，鼓励孩子为传统文化和手工艺传承贡献自己的智慧。

课程设计解析

根据不同年龄孩子的特点，体验站为他们量身打造不同的体验课程。1—3年级的课程设计更加注重感受和欣赏传统工艺的美；4—6年级的课程设计侧重于体验传统技艺的精湛神奇；7—9年级的课程设计重在让学生领会古代匠人的匠心和工匠精神。

一、破冰交朋友

体验站课程面向全苏州的小学生、初中生，共同完成活动的小伙伴往往互不相识，活动前首先进行"破冰"活动就显得尤为必要。让参与体验课程的孩子在破冰过程中展示自己、了解他人，结交新朋友共同完成体验站活动。

二、巧用任务单

体验站场馆的馆藏丰富，走马观花式的参观无法让孩子对这些宝贵的"非遗"文化形成深刻印象，任务单成为解决这一问题的重要手段。根据不同的活动主题，选取场馆内与主题有关的主要展示区和重要展品，将相关问题和任务汇总形成任务单，让学生在完成任务单的过程中更好、更系统地了解"非遗"文化。

三、采用变化的活动形式

活动主要采用集中、分散的模式进行，即指导教师召集孩子进行互动问答、集体交流，孩子们有目的、有任务地进行自主探索，两种活动交替进行。体验站的课程主要以学生活动为主，让学生在分散的自主活动中以实践体验历史文化。

四、体现团队合作

体验站的课程设计倡导学生通过团队合作完成课程任务。课程设计中体现大量的团队合作元素，如分工、合作、讨论、共享，学生在团队中融入集体，增强团队意识。

五、注重实践参与

体验站课程设计的最大特点是注重学生动手活动、实践体验。我们在课程中设计了丰富的参与性内容，如御窑金砖博物馆的制砖活动、先蚕祠的做柴龙项目、苏州工艺美术博物馆的制作手工扇活动，这些都让学生在实践中进一步了解苏州传统工艺的美，感受我国古代工匠的精湛技艺。

六、导师即是同伴

在体验站课程中，指导教师的任务是参与活动，与学生一起完成各项体验任务，引导他们透过展品感受当时劳动人民对技艺的执着追求。

根据体验站的不同、课程主题的不同，课程的设计也不尽相同。课程设计没有固定的模式，但都遵循着同一个出发点，即让学生在实践、体验中了解苏州传统手工艺的博大精深,感受苏州古代劳动人民的工匠精神,进而愿意成为这种工匠精神的传承者。

活动实践评析

体验站课程不同于学校的学科课程,没有必须要学生学会的知识、技能。体验站的"苏作工艺"课程注重学生近距离的接触式学习、亲身体验、实践操作。

一、体现个性

在实践中,每个学生的角色是不同的,收获也是不同的。在课程中有多种多样的任务、活动,不需要每个学生都实践、体验完成所有的内容,实践可以由个人单独完成,也可以由团队合作分工完成。"苏作工艺"课程的培养目标是,让学生在课程中了解自我、发掘自我、成就自我。

二、强调过程

活动实践指向的不是实践的结果,而是实践的过程。"苏作工艺"课程设计了许多制作类的实践任务,不同的学生最后制作出的成品往往会有比较大的差距。一方面,教师要肯定学生的成功实践;另一方面,教师要强调学生在实践中做了什么,收获了什么,有了哪些成长。

三、提倡创新

"苏作工艺"课程里的实践充满灵性,以制作类的实践为例,不是依葫芦画瓢地学,而是在模仿的基础上融入自己的理解和创意。这种充满灵性的实践会激发孩子的潜能,这正是"苏作工艺"课程的一个重要目标。

四、融于趣味

体验站的实践不像是学习,而更像是另一种方式的"玩"。娱乐性、趣味性加大了学生在实践中的参与度,在这种"玩"中可让学生感悟苏州传统工艺文化的博大精深。

学生参与实践不仅要动脑,更要动手。动态的实践让学生喜欢上体验站的课程,让他们在实践中健康成长,收获快乐。

示范案例

【活动主题】变土为金探金砖
【体 验 站】御窑金砖博物馆
【活动对象】4—6年级学生
【活动人数】建议每批次10人
【学情分析】

1. 4—6年级学生初步具备一定的人文素养及对家乡民间文化和传统手工艺热爱的情怀,对传统文化进行了解和探究具有较为浓厚的兴趣。

2. 4—6年级学生对于探索周围事物的奥秘有着较为强烈的愿望,具备一定的动手能力、探索能力、认知能力及团结协作能力。

3. 4—6年级学生初步具备家乡自豪感和国家荣誉感,可以通过感受传统文化的魅力,增强学生爱家、爱国的情感。

4. 4—6年级学生平时一般不会主动关注民间技艺。组织体验活动,可以让学生在动手实践的过程中,真切感受民间艺人在技艺传承与创新方面的努力与成就,使其关注传统工艺,尊重技艺匠人,激发其对技艺类知识技能的学习兴趣。

【主题知图】

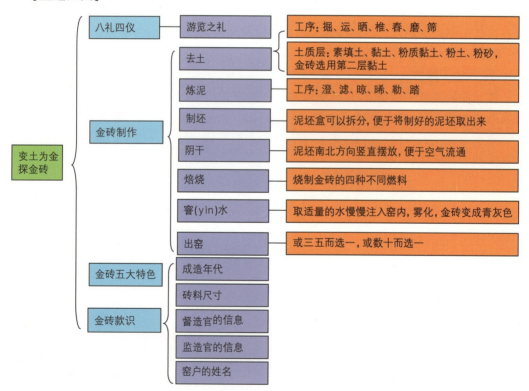

【活动目标】

1. 通过御窑金砖博物馆社会实践活动课程体验,在参观、实践、探索的过程中,未成年人了解御窑金砖的历史、特点、功能、制作工序,近距离地感受身边的国家级非物质文化遗产。

2. 在深度体验与自主探寻的同时，未成年人感受御窑金砖的华丽变身——从苏州阳澄湖畔的地域性物质原料到"王朝最高殿堂基石"，引导他们体会金砖所承载的文化精神，激励学生树立积极向上的人生态度。

3. 通过课程体验，激发未成年人发现周围事物奥秘的欲望，提升未成年人的人文素养，培养他们对家乡民间文化和传统手工艺热爱的情怀。

4. 通过动手实践，培养未成年人的动手能力、探索能力、认知能力及团结协作能力，培养他们成为有探索精神和创新意识的一代新人。

5. 通过参观体验，引导未成年人关注传统工艺，尊重技艺匠人，激发他们对技艺类知识、技能的学习兴趣，使他们自觉传承和弘扬中华优秀传统文化，积极探索、爱学习、爱劳动、爱祖国、爱家乡。

【活动流程示意图】

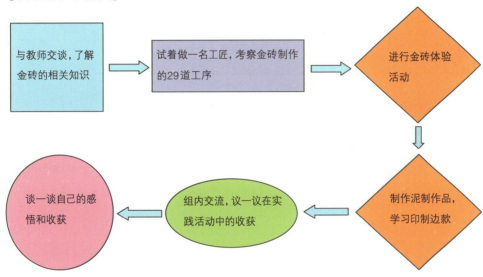

【活动过程】

一、激趣——陆慕四宝之首

活动地点：御窑金砖博物馆入口至博物馆正门。

1. 陆慕与陆墓。

我们现在所处的位置是苏州相城的陆慕。陆慕原名陆墓，据传三国时吴国的一位陆姓名将，陆逊，葬于此地，所以此地得名陆墓。

2. 四宝之首——御窑金砖。

陆慕有四宝——金砖、缂丝、蟋蟀盆和虾鳝笼，其中金砖为四宝之首。到底金砖是不是金子做的砖，让我们带着问题一起走进御窑金砖博物馆。

【设计意图】

师生之间进行交谈，用富有趣味的小知识，使学生对今天的活动产生浓厚的兴趣，让学生带着问题走进博物馆。

二、破冰——活动分组，分发探秘卡

活动地点：连廊。

欢迎同学们走进御窑金砖博物馆，接下来将开启一段奇妙的探秘旅程。学生要分成3个小组。由于大家还不太熟悉周围的同伴，可以通过活动来进行分组。

1. 组长自荐。

请想要竞选组长的学生出列，说出自己具备优秀组长的品质。

2. 双选组队。

其余的学生说出自己的特长或特点，由组长根据学生们的发言来选择是否邀请入组，如获得多位组长的邀请，则由该学生自己决定加入哪个小组。

3. 明确要求。

3个小组之间既要互相合作也要相互竞争。活动中组长要根据组员的特长、特点进行任务的合理分配，组员要努力在团队中发挥特长、展示自己。最后还要评出最佳小组、最佳组长和最佳组员，获评的学生可以获得神秘礼物一份。

4. 分发探秘卡。

由组长分发探秘卡。

设计意图

通过小活动来完成分组，一方面增加学生彼此间的了解，另一方面在自荐过程中提升自信，培养学生的表达能力和自我反思能力。任务单的设置使学习目的更加明确。同时，明确组长、组员的职责，通过评比的方式对学生进行激励。

三、初识——金砖、京砖

活动地点：主馆序厅。

1. 初见金砖。

看到这里地上的49块砖，可以和你家的地砖比一比，学生们之间互相交流看法。教师告知学生这就是金砖，再让学生说说现在的感受。

2. "金砖"之名的由来。

这黑乎乎的方砖块为什么叫金砖？凭什么叫金砖？

（1）响声：敲击金砖，会发出金属的声音，即"敲之作金石之声"。

（2）谐音：金砖被运往京城的"京仓"，"金"和"京"发音相近，后来就演化为金砖。

（3）成本：制作金砖的工艺非常复杂，要求非常高，所以金砖价格昂贵，在古代民间有"一两黄金一块砖"之称。

设计意图

金砖乍一看不起眼却价格昂贵，这让学生产生探究的欲望。

四、变土为金——一块砖的修炼

活动地点：第一展厅。

猜一猜：金砖的工艺有多复杂呢？学生仔细观察脚下的金砖,这是特意邀请专门为故宫博物院铺设金砖的专业工匠,完全采用古法制作铺设而成的。猜一猜,把这49块砖铺在地上花了多长时间？

（花费了半个月的时间）

一起走进第一展厅,继续了解金砖制作的其他步骤。

1. 小组合作,在任务中收获。

小组长组织组员学习有关金砖的小知识,完成活动任务单第一大题中的第1小题。然后,以小组为单位进行第一展厅的参观,过程中完成任务单中的任务。

学生以小组为单位进行活动,教师从旁协助、指导,并注意把控时间和活动安全。

2. 分享交流,在汇报中提升。

完成活动任务单上的部分内容,一起交流查到的资料,交流分工和各自在活动中的作用、表现。

通过完成任务单第一大题中的第7小题,启发学生思考为何要用不同的燃料。

（使用4种不同燃料的原因是需要用软火和硬火交替烧制,不同的燃料燃烧时产生的温度是不一样的。用砻糠熏烧制1个月,片柴烧制1个月,稻草烧制1个月,松枝烧制40天,共需约130天。）

请学生介绍任务单第一大题第2小题图中的"窨水"。

（金砖的烧制是需要水火相济的,图中有一个窑的模型,窑户挑着水至陡峭的窑顶,将适量的水慢慢注入窑内,使其充分雾化、降温,增强金砖的黏着力。注水不恰当会使金砖失去独有的青灰之色,变成红色,甚至整窑报废。）

谈谈在体感互动设备上进行体验之后,对金砖制作有了哪些更多的了解,说说最有意思的地方。

小活动让学生通过看一看、找一找、说一说、议一议等方式,团队合作完成任务单中的知识性任务。这既培养了学生信息搜集与处理、语言表达、团队协作的能力,又让学生对金砖的制作过程有了初步的了解,为接下来的活动打下了知识基础。

五、试验——感触金砖

活动地点：第一展厅。

1. 试验台体验活动。

通过对任务单第一大题第3小题中的"声"的学习,激发学生一起去金砖试验展台感受的兴趣。

用小锤子来敲一敲,听听是否会发出清脆的金属之声。

思考如何利用旁边的放大镜、蘸水毛笔、卷尺来试验金砖的特性。

体验1：用放大镜观察金砖的断面。金砖密度很高,气孔率很低,非常坚硬。

体验2：用蘸水毛笔测试金砖的吸水性。金砖密度高，吸水性强。

通过刚才的试验，发现金砖密度很高，吸水性很好。带着这两个发现，进行下面的体验。

2. 抬金砖体验活动。

完成任务单中"合作体验活动"3：与其他小组合作，共同尝试在合作区抬起一块金砖，完成后谈谈感受。注意活动安全，不能拿碎砖随意打闹，搬抬时注意不要扭伤腰部。

3. 金砖书写板体验活动。

完成任务单中"合作体验活动"4：在金砖书写板上体验用水书写（写字作画均可），完成后谈谈感受（比用宣纸写方便，而且很干净，可重复使用）。

设计意图

通过实践体验，体会制作金砖的艰辛与不易。通过探究活动，了解了金砖的特性。

六、苏作工艺印边款

活动地点：第三展厅。

1. 金砖边款上的信息。

金砖侧面印有成造年代、金砖尺寸、监造官、督造官、窑户姓名。可以说这些金砖是符合标准的产品，以后哪块金砖出了问题都可以找到制造者。让学生了解在我国古代就有了完备的责任追查体系，产生强烈的民族自豪感。也让学生明白做任何事情都不能马虎，都要负责。

2. 实践活动：找同姓工匠，朝代排序。

完成任务单"合作体验活动"5和6：在第三展厅金砖展示墙、展示架中的金砖的边款工匠姓名中，找一找和自己同姓的工匠，记录下来。看一看有哪些朝代的砖，把找到的朝代记录下来并尝试按时间排序。

3. 信息交流。

学生们找找和自己同姓的工匠。交流找到的朝代，排一排顺序，会发现更多朝代都有金砖。

通过对金砖款识的了解，培养学生的责任意识，同时对苏作工艺产生自豪感和崇敬之情。

七、自制泥制品，边款留信息

学生今天了解了这么多关于金砖的知识，可能特别想自己也来动手做一块金砖。在刚才的探索学习中，学生已经知道制作一块金砖要700多天，今天是做不成一块金砖的，但是，老师还是会想办法满足一下学生们自制泥制品的小心愿。那么，就让学生跟着博物馆的工作人员一起学做泥制品，思考在上面留下哪些信息及为什么。

通过在泥制品上印边款,深化学生对责任的理解。

八、畅谈收获,悟金砖精神

说一说这一次的活动学到了哪些知识,有什么收获、体会。

一起评选出今天的最佳小组、最佳组长和最佳组员,并由博物馆馆长发放纪念品,同时,所有的学生都将获得一份博物馆的文创产品。鼓励学生能把今天的收获分享给更多人,也欢迎学生们再来御窑金砖博物馆感受苏作工艺的魅力。

邀请学生谈体会,引导其初步感受"金砖精神",正所谓"千淘万漉虽辛苦,吹尽狂沙始到金"。一个人无论处境如何艰难,只要具有远大的志向,经历万千磨炼,终能获得成功。鼓励学生把今天的收获与更多人分享,同时也希望今天的活动能让学生喜欢上苏作工艺,再次来博物馆进行探究学习。

【活动评价】
1. 评选出最佳小组、最佳组长和最佳组员,并分发纪念品。
2. 完成课程的学生可以把自己体验制作的泥制纪念品带回家。
3. 博物馆工作人员可以在完成课程的同学的证书上盖章。

【活动任务单】

御窑金砖博物馆"变土为金探金砖"实践活动任务单(4—6年级)

一、博物馆小知识
1. 金砖的炼制一共要经历多少道工序?(单选)
A. 27　　　B. 28　　　C. 29　　　D. 30　　　E. 31
2. 分别找出下列4幅图对应的金砖制作工序,连一连。

A

B

(1) 焙烧
(2) 练泥
(3) 窨水
(4) 制坯

C

D

3. 金砖的五大特点是什么?(多选)
A. 名　B. 密　C. 色　D. 款　E. 形　F. 重　G. 声

4. 阴干过程中泥坯的侧面都砸盖了哪些印记？（多选）
   A. 砖料尺寸   B. 成造年代   C. 督造官、监造官   D. 窑户
5. 下列工序哪几道属于取土过程，它们的正确排序是什么？
   打钩并排序：_____
   ① 运   ② 椎   ③ 掘   ④ 晾   ⑤ 澄   ⑥ 舂
   ⑦ 晒   ⑧ 晞   ⑨ 筛   ⑩ 勒   ⑪ 磨   ⑫ 踏
6. 下列工序哪几道属于练泥过程？它们的正确排序是什么？
   打钩并排序：_____
   ① 滤   ② 椎   ③ 掘   ④ 晾   ⑤ 澄   ⑥ 舂
   ⑦ 晒   ⑧ 晞   ⑨ 筛   ⑩ 勒   ⑪ 磨   ⑫ 踏
7. 烧制金砖的燃料有哪些？（多选）
   A. 片柴   B. 煤炭   C. 稻草   D. 砻糠   E. 松枝

二、合作体验活动

1. 在体感互动设备上进行体验。
2. 在体验区用工具敲一敲、看一看、写一写、量一量。

3. 与其他小组合作，共同尝试在合作区抬起一块金砖。
   活动时必须有教师在一旁指导，注意安全，不打闹，合理用力，不要扭伤腰部。
4. 在金砖书写板上体验用水书写（写字作画均可）。
5. 找一找金砖边款上的工匠姓名，将和自己同姓的名字记录下来。
6. 找一找金砖边款上的年代信息，将不同的朝代记录下来并尝试将其按时间排序。
7. 泥制品制作体验。

【材料设备清单】

小蜜蜂扩音器、活动任务单、体感互动设备、金砖、小锤子、放大镜、毛笔、水、卷尺、泥、制作工具。

【安全保障】

1. 加大安保巡视力量，重点做好车辆控制引导、场馆内安保力量布控、现场车辆回路设定、相关应急预案制定，根据活动范围及活动主要线路，在线路上加强局部保洁和循环保洁。
2. 在活动前完成区域外场清洁和活动场所清洁卫生工作，在活动中管理人员不间断巡视，及时召集保洁员循环保洁并处理卫生问题。
3. 馆内工作人员准备好相关应急处理用品和器械以防突发情况的发生。

（设计者：徐燕萍、吴江、朱萍萍、朱益华、何熠青、徐亚、钱海龙、何家瑞、陆洪明）

【活动主题】一叶一蚕一世界

【体 验 站】先蚕祠（吴江丝绸陈列馆）

【活动对象】4—6 年级学生

【活动人数】建议每批次 15 人

【学情分析】

1. 4—6 年级的学生大脑发育处于内部结构和功能完善的关键期，生理和心理特点变化明显，是培养学习能力、意志力和学习习惯的最佳时期。同时，4 年级的学生开始从被动的学习主体向主动的学习主体转变，心理发生了明显的变化。

2. 4—6 年级的学生兴趣广，喜欢表现，学习时间长了注意力容易分散，因此寓学习于游戏，寓教于乐是他们最喜欢的方式。本课程教学，充分利用先蚕祠内的资源，通过自主游览、听讲解、学辨别、摇柴龙等趣味纷呈又不乏知识点的小活动，全面调动学生的兴趣，拓展其知识面，提高其活动能力。

3. 学生对丝绸文化只有浅显的初步认识，虽然他们在科学课上已经了解了蚕的一生，但对于几百年来盛泽丝绸业的发展、繁荣，却知之甚少；对于养蚕的各种技能、需要付出的辛苦等，学生也没有切实的感受。先蚕祠的课程设计，让学生全方位地了解丝绸，了解"绸都"盛泽深厚的丝绸文化底蕴。

【主题知图】

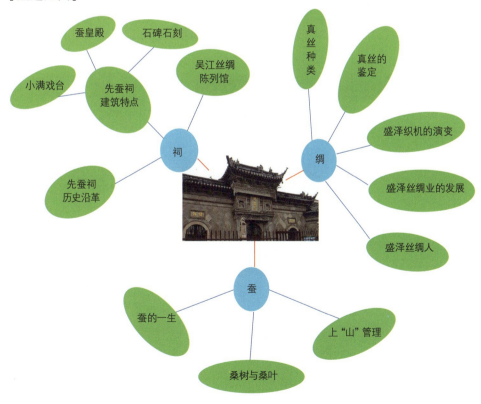

【活动目标】

1. 通过苏州市吴江区盛泽先蚕祠社会实践活动课程体验,学生在参观、聆听的过程中,初步了解盛泽丝绸的历史、特点。

2. 以小组为单位,通过各种丰富多彩的活动,深度体验丝绸的来历及用途,引导学生感悟丝绸文化的精神及其魅力。

3. 通过课程体验,激发未成年人探索事物奥秘的欲望,提高未成年人的人文素养,培养其对家乡民间文化和传统手工艺的热爱之情。

4. 通过动手实践,培养学生的动手能力、探索能力、认知能力,以及表现美、创造美的能力。

5. 通过参观体验,引导学生关注传统文化,尊重辛劳付出的劳动人民,自觉传承和弘扬优秀传统文化,培养未成年人爱祖国、爱学习、爱劳动的情怀。

【活动流程示意图】

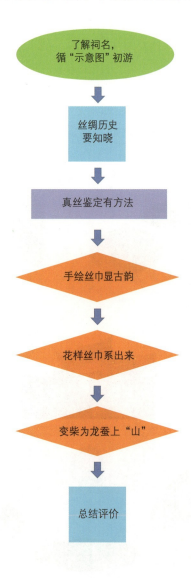

【活动过程】

一、了解祠名，循"示意图"初游

1. 了解祠名。

观察正门三个拱门上面的竖匾，最中间的为祠名——先蠶祠，两侧拱门上分别为"織雲""繡錦"（繁体字）。学生读一读这三个词，说一说这三个词蕴含的意思。

根据学生朗读情况，提醒阅读顺序为从上到下，从右到左，这是我国古代书写的顺序。三个词分别为：先蚕祠、织云、绣锦。

讲解员介绍历史：先蚕祠始建于清道光二十年（1840），为盛泽丝业商人公建，已经有170余年历史。

根据活动中的初步印象，自主分组。

2. 按游览示意图自主游览，完成任务单。

学生由讲解员从正门带入，观看一侧竖着的"先蚕祠游览示意图"，得出游览顺序为：戏台—东石碑长廊—蚕皇殿—财神殿—长廊—庭院、清池—西石碑长廊—丝绸博物馆。

发放任务单，学生按路线游览时完成任务单（一）。

让学生读懂先蚕祠提供的游览示意图，并在自主游览的过程中，对先蚕祠的整体结构有大致的了解。通过设置寻找嫘祖像、思考门匾上的繁体字的意思等，学生沉浸在浓郁的丝绸文化情境中，激发他们主动学习、主动探究的欲望。

二、丝绸历史要知晓

1. 讲解员结合吴江丝绸陈列馆的设备，讲解相关内容。

结合图片，讲解蚕宝宝如何"上山"、从茧到丝的过程、织机演变的历程、盛泽丝绸业代表人物、盛泽丝绸的获奖情况。学生边走边认真聆听，小组合作完成任务单（二）。

2. 写出三个及以上的小组即可获得一颗星。

3. 体验馆内的手摇式纺纱机。

学生分组依次体验手摇式木质纺纱机。

通过提问，引发学生思考，激发学生兴趣，从而为活动的开展创造条件。通过参观、聆听、书写，学生初步了解盛泽丝绸的历史、特点。引导学生感受盛泽丝绸文化及其精髓，并培养其认真聆听的好习惯。通过操作古老的纺纱机，学生真切感受，在历史的长河中无数先人不断创新才有今天这样的社会面貌。

三、真丝鉴定有方法

1. 真丝面料我来摸。
（1）学生摸一摸、掂一掂、揉一揉真丝布料。
（2）学生分组来到一个盛有水的面盆前，拿起旁边的真丝洗把脸。
（3）说一说在洗脸的过程中，这块真丝带来的感受。
2. 真丝面料我来辨。
（1）向学生展示一块真丝素皱缎面料、一块双皱真丝面料、一块仿真丝面料。
（2）让学生摸一摸，猜一猜哪一块不是真丝。
（3）讲解员展示"一看、二摸、三烧"的真丝鉴定方法。

设计意图

通过用真丝洗脸，学生感受真丝和平时所用毛巾的不同，真实的体验让学生更加深入地感受丝绸非同凡响的魅力（它比一般的面料更细、更轻、更柔）。通过"烧一烧"，学生发现真丝面料与化纤面料最大的不同。

四、手绘丝巾显古韵

活动准备：白色真丝手帕、颜料、水桶、画笔等。
1. 观察手绘作品，感受手绘丝绸的美。
（1）寻找丝绸博物馆内手绘的真丝摆件，由讲解员确定找到的物件是否为手绘（馆内几面屏风上的丝绸的图案都是手绘的）。
（2）说说这些手绘作品的特点。
2. 学习体验手绘真丝手帕。
（1）教师重点讲解手绘真丝前构图的要点，并示范颜色的调制方法。
（2）发放绘画颜料，鼓励学生动手尝试调色。
（3）老师示范，鼓励学生大胆尝试。
（4）互相欣赏作品、评价。

设计意图

手绘真丝手帕看似简单，但实际上不管是构图还是颜料的调制都需要一定的技巧，学生观察样品、教师适当地指导是非常有必要的。在整个绘画创作过程中，学生依据自己的已有经验来选择绘画内容并现场绘画，从而使想象力、观察力得以提高。学生在体验绘画的过程中，感受到了快乐。

五、花样丝巾系出来

活动准备：大小方巾、长条丝巾、丝巾系法的步骤图或示意图。
1. 教师现场展示丝巾的各种系法。
2. 各组选择感兴趣的系法，现场尝试。
3. 学生合作系丝巾，每个小组展示不同的系法。
4. 学生互相评价，评出合作奖与创意奖。

设计意图

通过动手实践,培养学生表现美、创造美的能力。通过零距离接触,学生感受丝绸的柔软,引导他们体会丝绸文化精神及其魅力。通过学系丝巾,学生学会从资料中获取信息,感悟美需要创造,从而激发未成年人探索事物奥秘的欲望,提高其人文素养,培养其对家乡民间文化和传统手工艺的热爱之情。

六、变柴为龙蚕上"山"

活动准备:细绳子、干稻草、切成 15 厘米长的稻秆、带铁钩子木质工具。

1. 带学生观察养蚕的匾、蚕上"山"的情景(书面语为上"簇"),思考蚕成熟后在哪结茧。

2. 学摇柴龙。

(1)观看摇柴龙的视频,了解摇柴龙的方法。

方法简述:将去掉稻穗的几根稻草拼在一起,搓成一股草绳,再继续与另一股草绳搓成两股草绳,把两股草绳拴在一摇枒的一端,在两股草绳中间慢慢放入柴火,一个人放,一个人摇,一条柴龙就做好了。

(2)搓细绳。

一位学生摇 2 个钩子,另 2 位学生配合,先把稻草勾在钩子上,然后开始摇动钩子,不断把稻草添加到卷起来的绳子内,让绳子越来越长。

(3)摇柴龙。

绳尾部再由一个人摇,让 2 条绳子搅起来,在搅动的过程中,把切成 15 厘米长的稻草均匀地添加进去。

设计意图

通过制作柴龙,引导学生关注传统文化,发现古人的智慧,尊重辛劳付出的劳动人民,自觉传承和弘扬优秀传统文化,激发其爱祖国、爱学习、爱劳动的情怀。

七、总结评价

1. 各小组展示自己的星级展示卡,说说自己在活动中的收获和感受。
2. 教师点评活动情况,为获星最多的小组颁发纪念品(丝绸物品)。

设计意图

通过说说在活动中的收获和感受,学生对这次活动做总结,这对学生今后的学习、生活都有帮助。

【活动评价】

	了解祠名,循图游览	学系真丝围巾	真丝的鉴定	手绘真丝手帕	了解丝绸历史	制作柴龙
小组1						
小组2						
小组3						

【活动任务单】

先蚕祠(吴江丝绸陈列馆)"一叶一蚕一世界"实践活动任务单

任务单(一)

按示意图提醒的顺序游览:戏台—东石碑长廊—蚕皇殿—财神殿—长廊—庭院、清池—西石碑长廊—丝绸博物馆。

边游览边完成以下任务:

1. "缫丝之祖嫘祖"的像出现在(　　　　)殿里。

2. 门匾出现在(　　　　)殿里,用简化字(　　　　)把它写下来。

将门匾用简化字(　　　　)写下来,它蕴含的意思是希望盛泽人民能(　　　　　　　　)。

3. 找到《重修先蚕祠碑记》,它记录了先蚕祠是盛泽镇人民政府于公元(　　　　)年10月重修的。

4. 传说庭院中的水池为蚕神仙池。池上的石桥为蚕农幸运桥,它名为(　　　　)桥。

5. 是古代养蚕业中用来(　　　　)。

请画出使用它的示意图:

如果不会,可以请教讲解员哦!

任务单(二)

将在参观中了解到的历史人物和其主要职务或事迹记录在下表中。

	历史人物	主要职务或事迹
1		
2		
3		

【材料设备清单】

1. 任务单若干份。
2. 花样丝巾系出来：小方巾、大方巾、长条丝巾等共15条；多种丝巾系法步骤图。
3. 手绘丝巾：白色真丝手帕、纺织颜料、水桶、毛笔等共12套。
4. 真丝鉴定：真丝面料12块、仿真丝面料12块、打火机2个。
5. 摇柴龙：细绳子50米、干的长稻草、切成15厘米长的稻秆、带铁钩子的木质工具等、摇柴龙的视频及平板电脑。
6. 手摇式纺纱机、相匹配的丝线等。
7. 奖品：漂亮的手绘真丝手帕、蚕茧。

【安全保障】

1. 确保每个体验馆内的人数在15人以内。
2. 学生入馆参加活动，必须遵守馆内秩序，服从馆内教师安排。注意衣着整洁，不携带食物、有色饮料及其他不允许携带入馆的物品。
3. 在馆期间按队列有序参观，不得大声喧哗、追逐嬉戏。
4. 参观过程中，不能用力推、敲现场物品，如有需要触摸物品的，须耐心等待，依次上前触摸物品，做到轻摸轻放。
5. 先蚕祠内很多古代大窗户前没有防护栏，一定要提醒学生不得靠近大窗户，特别是不能靠在窗户上，以防掉落。
6. 如遇突发事件，须及时报告学校领队或馆内指导教师甚至镇政府，一定要确保学生的安全，将学生的安全放在第一位。

（设计者：徐燕萍、吴江、周菊芬）

科普创新

导师简介

吴哲，高级教师，苏州市名教师，吴中区首届东吴教育领军人才，苏州市综合实践学科带头人，苏州市教育学会综合实践活动专业委员会副秘书长，江苏省综合实践活动中心组小学组组长。荣获全国、省、市、区评优课一、二等奖，近五年先后执教区级及以上公开课近30节，在市级及以上刊物发表论文20余篇，承担区级及以上专题讲座30多场。先后获得全国创新型教师、省学科优秀教师、苏州市优秀教育工作者、市首批教育技术应用能手等荣誉称

号。教学中主张践行陶行知先生的"教学做"合一理论。以培养学生综合素养为宗旨，将"学会假设、互动研究、归纳拓展"等有效串联，着力体现学为主体，形成了"主题项目实践研究"的活动课程特色，在主题项目实践研究中倡导学生经历"发现问题—界定问题—选择问题—实践研究—交流延伸"五个环节。

教育教学理念：在学习过程中，让学生的肢体与精神同步主动探究实践，消除学习与生活的界限，是我作为教师的终身追求。

导师评析

资源类别分析

党的教育方针明确要求，坚持教育与生产劳动、社会实践相结合，党的十九大提出全面推进素质教育的要求，我国中小学生文化基础知识比较扎实，而创新实践能力相对薄弱，必须切实加强对中小学生综合实践活动课程的指导，补上实践育人的短板。"家在苏州·e路成长"充分发挥全市优质社会资源，创设了从学生的真实生活和发展需要出发，从生活情境中发现问题并转化为活动主题，通过探究、服务、制作、体验等方式培养学生综合素质的

体验课程平台,从而将优质社会资源运用在学生学习活动中,学生利用其特定的劳动力资源、技术资源、经济资源、信息资源等体验社会主义核心价值观,了解中华文化内涵,深化社会规则体验,加强国家认同感,提高职业选择能力等,真正使实践育人的社会平台从学校延伸到社会。

"家在苏州·e路成长"未成年人社会实践体验站共有112家,分为红色印记、时代精神、名人先贤、历史文博、艺术品鉴、苏作工艺、科普创新、绿色生态、生命健康、志愿服务、职业体验、法治宣传12个类别。科普创新类别现有14家体验站,分别是陆家科普馆、吴江区青少年科技文化活动中心、洞庭山水文化展示中心、科沃斯创想机器人博物馆、苏州国家粮食储备库(爱粮节粮教育基地)、西山地质博物馆、苏州市气象科普体验站、金阊街道青少年航空航天馆、苏州市青少年天文观测站、苏州市青少年科学素养研训中心、工业园区青少年活动中心(地震科普馆、国粹文化馆)、金华盛纸文化体验馆、科教创新区之"学在独墅湖"、中科知成绘本馆,主题场馆涵盖了天文、地理、环保、科技、创新、物联网等领域,从探究、服务、设计、制作等多个途径设计学生体验课程。

课程设计解析

课程设计是一个有目的、有计划、有结构的系统化活动,越来越多的研究者把课程设计界定为一种计划(旨在使学生获得迁移和全面发展)。这种课程观突破了课堂教学的局限,突破了以往课程设计只注重知识及经验积累的局限,把积累、迁移、促进学生发展等多方面因素作为指标。

纵观14家科普创新体验站的课程设计,所有的课程均从以学生为中心的角度开发设计。从学习者的需要和兴趣来决定设计课程活动意味着学习者要在体验场馆自主感觉到需要和兴趣,而不是由课程导师考虑学生需要什么或他们的兴趣应当是什么。因此,在所有课程设计中都体现了"活动—经验"这一设计思想,有的是一个活动贯穿体验过程,有的是多个活动组成体验过程。例如,吴江区青少年科技文化活动中心、苏州市青少年科学素养研训中心设计的活动就是由不同知识支撑下的板块活动组成的系列活动;科沃斯创想机器人博物馆、苏州市青少年天文观测站设计的活动则是一个中心活动中的系列活动。各体验站在活动设计中充分考虑了学生的学习经验、生活经验,从而在不同的系列活动、板块活动中分设不同年龄段的活动目标,真正通过发现学生的兴趣是什么和帮助学生选择最有益的兴趣来设计体验课程。这样,课程设计就能脱离学科中心预先进行,充分利用14家体验站现有的资源、体系帮助课程导师和学生共同确立活动追求的目标、计划现场活动以及安排评定程序等,使体验课程设计形成课程结构,充分显示"活动—经验"这一课程设计的核心思想。

在科普创新体验站的课程设计中,在以"活动—经验"为核心思想的同时,充分体现了培养学生问题探究意识的设计理念。问题探究是一种复杂的学习活动,需要观察、体验、提问题;需要查阅书刊及其他信息源、设计调查研究方案;需要根据有关证据来核查已有的结论,用各种手段来收集、分析和解释有关证据等。14家体验站针对不同年龄段学生的课程设计中充分显示了以下特性:

1. 探究性。坚持"以学生为中心",使学生能够自己去探索、自己去辨析、自己去历练,从而获得正确的知识和熟练的技能。例如,科沃斯机器人的功能探索、互动及现场提问、未来机器人的设计等、天文望远镜的搭建、寻星、巡星活动等。在整个活动过程中,探究什么内容、如何进行探究、如何解决场馆中发现的问题都需要学生自主研究。没有了自主探究,也就没有实质意义上的学习方式的改变,更谈不上创新精神和实践能力的培养。

2. 自主性。在体验过程中,"体验什么,怎么体验"的问题均由学生自主解决或在课程老师指导下自主解决,学生在体验过程中能充分"当家作主",既是体验学习的决策者,又是体验学习的实施者。

3. 实践性。问题探究的过程是一个实践体验的过程,它强调学生的参与及亲历,强调学生的实践体验。实践既是改变学生学习方式的要求,也是培养学生创新精神和实践能力的基本途径。

4. 开放性。学生学习的内容都来自社会,来源于自然,来源于学生自身各种类型的生活体验。例如,西山地质博物馆场馆内的体验课程可以让学生在周边开展岩石即时鉴别时进行采样。开放式的、融入自然和社会的课堂,能使学习内容立体化,能为学生提供一个真正自由广阔的学习环境,也为学生质疑探究提供机会和条件。

活动实践评析

从传统教学情况看,重知识轻能力、重记忆轻创新、重灌输轻启发、重结论轻探索等种种弊端依然存在,这与课程改革的要求不相适应,当然也不能达到培养创新精神和实践能力的素质教育目标。在学校积极拓展实践教育的同时,苏州市文明办、苏州市教育局的"家在苏州·e路成长"实施项目真正将弘扬社会正能量、传递核心价值观、培养学生实践能力等作为项目推进目标,联合社会优质资源、特色项目学校,探索一种"以学生发展为本,以能力培养为主"的体验活动方式,成为学校教育教学改革的重要组成部分。科普创新体验课程中"问题—探究—体验—创新"正是我们所要追求的实践教育方式。

从活动实施的过程来看,家长的点评、学生的留言、预约平台的火爆充分体现了课程的受欢迎程度,充分体现了学生主动参与、积极体验的踊跃程度。

第一,体验活动培养了学生积极主动参与、乐于实践探究的意识。科普创新各个体验课程目标中运用了诸如"观察、收集、调查、尝试"等行为性很强的词汇,强调学生必须具有实践探究学习的体验行为。只有具备了这些行为,才能产生具体的体验,才能逐步形成一种在日常学习和生活中喜爱质疑、乐于探究、努力求知的心理倾向,激发积极探索和创新的欲望。

第二,体验活动培养了学生合作与分享的精神。学生在体验活动过程中要在短时间内认识新朋友,组建新团队,能够与他人平等地交流与合作,共同体验克服困难、取得成功的乐趣。可以说,体验课程极好地创建了一个有利于人际沟通与合作的空间,使学生在体验活动中学会合作,学会分享,为学生具备合作素质打下坚实的基础。

第三,体验活动培养了学生发现问题和解决问题的能力。大多数的学科课程目标会涉及学生要学会从不同的角度观察、认识、分析社会事物和现象,尝试合理地、有创意地探究和解决生活中的问题,学习收集、整理、分析和运用社会信息,能够运用简单的学习工具探索和说明问题。体验站的体验课程强调从问题发现到问题解决的整个过程都由学生自主(或在教师指导下)完成。学生体验的过程就是不断收集信息与处理信息的过程,信息的发现与重组意味着问题的发现与解决。

第四,体验活动培养了学生关注社会、关注生活、关注人类发展的责任感和使命感。科普创新类场馆体验课程目标涉及"关爱自然,初步形成保护生态环境的意识""初步形成民主、法治观念和规则意识""热爱祖国,珍视祖国的历史、文化传统,尊重不同国家和人民的文化差异,初步具有开放的国际意识""学会用科学的方法开展研究""能做出基于证据的解释""增强创意设计、动手操作、技术应用及物化能力"等。在体验学习过程中,要求学生在提高自己的实践能力和创造能力的同时,学会关心国家和社会的进步,学会思考人类与世界如何和谐发展,形成积极的人生态度。

可以说,学生品德的形成、能力素养的提高和社会性发展,是在各种活动中通过自身与外界的相互作用来实现的。体验站课程创设了学生乐于接受的学习情境,灵活多样地选用教学组织形式,引导学生从自己的世界出发,用多种感官去观察、体验、感悟社会,获得对世界的真实感受,切实让学生在活动中体验,在体验中发现和解决问题。

示范案例

【活动主题】机器人的世界我能懂
【体 验 站】科沃斯创想机器人博物馆
【活动对象】4—6年级学生
【活动人数】建议每批次18人
【学情分析】

1. 个性兴趣和能力储备:4—6年级学生充满好奇心,对于感兴趣的话题,会表现出极大的兴趣和热情;他们有一定的小组合作能力,初步具备一定的探究学习能力,在小组活动中能够互相协作;他们的情感态度与价值观初步形成,在别人的评价中能发现自身的价值,产生兴奋感、自豪感,对自己充满信心;部分学生会表达强烈的自我主张,需要在团队中再次认识和发展自己。

2. 相关领域的知识基础:在小学语文、品德与社会、科学等学科中,都涉及一些高科技的主题学习,如语文中的宇宙飞船、品德与社会中的科技发展、科学中的编程及3D技术等,这些都与机器人有关。科技的高速发展使许多高科技产品已出现在我们的生活中,孩子们已经能够近距离接触到机器人等科技产品。

【主题知图】

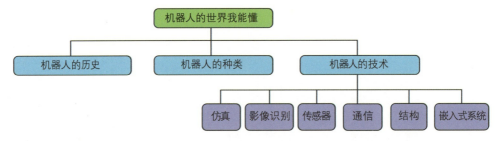

【活动目标】

1. 小学生具有强烈的好奇心和互动需求,在科沃斯创想机器人博物馆的互动体验区域,通过介绍影片观看及"我与旺宝对话""我与机器人五子棋对弈""我和机器人一起恰恰"等互动实践性极强的交互活动体验,学生初步感知机器人的发展历史和功能,了解融合机器人技术的一些先进技术领域。

2. 由实践导师指引,在活动中学会与陌生人交流,学习组建团队并进行团队合作,在团队合作的过程中体验责任担当。

3. 能用较完整的语言表达获得信息的需求及收获,会根据活动适当评价自己的参与度、学习能力及同伴互助能力。

【活动流程示意图】

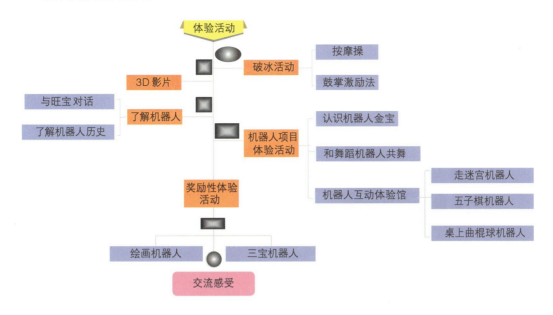

【活动过程】

一、破冰活动

1. 认识参与活动的同学,了解其来自哪所学校,根据时间到达先后组团,每组6人,分成三组,并给自己的小组起好名字。

2. 在教师的带领下做按摩操。

设计意图

促进新成员交流合作,使活动氛围融洽。

二、初步了解机器人

1. 带领学生进入影像馆观看机器人影片。

学生在教师的带领下进入3D影厅观看机器人主题影片,并做好记录,了解机器人的种类。

2. 稍事休息(组织学生有序上洗手间),按小组准备进入体验馆。

3. 强调参观体验注意事项,明确小组竞争方法,介绍获胜小组的奖励。

图1 和机器人比身高

竞争方法:小组设计与旺宝交流的问题,看哪一组的问题能成为今天最有趣、最有价值的问题。小组进入挑战体验区,组员合作完成各项向机器人挑战的体验,看哪一组挑战获胜得最多。取得胜利的小组,机器人将为组员画像。

> **设计意图**
>
> 本环节的活动设计能使学生明确参观体验要求。通过观看3D影片,帮助学生了解机器人的发展历史,使其对机器人的发展有初步的认识。通过小组活动,学生感知小组活动时守纪律的重要性,保证后续体验活动的正常开展。

三、感性认识机器人

1. 带领学生与展厅入口处的旺宝进行对话,鼓励学生向旺宝提出问题,组织小组讨论,形成对话问题。
2. 学生通过点击旺宝颈部的呼叫按键,激活旺宝进行互动;旺宝被激活后,可以向学生打招呼、唱歌、回答学生的问题等。
3. 让学生了解旺宝机器人的工作原理及可以应用的地方。

图2 学生和旺宝愉快地进行交流

> **设计意图**
>
> 通过与旺宝的交流,学生感性认识到程序储存可以使机器人拥有思考的能力,一方面拉近了学生与机器人的距离,另一方面给学生营造了一种神秘的气氛,激发学生参观体验的积极性。

四、实践体验机器人互动项目

1. 参观机器人历史长廊。

(1) 布置任务:通过阅读了解机器人的发展历史,各小组找出各时代出现的标志性机器人。

(2) 形成小组意见,交流参观活动收获。

2. 机器人金宝体验活动。

(1) 介绍金宝的功能、作用。

(2) 布置任务:学生观察金宝,了解它们的功能、作用及对人类的影响。

图3 了解机器人发展史

3. 小组合作完成互动挑战区的四个项目(挑战舞蹈机器人、走迷宫挑战、五子棋挑战、挑战曲棍球机器人),获胜组可以和三宝机器人进行互动,让机器人为获胜小组成员绘画肖像。

(1) 分组讨论如何在规定时间内完成四项挑战机器人项目。

(2) 确定三个小组分头挑战的起点,确定挑战路线,开始分组挑战互动。

① 挑战舞蹈机器人：根据音乐节奏，与机器人一起舞蹈，看谁的动作感强，动作协调。

② 走迷宫挑战：根据提示选择相应的挑战级别（建议中级和高级），以时间的长短为决胜标准，时间越短成绩越好。

③ 五子棋挑战：以四人为一组向机器人挑战，选择中级或高级，看谁最先完成。

④ 挑战曲棍球机器人：以两人为一组向机器人挑战，看接球时谁反应快。

图4　挑战舞蹈机器人

图5　挑战曲棍球机器人

（3）小组分头完成互动项目，最先完成的小组让绘画机器人为小组成员画肖像，然后和三宝机器人进行互动。

（4）指导员在学生进行互动活动时对学生完成挑战任务的情况进行评价，并在任务单上盖机器人章。

设计意图

任务单引导学生小组合作并有序完成挑战；任务单中的过程评价，间接督促低年级学生自我调控，更投入地进行实践体验；挑战任务中暗含整体奖励机制，促进团队协作以应对小组竞争。任务的设置、评价和激励，调动了学生体验的积极性，使他们得以更深入地了解和体验机器人的高科技性能。

4. 信息反馈（若时间充裕可以设置此环节）：请学生们在任务单上留下自己关于机器人的设想。

（1）关于生活中待开发的机器人的设想。

（2）介绍自己知道的一种或几种具有其他功能的机器人。

设计意图

在科沃斯创想机器人博物馆的互动实践活动，给学生带来研究欲望与创新设想，弥补了学生对科技产品的单向感知，创设了一个双向感知的通道，有利于学生从科技产品中获得创新思维。

图 6　DIY 的快乐

【活动评价】
1. 能和陌生人迅速沟通,组建自己的活动小组。
2. 能主动参与小组活动,遵守体验活动的纪律。
3. 至少认识三种机器人,知道机器人的分类。
4. 至少能操作一种机器人。
5. 能为小组完成挑战活动付出自己的努力。

根据上面的评价内容在下面任务单的末尾为自己打星。

【活动任务单】

科沃斯创想机器人博物馆"机器人的世界我能懂"实践活动任务单

 小组成员

今天认识的机器人有哪些?

我们一起来挑战(盖章区域)

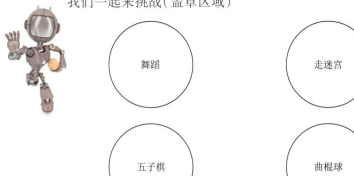

○ 舞蹈　　○ 走迷宫

○ 五子棋　　○ 曲棍球

自我评价(根据活动情况给自己打星)
1. 能和陌生人迅速沟通,组建自己的活动小组。☆☆☆☆☆
2. 能主动参与小组活动,遵守体验活动纪律。☆☆☆☆☆
3. 至少认识三种机器人,知道机器人的分类。☆☆☆☆☆
4. 至少能操作一种机器人。☆☆☆☆☆
5. 能为小组完成挑战活动付出自己的努力。☆☆☆☆☆

【材料设备清单】
博物馆内所有器材。

(设计者:徐燕萍、吴哲、陆军、冯潘、殷维)

【活动主题】探秘太阳系
【体 验 站】苏州市青少年天文观测站
【活动对象】4—6 年级学生
【活动人数】需要预约,建议每批次 12 人
【学情分析】

1. 学生兴趣特点和认知特点。

小学阶段的学生活泼好动、天真烂漫,对世界充满好奇心,大多数人思维活跃,学习兴趣浓厚。在天文学方面,孩子们可能更多关注黑洞、外星人、超时空、地外生命之类的话题,对天文知识了解较多的可能会问到有关土星两极、火星上是否存在水和冰等问题。

2. 学生知识储备和认知能力。

小学阶段的学生对于行星运动规律、牛顿万有引力等方面的知识还不了解。要学习天文学,掌握一些简单的数学原理是非常必要的,在教师和家长的正确引领下,学生才能对天体的形态、运动、构造、特性等有所领悟。

【主题知图】

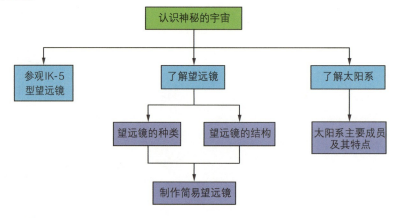

【活动目标】

1. 通过查看展示资料,认识太阳系的主要天体。
2. 了解望远镜基本知识,学会正确操作望远镜,提高动手能力。
3. 团队组装简易望远镜,锻炼动手能力,加深对望远镜的认识,增强团队合作精神。
4. 学生自我展示,师生共同评价,提升自我成就感。

【活动流程示意图】

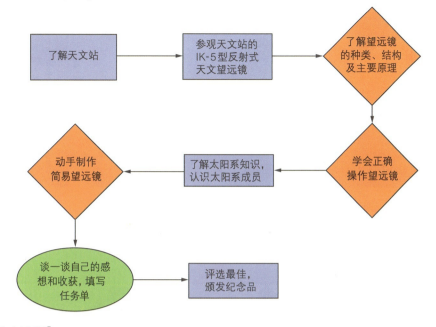

【活动过程】

一、寻找合作伙伴，自行完成分组（一楼大厅）

1. 在教师的带领下，请学生相互介绍，增进了解。
2. 请学生自行组队，分成 4 组，并为自己的队伍起个名字。

为新成员提供交流机会，培养与促进学生合作和交流的能力。

二、参观 IK-5 型望远镜，了解天文站历史（三楼观测室）

1. 教师向学生明确参观要求，重点突出安全和纪律要求。

图 7

图 8

2. 介绍天文站发展过程，重点介绍 IK-5 型望远镜的来源和主要性能。

图 9

图 10

图 11

设计意图

本环节的设计能让学生明确参观体验要求。通过现场讲解，帮助学生了解苏州天文科普事业的发展过程，以及 IK-5 型望远镜的历史和基本性能，学生对天文科普工作有了初步的认识。

三、了解望远镜的历史、作用、基本结构和成像原理（二楼会议室）

1. 引导学生了解望远镜的历史、作用、基本结构和成像原理。

现场讲解介绍和视频资料相结合，生动形象地将望远镜的发展史和主要结构向学生展示，便于其更形象直观地学习和掌握望远镜的相关知识。

图 12　　　　　　图 13　　　　　　图 14

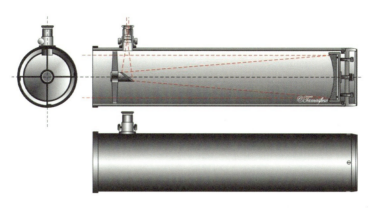

图 15

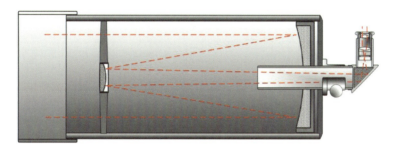

图 16

2. 观看望远镜视频资料,认识世界知名的望远镜。向学生介绍具有历史意义的和当今著名的望远镜。

图 17

图 18

图 19

3. 精选精美宇宙图片,向学生展示,便于他们认识星空、了解宇宙。

图 20

图 21

  帮助学生了解人类对宇宙的探索历史,知道一些重要的探测宇宙的工具,了解人类探索宇宙的过程和所付出的努力,关注我国空间技术最新的发展情况。

四、认识太阳系(二楼会议室)

  高年级的学生已有不错的理解能力、逻辑思维能力和空间想象力,因此,讲解太阳系时可以具体些、精细些,可以让学生自主探究感兴趣的行星,收集、整理材料,相互交流成果。

  1. 介绍太阳系的构成(可以让 6 年级的学生进行介绍,他们在学校中已经学习过有关太阳系的知识)。

  2. 让学生了解八大行星的基本情况,包括运动方式、轨道特点、内部结构等,了解类地行星、类木行星的分类。

  3. 重点讲解太阳、火星、土星、木星等天体的重要性质,特别是金星上富含二氧化碳的浓密大气所带来的严重的温室效应,增强学生保护地球就是保护人类的意识。

  4. 学生挑选一个自己最感兴趣的太阳系天体进行介绍,学生之间进行相互交流。

图 22

图 23

设计意图

让学生了解我们身边的宇宙,了解太阳系的主要构成,重点认识太阳、火星、土星、木星等天体的重要性质,特别是金星上富含二氧化碳的浓密大气所带来的严重的温室效应,增强学生保护地球就是保护人类的意识。

五、实践体验与互动(二楼会议室)

1. 学会正确操作望远镜。

(1)教师现场介绍望远镜的主要组成部分及各部分的主要作用,演示望远镜的操作方法。

(2)告知学生注意事项,使其学会正确操作。

(3)提供3台望远镜,并现场指导学生练习操作。

图24

图25

通过学习使用望远镜,锻炼学生动手操作的能力;通过实际调试望远镜,培养学生认真严谨的科学态度。

2. 动手安装简易望远镜。

(1)介绍望远镜的各个组成部分,重点介绍镜筒的结构。

(2)介绍简易望远镜各个组成部件。

(3)提出注意事项,强调凸透镜聚光力强,如若使用不当可能灼伤眼睛,导致失明,切记不能用镜片直接看太阳。

(4)教师演示并指导学生组装。

(5)学生分组合作,共同完成并展示成果。

(6)小组互评选出最佳作品,然后分组活动,用自己亲手制作的望远镜观察周围的世界。完成活动任务单。

 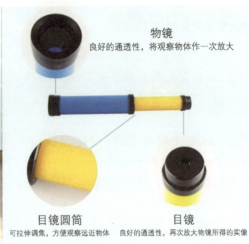

图 26　　　　　　　　　　　　　图 27

图 28　　　　　　　　　　　　　图 29

 设计意图

认识望远镜的基本构造,了解凸透镜和凹透镜的成像规律,理解凸透镜和凹透镜的组合成像在科技、生活和生产中的应用。

六、信息反馈(二楼会议室)

学生在任务单上填写自己的收获和感想等反馈信息。

【活动评价】

1. 能迅速与陌生同学开展交流,组建活动小组。
2. 积极参与小组活动,遵守活动各项纪律。
3. 了解太阳系的主要组成,能准确说出太阳系八大行星的名字,能基本了解望远镜的构成,能在教师的指导下组装简易望远镜(4—6 年级学生)。

【活动任务单】

苏州市青少年天文观测站"探秘太阳系"实践活动任务单

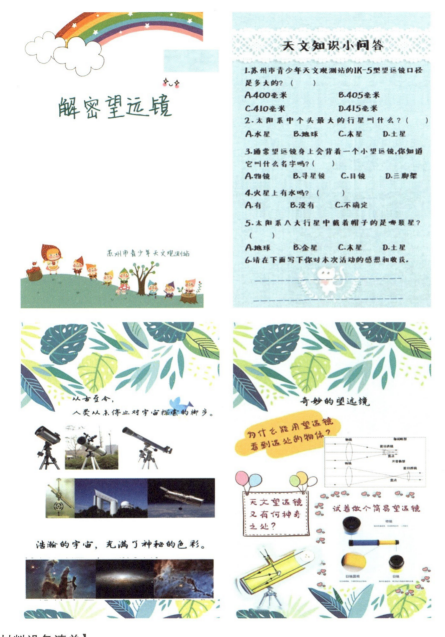

【材料设备清单】

1. 设备：展示用计算机、投影仪、急救箱 1 个、相机 1 台、望远镜 3 台。

2. 物料准备：标签贴纸 12 套、签到表 1 张、笔 1 支、礼袋 12 个、简易望远镜模型 12 套、任务清单 12 张。

（设计者：徐燕萍、吴哲、孔令军、刘进、朱伊君、卞瑞君、章燕妮）

绿色生态

导师简介

陈式如，1988年毕业于南京师范大学，江苏省苏州中学园区校地理和研究性学习课程教师，中学高级教师，苏州市中小学学科带头人，江苏省综合实践活动课程中心组高中段副组长，苏州市天文学会理事。2006年获第十七届省青少年科技创新大赛优秀科技教师一等奖，第二十一届全国青少年科技创新大赛中国科协英特尔优秀科技教师奖（十佳）。指导学生完成的研究性学习课题多次获奖，其中2001年"城市发展建设中的隐患——固结性地面"获第六届全国青少年生物和环境科学实践活动优秀项目一等奖，2004年"苏州绿化建设中草本植被生态效应初探"获第十五届江苏省青少年科技创新大赛环境科学一等奖，2009年"房地产开发中的隐性环境问题"获第二十届江苏省青少年科技创新大赛环境科学一等奖。

教育教学理念：以实例情景促进深度思维，以问题研究提升思维品质。

导师评析

资源类别分析

绿色生态是学校综合实践活动选题的重要领域，也是社会实践体验课程的重要组成类别，拥有丰富而广泛的物质与非物质资源，也承载着与人类生存和发展密切相关的责任和义务。

1. 生态与绿色。

生态，通常是指生物的生活状态，包括生物在一定的自然环境下生存和发展的状态，以及生物的生理特性和生活习性。生态环境是"由生态关系组成的环境"的简称，与人类密切相关,影响人类生活和生产活动。

生态系统是生物群落及其地理环境相互作用、相互依存而形成的自然系统,由绿色植物、动物、微生物及无机环境四部分组成。生态系统各要素之间最本质的联系是各物种间由食物链和食物网构成的营养关系。在生态系统中,能量在传递的过程中逐级递减,生态系统为了维系自身的稳定,需要不断输入能量。生态系统的能量流动开始于绿色植物的光合作用,绿色因此成为生态的代表颜色。

人类本身是地球生态系统的组成部分,人类社会不断从环境中获取物质和能量,将废弃物排放到环境中,不断对环境施加各种影响。随着人类生产力和经济的发展,人类对生态与环境的影响越来越大,环境将所受到的影响反馈给人类,就产生了各种环境问题,影响了人类的生存和发展。因此,绿色生态的核心是关注和保护生态环境,谋求人地协调发展。

2. 体验站资源特点。

"家在苏州·e路成长"未成年人社会实践体验活动的首批体验站中,有8家绿色生态类体验站,即五月田有机农场、太湖农家菜文化展览馆、甪直澄湖水八仙科普展示馆、东山镇渡桥村湖羊展示基地、穹窿山万鸟园、苏州中国花卉植物园、姑苏区蔬菜园艺场("蔬菜乐园"主题馆)、大阳山国家森林公园植物园。

这些体验站是以动植物的种养殖为基础的展览展示馆或农牧场,各具特色,资源丰富。例如,大阳山国家森林公园植物园体验站拥有苏州最大的热带植物展览温室——雨林馆和沙漠馆,有来自世界各地的各色花卉、珍稀树木。穹窿山万鸟园是华东地区唯一的鸟类主题生态旅游景点,园中汇集了国内外珍奇鸟类150多个品种上万只鸟,是目前国内鸟类品种最全、数量最多、鸟艺表演最丰富的鸟类观赏园之一。"蔬菜乐园"主题馆依托姑苏区蔬菜园艺场,立足苏州地方特色蔬菜品种,以蔬菜新品种开发、栽培技术研究等先进的农业科技为特色,是体验蔬菜栽培的乐趣、长知识、开眼界的好地方。

绿色生态类课程资源的共性是亲近自然、关注生态。不论是植物还是动物,都有其特定的生存环境,其生理特性和生活习性都与地理环境相适应。人类对动植物的开发利用和保护,则反映了人地关系的状况。

课程设计解析

体验站课程的开发,应该充分利用现有的特色课程资源,立足各学段学生的年龄特征和知识结构,设定不同的能力要求。有别于一般的游览参观活动,体验活动课的设计要将"知识与技能""过程与方法""情感态度与价值观"三维目标有机结合,集生态体验、实践探究为一体,在知识学习中内隐绿色生态类别的核心理念,让学生形成积极的学习态度、严谨的科学探究精神和正确的环境观。活动通常以小组合作方式进行,有展示交流、评价环节,能够培养学生团队合作能力、沟通表达能力及反思与自我管理能力。

1. 活动中亲近自然,获得生物学知识。

认知是各年级体验课程共同的显性基本目标。结合不同体验站的具体课程资源,以主题知图为基本脉络,将相关生物学基础知识融入活动,让学生在亲近自然的活动过程中主动获取知识,提升学习和实践能力。

如大阳山国家森林公园植物园4—9年级"我们的秘密花园"活动课程,要求以小组为单位设计一个主题花园,在沙漠馆或者雨林馆内通过植物介绍牌及扫描二维码上网获得植物的具体信息资料,然后围绕主题自主选择6种植物进行搭配。学生在活动过程中不仅能学到丰富的生物学知识,也能学会运用现代信息技术获取信息,培养其学习能力。

再如穹窿山万鸟园1—6年级"探秘万鸟园"活动课程,通过游览观鸟活动,增长鸟类知识,通过听音识鸟、给鸟涂色等赏鸟活动,进一步熟悉鸟类,同时也培养学生的观察能力。

2. 体验中关注自然,理解生态关系。

生物的存在不是孤立的,生态系统中的生态关系广泛存在,这也是绿色生态类别课程资源的本质。在课程设计中,体验是各年级共同的学习过程与方法目标;生态知识的了解在低年级可以作为隐性目标,在高年级应该是显性的主要目标。学生在活动中体验、思考,理解动植物生理特性和生活习性与其生存的地理环境间的生态关系,进而关注自然界生物的生存状态。

如"我们的秘密花园"活动课程,要求学生合理选择配置花园植物及环境,包括各种植物间生长习性不能冲突,植物与生长环境必须匹配,避免选择有毒危险植物等多个注意问题,促使学生在深度了解植物生长习性和生长环境的同时,养成科学、严谨的思维方式。

3. 探究中尊重自然,感悟人地协调。

探究是高年级活动课程重要的过程与方法目标,在探究中发现问题、思考问题、解决问题。尊重自然、维护生物多样性、谋求人地协调等环境观的形成,是各学段共同的隐性目标,需要学生在体验、探究活动中逐渐感悟。

如"我们的秘密花园"活动课程,学生自主设计"秘密花园",集生态体验、实践创意为一体,通过陈述设计理念、展示植物照片和花园设计示意图,能够培养学生的审美情趣和语言表达能力,促使其形成热爱自然、尊重自然、保护自然的意识。

再如"探秘万鸟园"活动课程,通过喂食鸽子的爱鸟活动,学生与鸟有亲密的接触,激发学生爱鸟护鸟的情感,并进一步理解不应干扰野生动物、应保护生物多样性。

活动实践评析

暑期社会实践活动课程正式上线,大阳山国家森林公园植物园体验站推出了3节不同年级的实践课程,发布活动13次,得到了学生和家长很高的评价。正式上课时遇到各种变数,对设计者来说有惊喜也有反思,课程在实践中不断打磨改进。以下以示范课程大阳山国家森林公园植物园4—9年级"我们的秘密花园"活动课程为例,进行具体评析。

1. 初中生参与人数少,课程微调扩展。

大阳山国家森林公园植物园体验站的3节实践课程是针对不同年龄学生的知识结构和能力水平设计的,"我们的秘密花园"活动课程最初是针对7—9年级学生设计的,对学生认知水平和能力要求都比较高。暑期正式开课后发现,小学生参与热情很高,但初中生很少报名。反复查找原因,发现这一现象在各个体验站普遍存在,并非课程本身问题。因此,对原7—9年级课程重新进行了调整,将课程对象扩展为4—9年级。

在布置任务环节,针对小学生的具体情况,增加已有"优秀花园设计"案例展示,对平面俯视图的设计要求进行细化说明。在温室里观赏选择植物时,对植物特殊生长习性给予较多的提醒。课程微调扩展到小学高年级后效果极好,小学生设计出的花园比初中生更加丰富多彩,创意更具灵气。

2. 加强过程性指导,把握上课节奏。

在探究活动类课程中常常会遇到时间不够用的问题,一不小心各个环节的时间就会被延长。大阳山植物园的温室很大,植物种类丰富,学生在挑选植物进行搭配的时候,常常会超时。学生在设计剖面图的时候,也容易因设计方案摇摆不定而来不及完成。在这些环节中,教师必须适时提醒、适当指导,把握上课节奏的同时,让学生自我约束、自主学习、自由创意。

最后的评价环节对教师的要求很高,需要随机应变对学生丰富的创意进行点评,也需要及时对设计方案中的科学性问题进行指导纠错,授课教师需要有很高的专业功底。

3. 学生表现出色,花园创意丰富。

学生的表现都很出色,分工合作融洽、效率高,主题创意丰富。下面几组比较经典的创意设计,兼顾了科学性、实用性和美感。

"双秀"园,意为花秀丽、木秀奇,选择了凤凰木、金凤花、琼棕、满天星、吊竹梅、带叶兜兰,设计了河流环绕、可分可合的组团式花园。

"佳果翠叶"园,选择了椰子、妃子笑荔枝、蛋黄果、人面子、版纳青梅等热带雨林馆的植物,设计了一个充满创意的果园。

"孤漠绿影"园,选择了非洲大王树、仙人镜、嘴状苦瓜、鬼脚掌、银边翠、沙漠玫瑰,设计了一个沙漠环境下的花园。

"自然"园,只选择了4种植物,即菩提树、米子兰、变叶木、绿萝,花园中设计了一条小河,象征人类与自然的分割线,园中的留白空缺象征人类在自然界还有极大的探索空间。这个简洁的花园设计,以富有深意的创意和出色的演讲,在展示交流环节获得了一致的好评和热烈的掌声。

学生设计的花园丰富多彩,各具特色,更重要的是,学生在活动过程中收获了知识,提高了人际交往能力,体验并感悟了人与自然的和谐。

示范案例

【活动主题】我们的秘密花园
【体 验 站】大阳山国家森林公园植物园
【活动对象】4—9年级学生
【活动人数】建议每批次20人
【学情分析】

1. 本方案适用于4—9年级学生,单次活动人数控制在20人以内。
2. 参加活动的学生面向全社会招募,学生自主报名,相互不熟悉。
3. 小学中高年级学生在科学课中已经学习了相关的生物学知识,初中生在学校生物、地理学科的相关学习中,对植物结构、植物分类、植物生长所需气候及环境等有一定了解。

【主题知图】

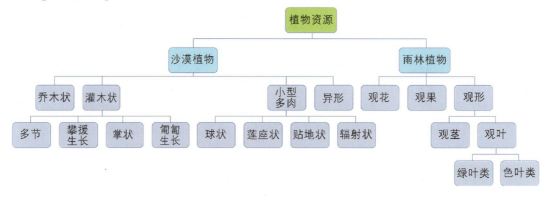

【活动目标】

1. 立足大阳山国家森林公园植物园现有丰富的植物资源,通过游戏,学生认识植物,了解植物的生长习性和生长环境,亲近自然,形成热爱自然尊重自然、保护自然的意识。
2. 设计的活动注重引导学生综合运用植物知识,科学选用不同科目植物搭配布置居所环境。学用结合,培养审美情趣,增进对植物属性和基本性能的深度理解与灵活把握。
3. 通过花园植物及环境的选择配置,培养学生科学、严谨的思维方式,提升其使用数字化信息技术收集与处理信息的能力。
4. 通过小组合作设计花园的活动,培养学生团队合作能力,并提升其审美情趣。
5. 通过展示汇报、评价环节,培养学生沟通表达能力、反思能力及自我管理能力。

【活动流程示意图】

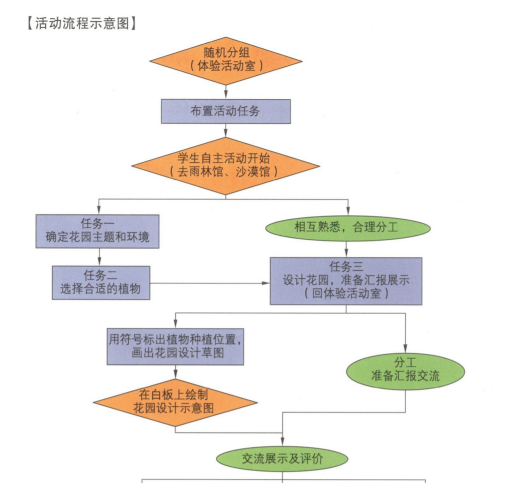

【活动过程】
教师（讲解员）致辞，欢迎同学们来到大阳山国家森林公园植物园，并介绍植物园概况。
一、分组（3分钟）
在体验活动教室开始活动，单次人数不超过20人。提前布置好学生分组的桌椅，活动所需物品按小组放置于桌上。
以学生自选位置、袖标为方法，快速将学生随机平均分成4组。小组以大阳山周边的4种著名植物性物产命名，同一小组袖标颜色相同，便于学生间快速认识和教师管理。
二、布置活动任务（5分钟）
以小组为单位，分工、合作设计一个主题花园——我们的秘密花园。

图 1　沙漠馆植物老乐及介绍牌

按照任务单的要求,围绕主题在沙漠馆和雨林馆自主选择 4～6 种植物(每种可以选若干棵),分别为:① 高层植物 1 种,如乔木;② 间层植物 2 种,如灌木绿植或绿篱植物;③ 底层植物 3 种,如草本植物。可以通过扫描二维码详细了解植物特征。要求植物与环境、植物与植物之间科学搭配,不能冲突,不能暗藏危险。给选定的植物拍照,并记录其主要特征。

选好植物后回体验活动教室进行花园设计。然后小组合作,陈述设计理念,展示所选植物照片(或网上找到的图片)和花园设计示意图。最后根据各组情况进行打分,评选优秀小组。

评价标准分五个方面(见下面的表格)。

评价项目	很好	好	一般	有缺陷
主题立意	20	15	10	5
科学搭配	20	15	10	5
合理布局	20	15	10	5
独特性	20	15	10	5
汇报展示	20	15	10	5

三、沙漠馆和雨林馆自主活动(20 分钟)

指导教师带领学生去沙漠馆和雨林馆,各选 1～2 种植物集中介绍讲解,指导学生扫描二维码详细了解植物特征。

按任务单的具体要求开展自主探究活动,合理选择搭配植物。学生活动时,教师做好组织管理和具体指导工作,注意学生活动中的各种安全事项。

图 2　教师介绍雨林植物

图 3　扫描二维码了解植物特点

四、设计花园,准备汇报展示(5~10 分钟)

回体验活动室,各组在小白板上设计花园。

展示两个花园设计样板,并进行简单讲解,帮助学生理解任务要求。

在小白板上用笔设计花园平面图,用不同磁贴表示植物进行布局,图例统一在白板的右侧,纵向排列。

准备汇报展示,确定小组发言人(1~2人),一位学生介绍花园设计方案,要求结合主题,说明花园设计的理念和特点,另一位学生同步展示植物照片。

图 4 绘制花园设计图

五、交流展示及评价(12 分钟)

各小组轮流展示,并回答教师提问。每个小组用时不超过 3 分钟。其他小组成员认真倾听。

小组全部展示完毕之后,给其他小组打分。

学生互评和教师的专业评价相结合,评出最佳设计奖(大奖)、人气明星奖、最优合作奖、生态宜居奖、奇思妙想奖等奖项。

颁奖,合影留念,活动结束。

图 5 颁奖并合影留念

【材料设备清单】

1. 体验活动室设施:大屏幕电视机,投影设备。排放 4 组拼合的课桌,学生可以围坐讨论。

2. 课桌上放置下列物品:袖标(学生分组的标志,4 种颜色),文件夹(内放活动流程图、学生活动任务单,可以用不同颜色、图案区分各小组,与袖标搭配使用,任务单底纹采用专门设计的植物简化图谱,以便学生绘制花园示意图时借鉴),全套(大、中、小)植物图案磁贴,彩色水笔(用于绘制花园布局示意图),记分牌(学生互评工具)。

3. 活动小奖品:用大阳山植物园的植物叶子制作的书签等为主要奖品。

【活动评价】

1. 活动评价的理念。

过程性评价与结果性评价相结合,学生互评、教师点评相结合。如果时间较紧,学生自评环节可以省略,改为学生活动后自我反思。

2. 评价方式。

学生相互评价:展示小组的评分,由其他小组成员用记分牌打分,并根据学生评价决定最佳小组。

教师评价:教师从专业角度对各小组的活动进行评价,点评其设计中的失误及经典之处。

自我反思:各小组汇报人针对各组的汇报内容,发现他组优点与长处,自我反省评价。

3. 评价的基本内容。

评价的基本内容包括：主题是否明确，搭配理念是否清晰表述，植物搭配色调是否丰富而协调，园内植物在习性上是否互相冲突。

【活动任务单】

大阳山国家森林公园植物园体验站"我们的秘密花园"实践活动任务单

_____小组　　2017 年___月___日___午

体验小组成员：_____

以小组为单位合作设计一个主题花园，花园由 6 种植物组成，要求植物与环境、植物与植物间科学搭配，合理布局。完成后陈述设计理念，展示植物照片和花园设计示意图。

任务 1：确定花园主题和环境		
花园名称（主题）：		
基本环境：面积　　□ 小（10 米×10 米）		□ 大（15 米×15 米）
土质　　□ 沙土	□ 颗粒土	□ 腐殖土
任务 2：选择合适的植物		
在雨林馆或沙漠馆选择合适的植物，拍照片，记录植物的主要特征。 要求：在有限的空间内合理组合，色调应丰富而协调，不能在习性上互相冲突。		
高层 1 种（如乔木植物）	名称：	主要特点：
间层 2 种（如灌木、绿篱植物）	名称：	主要特点：
	名称：	主要特点：
低层 3 种（如草本植物）	名称：	主要特点：
	名称：	主要特点：
	名称：	主要特点：
任务 3：设计花园，准备小组汇报展示		
成员及分工	发言人： 植物照片展示： 文字记录： 绘图： 其他工作：	花园布局示意草图：

【安全保障】

1. 已有场地(硬件)保障设施。

消防栓及灭火器(沙漠馆7组,热带馆10组,科普馆消防栓4个、灭火器20个)。

监控探头(沙漠馆4个、雨林馆4个)。

栅栏(沙漠馆除小多肉区外全覆盖,雨林馆有毒植物周围)。

常用警示标志(台阶提示、攀爬安全提示、植物安全提示、动物安全提示等)。

安全通道(雨林馆6个、沙漠馆5个)。

小心地滑标示若干。

2. 增设安全设施。

有毒植物警示标示、请勿奔跑标示、监控探头若干、应急车辆、安保人员、人防及技防设备。

3. 活动(软件)安全保障。

（1）成立安全工作领导小组,分工明确,责任到人;制订突发事件应急处理预案。

（2）体验站活动项目开始前,检查硬件设施情况和值班人员在岗在位情况;保持活动各场地清洁卫生,有条件的可定期消毒,严防各类传染病。

（3）活动期间,控制沙漠馆、热带馆、科普馆参观人数,防止踩踏事件发生;针对暑假期间活动情况,做好防暑降温工作,配齐相关物品。

（4）备齐必需的药品及医疗器械,防止活动期间出现意外伤害事故等,并与相关医院加强联系与沟通,如出现重大事故,能优先治疗。

（5）体验活动开始前,培训教师和志愿者要对学生的身体健康情况进行询问调查,并做好学生姓名和家庭电话记录,防患于未然。下列学生不能参加实践活动:患有各种疾病的急性期学生,患有先天性心脏病的学生,患肝炎、肾炎、肺结核等刚病愈的学生,感冒发烧的学生。

（6）活动开始时,培训教师和志愿者对参加实践活动的学生进行安全教育、指导与培训;学生在体验馆内活动时,培训教师和志愿者要跟随观察,严禁参加体验的学生在活动场地内追逐、打闹、进行危险活动。

（7）活动期间,保证随时有车辆可以使用,以应对可能出现的各种偶发事件;若发生严重损伤,马上拨打110或120电话请求援助,或拨打领导小组组长电话请求派车。

（8）要建立健全意外事故报告制度,活动期间若发生安全事故,应及时向相关部门报告。若发生严重自然灾害,应以学生安全为第一原则,保障学生安全。

(设计者:徐燕萍、陈式如、陈洋、唐宇宏、童玉峰、吴紧峰、陈彦华)

【活动主题】探秘万鸟园

【体 验 站】穹窿山万鸟园

【活动对象】1—6年级学生

【活动人数】建议每批次20人,分5组开展活动

【学情分析】

1. 本方案适用于小学1—6年级学生,单次活动人数控制在20人以内。

2. 参加活动的学生面向全社会招募,报名参加的学生相互不熟悉,须相互建立和谐关系。

3. 对于小学生来说,万鸟园中的很多鸟类他们都见过,但真正识得、了解的鸟类并不多,对许多鸟类的习性更是知之甚少。低年级孩子好动,好奇心强,有着浓厚的探索求知欲望,所以活动形式要注重趣味性,让孩子在玩中学,在实践中得到发展。

【主题知图】

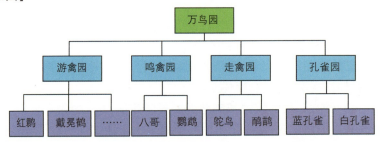

【活动目标】

1. 让学生通过观赏、听介绍的方式了解一些鸟类的相关知识,扩宽学生的知识面。

2. 以听音识鸟、给鸟涂色的形式,培养学生仔细观察的能力,挖掘其潜力,锻炼学生动手能力和创造力,培养其自信心。

3. 活动以小组的方式进行,让学生懂得合作的重要性,培养其与人沟通能力,让学生感受分享带来的无穷乐趣。

4. 让学生通过与鸟类零距离接触,欣赏珍奇的鸟类,聆听悦耳的鸟鸣,喂食可爱的鸟儿,体验人与鸟和谐共处的乐趣,懂得爱鸟护鸟。

【活动流程示意图】

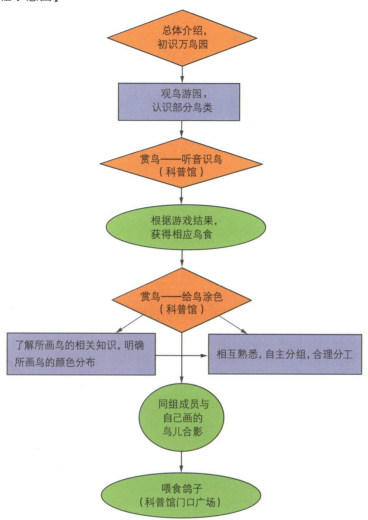

【活动过程】

一、聆听介绍,识万鸟园(3分钟)

穹窿山万鸟园位于苏州穹窿山风景区内,是华东地区唯一的鸟类主题生态旅游景点,采用传统与现代相结合的建筑风格,集观赏、科普、休闲于一体。园中汇集了国内外珍奇鸟类150多个品种,共有上万只鸟,其中世界珍稀鸟类20多种,国家珍稀鸟类30多种,主要有红鹳、火烈鸟、戴冕鹤、凤冠鸠、犀鸟、红腹锦鸡、鹈鹕、巨嘴鹦鹉、天堂鸟等。万鸟园是目前国内鸟类品种全、数量多、鸟艺表演丰富的鸟类观赏园之一。

图6 万鸟园景区大门

图7 鸟类科普馆

园内主设景点:科普馆、灵湖游禽园、鸣禽园、热带花鸟园、孔雀园、涉禽园、火烈鸟园、小鸟园、走禽园、鹈鹕园等。其中科普馆总建筑面积达1025平方米,通过仿真的造景及多媒体技术营造出鸟语啼鸣的氛围,强烈的视觉冲击让游客仿佛置身原始森林。馆内趣味十足的观鸟镜和涂鸦小鸟等互动游戏寓教于乐,很受小朋友们欢迎。园内还有鸟艺表演、群鸟上手、人鸟对话、儿童世界、百鸟争鸣等娱乐项目。

设计意图

通过聆听介绍,学生对万鸟园有了整体的了解与印象,更好地激发学生的求知欲和积极性。

二、活动一:观鸟游园(20分钟)

每轮活动20人,分成5组,每组4人,自由组合,并按动物名称命名组名。活动中小组成员相对集中,在活动中逐渐熟悉。

教师分发活动任务单,学生跟着指导教师游览园中的鸣禽园、孔雀园、涉禽园、火烈鸟园、走禽园、鹈鹕园等。讲解员全程陪同,小朋友边走边听介绍,了解园中部分鸟类的外形及生活习性等。讲解员在讲解的同时,对任务单里的问题逐一解答。

图8 万鸟园活动任务单

图9 回答对了没?

学生在游玩的过程中完成任务单上的题目,并写下自己的感悟。最后由指导教师揭晓任务单上题目的答案,看大家是否仔细听讲了,是否做对了。

设计意图

通过听介绍,完成任务单,进一步了解鸟类的生活习性,对万鸟园中部分鸟类有直观的认识和更深入的了解。

三、活动二:赏鸟——听音识鸟(15分钟)

地点:科普馆。

科普馆内有一整套听音识鸟系统,鸟类品种繁多,有白鹈鸰、知更鸟、凤头百灵、山雀、黄鹂、金翅雀、红背伯劳、芦鹀等。通过给出的鸟类知识介绍和两种叫声,分辨哪一种是招呼同伴,哪一种是鸟鸣。

系统具体操作流程为:点击"开始"按钮进入游戏;点击"播放"按钮播放声音,把招呼同伴或鸟鸣声拖到下方的虚线框内,若操作正确可唤醒一只小鸟;点击"再来一次"按钮,可返回"开始"菜单。

图 10 听音识鸟活动

开始　　　　　　　　回答正确　　　　　　　回答错误

图 11 听音识鸟系统操作流程

以分组轮流听音的方式进行比赛活动。比赛共分四轮,每一轮每组各派一名选手轮流听不同的鸟叫声,每次回答正确就可以得到一个笑脸。一个笑脸可以换取一小包鸟食。如同组四人都没有回答正确,一个笑脸都没有得到,则不得鸟食。四轮比赛结束后,根据自己组的回答情况获得相应的鸟食(最后一项活动——喂食鸽子的食物)。

设计意图

通过比赛,进一步了解鸟类。以活动获胜换取鸟食参与最后一轮活动的方式,激发学生的好胜心,激励学生更投入、更用心地参与其中。

四、活动二:赏鸟——给鸟涂色(15分钟)

地点:科普馆。

准备观鸟游园时学生已经认识了5种鸟的外形图,包括黑天鹅、鸿雁、花脸鸭、鸳鸯、针尾鸭,每组学生挑选一幅(允许2组重复选同一种鸟),给鸟涂色。

黑天鹅　　　　　　　　　　鸿雁

花脸鸭　　　　　　　　　　鸳鸯

针尾鸭

图 12　待涂色的鸟儿及图片

1. 每组四名学生,进行简单分工。两名学生负责涂色,还有两名学生在科普馆中找出本组要画的鸟的相应图片,并告知另外两名涂色同学每部分要涂的颜色。

2. 展示点评。每组推选一名学生对涂色过程进行简单的阐述。其他组对其简单点评,提出建议。

3. 涂完颜色后,每组学生和自己的画合影。

4. 向每组完成涂色的学生赠送一小包鸟食。

图 13　给鸟涂色　　　　　　　　　图 14　合影

通过小组合作完成涂色的方式,培养学生的合作交流能力和观察能力。

五、活动四:爱鸟——喂食鸽子(7 分钟)

鸟类有自己的生存方式和生理特点,人类过于亲近会对其产生干扰。鸽子和人类伴居已经有上千年的历史,广场上的鸽子是景区内唯一一种可以自由喂食的鸟类。各组用之前比赛所得的食物自由喂食广场上的鸽子,与鸽子近距离接触,亲近鸟类,与鸟成为朋友。教师随机摄影,留下珍贵的一瞬间作为纪念。

图15 喂食鸽子

通过喂食鸽子的活动,学生与鸟亲密接触,激发学生爱鸟、护鸟的情感。

【活动评价】

一、活动评价的理念

1. 评价的过程观,即评价要重视对学生活动过程的评价。

2. 评价主体的多元化,即教师、学生都可以作为评价者,并且应注重学生的自我反思性评价。

二、评价方式

1. 学生评价。

参与活动的学生自由发言,对各组成果进行评价。

2. 教师评价。

教师从专业角度对各小组的活动进行评价,点评其活动过程,阐述活动成果与过程中的失误。

3. 各小组间互相评价。

各小组汇报人针对其他小组的汇报内容进行评价,并进行自我评价。

三、评价的基本内容

1. 听音识鸟环节,听到的鸟叫声是否和所选鸟一致。

2. 给鸟涂的颜色是否和鸟实际的颜色类似。

填写以下活动评价表。

活动评价表

活动组别	笑脸数量	所得鸟食

【活动任务单】

穹窿山万鸟园"探秘万鸟园"实践活动任务单

中国梦·德善心·礼仪行

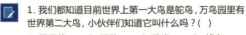

1. 我们都知道目前世界上第一大鸟是鸵鸟，万鸟园里有世界第二大鸟，小伙伴们知道它叫什么吗？（　）
   A. 黑天鹅　　B. 鸸鹋　　C. 孔雀　　D. 蜂鸟

2. 灵湖游禽园内有白天鹅、黑天鹅、鸳鸯等，小伙伴们知道它们都属于什么科吗？（　）
   A. 鸭科　　B. 隼科　　C. 鸻科　　D. 鹬科

3. 灵湖游禽园中鸟类有很多品种，小伙伴们知道一共有多少个品种吗？（　）
   A. 22种　　B. 23种　　C. 24种　　D. 25种

4. 温室花鸟园采用现代高科技技术，模拟热带雨林气候条件以确保热带鸟类的生活，小伙伴们知道温室全年恒温多少度吗？（　）
   A. 15摄氏度左右　　B. 20摄氏度左右
   C. 25摄氏度左右　　D. 30摄氏度左右

5. 爱护鸟类有利于维护生态平衡，我国特别开展了爱鸟周活动，小伙伴们知道爱鸟周是每年的几月开始吗？（　）
   A. 2月　　B. 4月　　C. 7月　　D. 9月

体验时间：_____（星期__）天气：____
探秘感悟：_____
_____
_____

【材料设备清单】
1. 笑脸图片若干张,鸟食若干份。
2. 活动任务单20份。
3. 不同鸟类的线条图片5张,彩色铅笔或水彩笔5套。
4. 相机1台。

【安全保障】
1. 已有场地(硬件)保障设施。

消防栓及灭火器若干,监控探头若干,常用警示标志(台阶提示、攀爬安全提示、鸟类安全提示等)若干,安全通道若干,小心地滑标示若干。

2. 增设安全设施。

请勿奔跑标示、应急车辆、安保人员、人防及技防设备。

3. 活动(软件)安全保障。

(1) 成立安全工作领导小组,分工明确,责任到人;制订突发事件应急处理预案。

(2) 体验站活动项目开始前,检查硬件设施情况和值班人员在岗在位情况;保持活动场地清洁卫生,有条件的可定期消毒,严防各类传染病。

(3) 活动期间,控制园内参观人数,防止踩踏事件发生;针对暑假期间活动情况,做好防暑降温工作,配齐相关物品。

(4) 备齐必需的药品及医疗器械,防止活动期间出现意外伤害事故等,并与相关医院加强联系与沟通,若出现重大事故,能优先治疗。

(5) 体验活动开始前,培训教师和志愿者要对学生的身体健康情况进行询问调查,并做好学生姓名和家庭电话的记录,防患于未然。有下列情况的学生不能参加实践活动:患有各种疾病的急性期的学生,患有先天性心脏病的学生,患肝炎、肾炎、肺结核等刚病愈的学生,感冒发烧的学生。

(6) 活动开始后,培训教师和志愿者对参加实践活动的学生进行安全教育指导与培训;学生在科普馆内活动时,培训教师和志愿者要跟随观察情况,严禁参加体验的学生在活动场地内追逐打闹、进行危险活动。

(7) 活动期间,保证随时有车辆可以使用,应对可能出现的各种偶发事件;若发生严重损伤,马上拨打110、120电话请求派车,或打领导小组组长电话请求派车。

(8) 要建立健全意外事故报告制度,活动期间发生各类安全事故后,应及时向相关部门报告;若发生严重自然灾害,以学生安全为第一原则,保障学生安全。

(设计者:徐燕萍、陈式如、沈兰芳、周婷、郁红娟、张红斌)

生命健康

导师简介

许方红，中小学一级教师，毕业于江苏教育学院汉语言文学专业，现担任苏州市三元实验小学校辅导区办公室主任。工作至今，爱岗敬业，为人师表，刻苦钻研，积极参与综合实践教学改革，努力提高教学效果，教育教学成绩显著，曾获得苏州市小学综合实践活动课程教师基本功比赛一等奖。积极承担苏州市综合实践活动课程区域研修暨课程讲师团、苏州市"国培"计划项目培训公开课、姑苏区课改展示等活动，并参与江苏省中小学教学研究室《小学综合实践活动指导——六年级教师用书》的编写工作。同时，多次在市、区级综合实践研究活动中做讲座，和更多的同行一起探究与发展。许老师是位德才兼备的优秀教师，曾获得"苏州市优秀教育工作者""苏州市师德标兵""苏州市优秀班主任""姑苏区学科带头人"等称号。

教育教学理念：心心在一艺，其艺必工；心心在一职，其职必举。教育生活中，有了爱，便有了一切。

导师评析

资源类别分析

生命健康实践活动的意义在于引导学生认识生命、珍惜生命、尊重生命和热爱生命。本课程案例资源主要促进学生提高生存与自我保护能力，养成健康的生活习惯，尊重和珍爱生命，理解生活的意义。重点是促使未成年人懂得生命的价值和宝贵，树立正确的世界观、人生观和价值观，身心得到充分自由、和谐的发展，从而激发对生命的热爱。

苏州市健康教育园（苏州市疾病预防控制中心）设计的"健康生活　科学洗手"、李良济中医药文化体验站设计的"探秘李良济　小E带你学中医"等课程均属于"生命健康"类别,此类课程与学生的生活经验紧密关联,课程资源开发的主体是掌握活动素材、具有教育素养的课程专家,苏州市健康教育园及李良济中医药文化体验站具有相关执业资格的人员,以及能够提供课程素材的学生、家长和其他社会人士。课程中的体验活动把学生的知识经验和生活经验有机整合,并将其展现给学生,以丰富学生的实践经验。

苏州市生命阳光教育馆设计的"参观生命阳光教育馆　体验急救技能"、苏州市民防宣教体验馆设计的"民防知识进校园　暑期体验之旅"特色课程,通过急救知识的培训,学生掌握基本的急救技能,学会面对可能出现的突发状况。苏州市民防宣教体验馆结合城市易发灾情,重点介绍台风、风暴潮、雷电、地震、龙卷风、火灾、化学事故、传染病等灾害事故的成因、危害和防护措施,并通过4D电影、现场救护等一些互动活动,学生熟悉、掌握逃生方法及自救、互救技能。

苏州市中心血站设计的"探秘血液　让爱传承"、阳澄湖半岛旅游度假区设计的"湖畔伴我成长"体验实践活动能很好地调动学生的积极性。苏州市中心血站让青少年了解无偿献血的意义,提高未成年人对无偿献血知识的知晓率,培养他们的社会责任感和无私奉献的高尚品德。阳澄湖半岛旅游度假区打造的环湖骑行和定向越野两项活动,让学生凭借已有的经验和知识,完成体力与智力相融合的户外活动。学生在体验活动中克服困难,挑战自我,不断扩展自己的知识面,并挖掘自己的潜力及闪光点。以上实践活动引领学生崇尚科学文明的生活方式,让学生切实体会生命是可贵的,生活是美好的。

课程设计解析

生命健康社会实践体验活动的系列课程资源中没有单一化、理论化、体系化的书本知识,考虑学生年龄小,课程以直观形象的活动为主,配以适当的拓展延伸与放手探索。学生虽然从未接触过生物学、中医药、防空等课程,但简单直观的科学洗手、中医体验、急救培训活动,在充分调动学生兴趣的基础上,用生动形象的方式帮助他们循序渐进地掌握相关知识与技能。体验站的课程与学生当前的生活经验联系起来,很好地培养了学生的实践能力,以下举例分析。

苏州市健康教育园设计的"健康生活　科学洗手"课程,十分贴近学生的生活。设计建立在学生能够切身感受和体验的基础上,适应学生的年龄特征和成长要求,使学生可在自己的"生活世界"中进行探究和体验。课程具有以下几个特征。

1. 生活性。

课程活动主要围绕三个问题展开:我们为什么要洗手？什么时候洗手？怎样洗手？活动层层深入,展示培养皿中洗手与未洗手时手上细菌的标本,以直观可见的形式让学生了解洗手与不洗手的差别在哪,明白洗手的重要性。工作人员将调制好的培养基经高压灭菌处理后,倒入培养皿中,待培养基凝固后,在培养皿底用记号笔标记A和B,以区分不同的采样环境(A为未洗手采样,B为经七步洗手法洗手后采样),实验结束后,将培养皿放在恒温箱培养48小时后,可以看到培养皿中我们手上沾染的各种常见细菌的原型。将A、B两个培养皿展示给学生,让学生观察对比。这样的实验展示,直观形象,贴近生活,可以充分激发学生学习的兴趣,有助于活动的顺利开展。

2. 实践性。

"健康生活 科学洗手"课程中,活动 3 是认识光学显微镜,了解、熟悉光学显微镜的使用方法,活动 4 是观看洗手演示视频,学习如何正确洗手,活动 5 是洗手比赛。学生借助显微镜可真切地感受到细菌的存在,为科学洗手的实践活动打下知识基础。在工作人员的帮助下,学生们在显微镜下看到了细菌的模样,他们因看到了一个不为人知的奇妙世界而兴奋不已。这时候,教师分步讲解,并示范如何正确洗手,再让学生亲自演练。学生分小组进行正确洗手比赛,看哪个小组选手洗手的步骤最正确,操作最规范。学生通过探究、积极参与、体验和操作性的学习等,在"做""考察""探究""劳动"等一系列活动中发现和解决问题。

3. 生成性。

"健康生活 科学洗手"课程中,活动 6 为洗手测试,通过实践体验正确的洗手方式,学生增强健康意识,提高健康素养。活动中,通过 ATP 荧光检测仪现场采样读数,检测学生洗手是否合格;通过对比洗手前后细菌检出率的变化,学生们重视正确洗手。在此基础上,工作人员带领学生深入健康园,参观病媒生物科普馆,引出活动主题"勤洗手,细菌远离我",让学生了解日常生活中主要病媒生物种类,并通过形象生动的案例讲述,学生感知细菌在生活中对人们造成的影响。学生在活动中获得了发展,在体验中学会了反思。课程重视实践过程,重视学生在活动过程中的自我生成和建构,学生在活动中认识不断深化,体验不断丰富,整个课程的形成过程是动态的。

活动实践评析

苏州市健康教育园设计了"健康生活 科学洗手"课程,在 2017 年 7 月、8 月共组织了 11 场暑期健康主题活动,团体接待了沧浪实验小学雏鹰小分队、星海小学、市实验小学共 530 余名学生和家长,另外还有近千名学生和家长来园自主参观,社会反响良好,产生了不小的社会效益。李良济中医药文化体验站设计的"探秘李良济 小 E 带你学中医"课程在两个月、近 45 场的体验活动中不断完善,得到了学生、教师和家长的认可。学生在体验活动中对中医有了一定的认知,感受到了中医药的博大精深及神奇疗效,了解了中国的传统文化,增强了民族自豪感。苏州市中心血站作为第四批"家在苏州·e 路成长"未成年人社会实践体验站,通过线上线下联动开展"探秘血液 让爱传承"活动以来,共计接待了 18 批次约 850 位参观者,家长们认为通过现场观看整个采集、制备流程能够让孩子们知道无偿献血幕后的每一个环节都是严谨的,每一个流程都是传递生命的过程,让他们更加懂得珍爱生命,培养了孩子们乐于助人、勇于奉献的精神,非常有意义。

活动课程在微信、互联网等媒体上有详细介绍,整个暑假预约电话应接不暇。一批批苏州市各学校的中小学生来到苏州市民防宣教体验馆、阳澄湖半岛旅游度假区、苏州市生命阳光教育馆,在工作人员的带领下,开启健康探秘之旅,活动寓教于乐,受到学生们的热烈欢迎。各体验站精心策划了内容丰富、形式多样的与健康相关的社会实践活动,引导未成年人乐于探究、勇于实践,着力培育未成年人文明、健康素养。体验站将会不断探索、研究、积累经验,使生命健康教育实践活动充分发挥育人功能,让学生的生命之花开得更加绚烂多彩!

【活动主题】探秘李良济　小E带你学中医
【体 验 站】李良济中医药文化体验站
【活动对象】4—6年级学生
【活动人数】建议每批次15人
【学情分析】

1. 4—6年级学生在日常生活中对中医药有一定的了解与认识,开展该活动可引导学生感受中医药的博大精深,增强学生的民族自豪感,珍视祖国的传统文化。

2. 4—6年级的学生具有一定的学习能力,体验站通过组织丰富生动的实践活动,引导学生进一步感知中医世界,领略中医药的神奇与独特之处。

【主题知图】

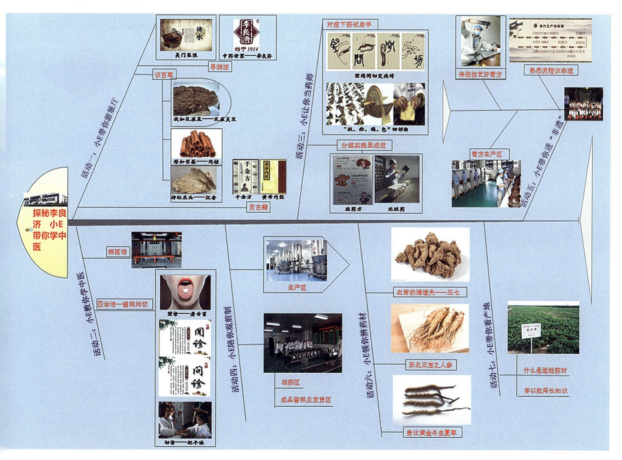

【活动目标】

1. 了解"李良济"品牌为中医药发展做出的贡献,通过体验活动,感受中医药与当今人们生活的密切关系,感受中医的独特性和优越性。

2. 组织丰富生动的活动,引导学生了解中医药的基本常识,简单了解中医治疗的过程,了解中药煎制工序,初步认识两三种常见的中药并了解其功效。

3. 通过动手操作实践，了解中医治疗的方法和中药房抓药的流程，培养学生动手动脑的能力，培养学生对中医药的兴趣，增强学生的生命健康意识，培养学生观察、调查、探究等综合实践能力。

【活动流程】

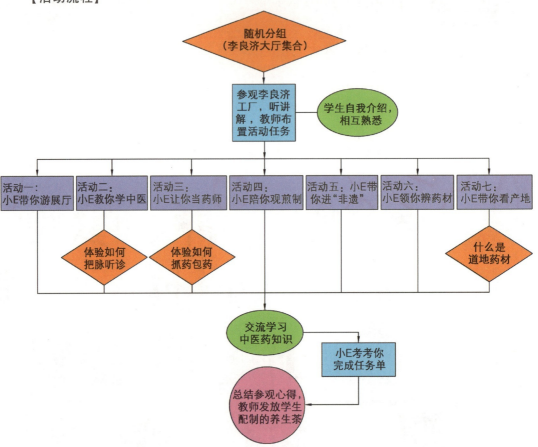

【活动准备】
1. 活动任务单（每人一张）。
2. 自制花茶的药材及药包。
3. 参观实践用白大褂及相关物品。
4. 体验站纪念品。

【活动过程】

一、讲中医渊源，激发活动兴趣

1. 破冰游戏，让学生们自我介绍，相互认识。
2. 寻"李良济"渊源，激发学生对中医药的兴趣。

古老的中药文化源远流长、博大精深，苏州曾孕育了闻名全国的皇家御医，形成吴门医派，由此积淀了长盛不衰的吴门药文化。"李良济"为百年中医品牌，创始人李金宝以采药为生，技艺过人。1914年，已在当地小有名气的李金宝在枫桥白马涧开设"李记药铺"，把精心制作的中草药提供给当地的百姓和姑苏城内的药房。1982年，"李良济"第二代传人李金福借改革开放的春风重开药铺。2002年，"李良济"第三代传人李建华继承祖业，创立了苏州市天灵中药饮片有限公司，并注册商标"李良济"，精选道地药材，结合现代生产工艺，使药品品质有了质的飞跃。李氏三代，以积德行善为根本，声名远播；"李良济"也因良药济世而享誉江南。

以寻"李良济"渊源为开头，通过对"李良济"三代传人小故事的引入，引导学生感知中医药文化的神奇魅力，激发学生对中医药的兴趣，为接下来进行活动做好铺垫。

二、小E带你游展厅

参观路线为：中医药文化展示区—古医书籍展示区—"李良济"国医馆—煎制中药区—药材展示区。

活动1：小神农，识百草

1. 在中医药文化展示区陈列了特色中药材，教师介绍其常见功效及辨别方法，引导学生进入中医药的世界。

肉桂：形如展开的书卷，主产于广东、广西，性大热、味辛，具有温阳的作用，可用于治疗痛经、宫冷、虚寒呕吐等，日常生活中可作为香料烹饪红烧肉、排骨等，属于药食同源中药材，在生活中也是比较常见的。

图1 识百草

沉香：形如龙头，可行气止痛、温中止呕，用于治疗胃寒呕吐、胸腹闷胀等，有"一两沉香一两金"的说法，自古以来就是名贵的中药材。

灵芝：状如孔雀尾，作为中华仙草、世界三宝之一的灵芝，具有补气安神、提高免疫力等作用，常用于日常保健，也适合作为烹饪辅料。

2. 展厅共有展品235件，小E带领学生参观传统中医药器具，其中一些为常见工具，可与学生进行提问互动，吸引学生进行思考。例如：

图2 学习中药小知识

大家知道这个由铁制的碾槽和像车轮的碾盘组成的是什么器具吗？这是在古代通过推动铜碾在铜碾子槽中来回压碾研磨，使药材饮片分解、脱壳的药碾，用它配置的中药饮片具有良好的药性作用。

这个瓶身套着竹制品、形如迷你保温壶的器具是什么呢？这是装煎煮后中药的温药壶，它是古人发明的用来保持中药汁温度的暖壶。

活动2：小医师，观医书

1. 带领学生参观展厅内的著名医书，并简单介绍其作者、内容及成就。
2. 联系生活实际，谈谈《黄帝内经》《千金要方》等著名医书对社会和人类的影响。

> **设计意图**
> 开阔学生眼界,丰富学生的知识面,让学生了解"李良济"品牌的来源和吴门医派的悠久历史,了解中国古代的医学典籍,初步感知中医文化。

三、小 E 教你学中医

活动 1:带你探医馆

小 E 带领学生们参观"李良济"国医馆,感受苏州最大的中医馆传递的吴门医药文化的气息,介绍吴门医派的传承和发展等各方面情况。

活动 2:为你把个脉

1. 组织学生进入诊室,由专业医师给学生讲解,并示范中医诊病的望、闻、问、切的方法。

图 3 体验切脉

2. 带领学生开展互相诊脉活动。

将学生分好组,互相诊脉,记下 10 秒的脉搏数。健康的人的脉搏是 60～100 次/分钟,如脉搏数不在该区间的,应去医院进行身体检查。学会数脉搏后,回到家中也可以帮家人数脉搏。

活动 3:教你看舌苔

组织学生看舌苔,初步教会学生观察舌苔。

舌色,即舌质的颜色,一般可分为淡白、淡红、红、绛、紫、青几种。除淡红色为正常舌色外,其余都是主病之色。

淡红舌:舌色白里透红,不深不浅,淡红适中,说明心气充足,阳气布化,为正常舌色。

淡白舌:舌色较淡红舌浅淡,甚至全无血色。此舌主虚寒或气血双亏。

红舌:舌色鲜红,较淡红舌为深。此舌主热症。

教师提问:正常舌色是什么?

> **设计意图**
> 通过实地观察和听介绍的形式,了解中医看病的流程和基础知识。学生模仿中医看病的方法,使其在动手实践中增强对中医药的兴趣。

四、小 E 让你当药师

1. 中药师讲解抓药要点,组织学生学习抓药。要求洗净双手,根据药方至相应的百子柜中抓药,并仔细核对药材。

2. 医师讲解秤的使用方法、包药的诀窍,引导学生自由分组实践,分桌制作花茶包,看谁又快又好地完成任务。

(1)第一桌:美容养颜养生茶(1 份),此方针对脸色暗沉、心情容易郁结的人群。

配料:玫瑰花 3g,枸杞 7g,山楂 5g,陈皮 3g。

功效:养颜美白,纾解心情,延缓衰老。

（2）第二桌：火眼金睛养生茶（1份），此方针对近视人群。

配料：菊花2g，枸杞7g，决明子8g，红枣2粒，山楂3g。

功效：补益气血，清肝明目，保护眼睛。

（3）第三桌：小吃货养生茶（1份），此方针对体型偏胖、需要减肥的人群。

配料：炒麦芽10g，山楂5g，枸杞7g，红枣2粒，陈皮3g。

功效：补气健胃，行气化痰，健脾消食。

带领学生动手操作，体验药师工作的严谨，借此让学生明白要认真严谨地做事，才能有所成就。

图4　体验配药

设计意图

以亲身实践的方式，学生体验中医抓药的流程，学会用秤进行称量，并在不断尝试的过程中探究中医药的博大精深。

五、小·E陪你观煎制

活动准备：进入煎制中心前须更衣，因此要准备好白大褂、一次性帽子、一次性鞋套。

活动要求：参观煎制中心时，应保持安静，不得影响工人的煎制，服从安排，有序参观。参观结束，将白大褂、一次性帽子、一次性鞋套放在指定的地方。

活动过程：组织学生有序参观"李良济"煎制服务中心，并做相应讲解，让学生实地了解煎制药品的每道工序，以及煎制、鉴别等先进设备。

工作流程：整个煎制车间共有三层，一楼为冬季膏滋药生产区，二楼为煎制车间，三楼为中药、丸药、散剂加工区，建筑面积共11000平方米，员工180人，煎药机600台，常用中药品种1000多种，年生产量可达150万份。

医生的处方通过信息平台传送至公司，由药师审方后形成一人一方的生产指令单，同时生成唯一的条码，每道工序完成后必须进行扫码录入系统才能进入下一道的工序。进入配药工序后，有中药师根据生产指令单进行中药的调配，调配结束后还有一道重要的工序，即由经验丰富的老药师对刚才调配的中药进行复核（在复核台灯光下根据每张方子查看），查看是否错配、多配、漏配等。

图5　体验现代化制作工艺

在中药生产行业有句经验话"中药是否能煎好，关键是否把药润到位"。中药包入锅煎煮之前必须进行半小时以上的浸泡，并且在浸泡过程中应不断地翻动，确保药包中的药充分润湿。墙上的电子屏显示每一位客户的处方的生产进展动态。润药完成后，员工进行扫码录入，然后将药包放入煎药机煎煮，每次煎煮的加水量也根据药量的多少严格控制。在生产车间，内服和外用的药严格区分，对于外用的药采用独立的煎药机和包装袋，保障客户的用药安全。

煎煮完成后进入成品发运及留样区,对每一位客户的药都承诺 24 小时完成,同时对每一位客户的中药都进行药材和药汁双份留样,确保一旦发生质量纠纷,对客户的每一份中药都可以追溯和查询。

对中药质量好坏除了通过经验鉴别外,现代化的仪器检验也必不可少,"李良济"质检中心有高效液相色谱仪、高效气相色谱仪、水分测定仪等精密仪器 30 多台,对每一批次的原药材、成品饮片等都要进行水分、性状、有效成分含量、重金属含量等的检测,对煎药进行微生物限度的检测,以确保客户用药的安全。

设计意图

参观现代化的制药车间,了解现代中药的制作过程,并了解其中严密的质量检测措施,明白健康的重要性。感兴趣的学生,可进一步探究现代化企业先进的生产管理流程。

六、小·E 带你进"非遗"(冬季开放)

活动准备:进入煎制中心须更衣,准备好白大褂、一次性帽子、一次性鞋套。

活动要求:参观煎制中心时,应保持安静,不得影响工人煎制,服从安排,有序参观。参观结束,将白大褂、一次性帽子、一次性鞋套放在指定的地方。

活动过程:组织学生有序参观"李良济"膏方制作车间,并做相应讲解,让学生实地了解"李良济"膏方制作的每道工序,以及煎制、鉴别检验仪器等先进设备。

工作流程:配药及审核由二楼煎制车间完成,然后至一楼膏方车间进行润药,膏方的制作流程比中药汤剂复杂得多。

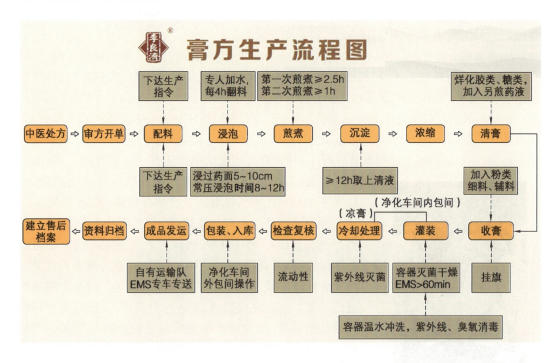

一般每一剂膏方会使用约 50 种中药，润药桶和煎药机容量要大。润药时需要使用 80 升的大桶进行 8—12 小时以上的浸泡，其间每隔 4 小时要进行翻料，以使药材充分得到浸泡，保证所有药材都被浸透，为的是将药性泡出来。

润药之后还要经历两轮煎煮，第一次煎煮都要煎足 2.5 小时以上，第二次煎煮要在 1 小时以上。煎煮期间需要人工对机器内的药包进行真空挤压，使所有的药材都能煎煮到位，则药材整体才能发挥出药效。"李良济"煎药机是目前国内最大、最先进的膏方煎药机。

煎煮出的汤汁经过长达 12 小时的沉淀，使药渣沉淀下来，上层的清液才会被取来进行浓缩收膏。

图 6

然后把汤汁放在紫铜锅内进行加热浓缩，工作人员不停地搅拌 2.5 小时，让汤汁减少大约三分之二，再加入烊化胶类、糖类等熬制，汤汁就浓缩好了。接下来进入最重要的环节——收膏。收膏时加入可直接服用的粉剂、细料等。收膏必须由有五年以上工作经验的老师傅进行并将经验传授给徒弟，通过"挂旗"来看熬制是否成功。如果熬得太稀薄，口感就差，如果熬得太稠，食用的时候就不能方便取出，一副膏方熬得好不好直接影响其疗效的好坏。

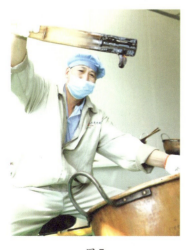

图 7

收膏十分讲究时机，考验的是药工的功力和经验，几十公斤药汁持续熬煮近四个小时，方能浓缩成一小罐膏方，其间药工不能停歇，用竹片不停搅拌药液的同时还要密切关注锅底的火候，稍有不慎火略大了便容易结焦。

对古法的传承和尊崇体现在"李良济"膏方熬制的各个环节。监制膏方制作全程的，是有着数十年中药房经验的老药工；熬制膏方用的锅是纯手工制作的紫铜锅而非不锈钢锅（铜的分子相对稳定，用铜锅出膏色泽光亮）；收膏时用来搅拌的竹片需要用冬竹制作（冬竹质硬、耐磨损，竹屑不易脱落混入膏方里）。

中药药效发挥关键在于选料、炮制、熬制等工艺，分寸拿捏全凭老师傅的一双手和一双眼。秉持一片匠心，将好药材和好工艺相结合，方能熬出高品质的膏方。

"李良济"膏方手艺于 2013 年入选了苏州市非物质文化遗产名录。

> **设计意图**
>
> 带领学生感受苏州"非遗"手艺,了解好膏方是如何制作而成的,扩展学生的知识面,同时激发学生对膏方制作的探究热情。

七、小·E领你辨药材

组织学生参观"李良济"产品中心。

参观线路:人参展示区—名贵中药展示区—日常养生产品展示区。

在1077款产品中选择典型的产品进行介绍,初步教会学生认识生活中常用的几种药材,并简单了解其功效。

人参:"东北三宝"之一,性温,具有大补元气的作用,主要用于体虚,肢冷,大病或失血后引起的休克、虚脱等症,是从古至今补气第一圣品。

冬虫夏草:外形奇特,冬天是虫子,夏天是草,但实际属于菌体类,是我国民间惯用的一种名贵滋补药材。冬虫夏草可以增强机体的免疫力,滋补肺肾,对肺癌、肝癌等有明显的抑制作用,是营养价值很高的天然保健品。

燕窝:又称燕菜、燕根、燕蔬菜,是指雨燕目雨燕科的部分雨燕和金丝燕属的几种金丝燕分泌出来的唾液混合其他物质所筑成的巢穴,含有丰富的矿物质、活性蛋白质与胶原质等,自明代以来开始被食用,为传统名贵食品之一。

> **设计意图**
>
> 带领学生参观展区,了解生活中常见的几种滋补中药,引导学生积极提问,扩展知识面,同时激发学生对中药的探究热情。

八、小·E带你看产地

在对中药材有了初步认知,了解了"李良济"煎制中心对中药材的加工工艺后,结合学校综合实践课程,对各种药材的产地进行调查研究。

中国地大物博,每个地方都有适合生长的中药材,中医会采用道地药材来更好地治疗患者,那么什么是道地药材呢?国内有很多枸杞种植基地,但哪里的枸杞是最好的呢?灵芝为何生长在阴暗潮湿的地方?为何6月份开始采挖冬虫夏草呢?

学生分组研究讨论,通过以下几点来了解什么是道地药材:

1. 药材的外形特点、药效。
2. 药材生长环境的土壤、气候的特点。
3. 药材生长周期。
4. 药材加工过程。

> **设计意图**
>
> 引导学生以小组为单位,分工合作,对中药材的产地进行调查研究,进一步探寻中药的奥妙。

九、小 E 考考你,活动圆满结束

1. 知识点回顾。

针对本次活动,开展问题抢答赢奖品活动,了解学生对相关知识的掌握情况。

问题设置如下:

(1) 人的脉搏正常情况下每分钟跳动多少下?

(2) 人参有什么功效?

(3) 冬虫夏草为什么如此命名?

(4) 中医诊脉中最重要的方法是什么?

2. 推选回答问题最佳的同学为"'李良济'小小中医师",颁发中药香囊、养生伴手礼等小礼品。

图 8 合影

以有趣的问题、积极的评比结束本次实践活动,鼓励学生继续保持对中医药的兴趣和对中医药文化的热爱之情,希望学生在今后的生活中继续探究和实践。

【活动评价】

活动的评价可以分为及时性评价和滞后性评价。已有的问题抢答赢奖品活动,或设计的电子中药连环画活动都可作为及时性评价;设计关于"李良济"的手抄报、撰写关于"李良济"的游览体会都可作为滞后性评价。

通过设计一些评价性活动,学生真正游有所得,学有所获,加深他们对中医文化了解的同时,培养其对传统文化的认同感。

【活动任务单】

李良济中医药文化体验站"探秘李良济 小 E 带你学中医"实践活动任务单

学　　段:4—6 年级

学　　校:_____

姓　　名:_____

活动日期:_____年____月____日

一、小 E 来到"李良济"

1. "李良济"是哪里的品牌?

2. "李良济"成立于哪一年?

3. 下面哪些属于中药材?(在□中打√)

□ 人参　　　　　□ 菠菜　　　　　□ 萝卜

□ 甘草　　　　　□ 山药　　　　　□ 龙齿

二、小 E 来到中医馆

1. 小 E 来把脉。

今天学到的中医诊断的手法共有哪四种?

测量同伴的脉搏:每分钟_____次
□ <60(偏低)　　□ 70~120(正常)　　□ >120(偏高)

2. 小 E 来抓药。

由菊花、枸杞、决明子、红枣、山楂组成的养生茶,有什么功效?

美容养颜养生茶中一般有哪些中药材?

【材料设备清单】

1. 设备:麦克风 1 个、急救箱 1 个。
2. 物料准备。

物品	数量	物品	数量
服装	15 套(儿童服)	捣药罐	3 只
标签贴纸	15 份	听诊器	2 只
药材说明条	32 张	脉枕	2 个
签到表	1 张	香囊	15 只
笔	1 支	秤	10 把
礼袋	15 个	花茶包装纸	30 张
碾船	1 只	相机	1 台

【安全保障】

为了更好地服务"家在苏州·e 路成长"未成年人社会实践体验活动站的活动,特制定本方案。

一、制定目的

确保"家在苏州·e 路成长"未成年人社会实践体验活动安全、畅通、有序进行。

二、安全工作小组

组　　长:李梦琦

副组长:周莉莉

成　　员:陆伟宏、郑园芬、姜智华、周菊仙、桑苗苗、宋炳军、陈玉明

三、安全工作人员职责

1. 领导小组:对与活动有关的安保工作进行统一组织和管理,在现场发生突发事件时,将现场情况及时向相关单位反映,并成立"突发事件处理中心",启动"突发事件应急预案",统一指挥安全工作人员处理现场情况。

2. 专业保安人员:负责整个活动安保区域的安全检查、秩序维护、定时巡逻、突发事件处理、人员疏散等安全保卫工作。

四、活动场所消防安全措施

"家在苏州·e 路成长"未成年人社会实践体验活动在苏州市天灵中药饮片有限公司内举行,体验区域主要为大堂、中医药文化展示区、"李良济"煎制服务中心、养生馆、"李良济"国医馆。每个区域都有灭火器,公司保安人员在做好现场安全保卫工作的同时,负责现场各区域的消防安全工作。

五、关于公共安全

1. 遵守公共安全,凡是标有危险标志的地方不得去,不进入施工场地。
2. 活动期间,自觉遵守各项日常行为规范,不打闹,不做危险游戏。
3. 参与活动时,用心听讲,用心学习,注意安全,不得擅自把玩展示物品。
4. 活动期间上下楼梯时,有序行走,不争抢,不拥挤,不踩踏。
5. 活动中,在指导人员的指导下亲自体验,并正确使用器具;体验中不嬉戏打闹。

(设计者:徐燕萍、许方红、彭金云、丁继平、梁巍、何英、陈卫兵、李梦琦、周莉莉、郑园芬)

精品案例

【活动主题】健康生活　科学洗手
【体 验 站】苏州市健康教育园（苏州市疾病预防控制中心）
【活动对象】1—3 年级学生
【活动人数】建议每批次 18—30 人
【学情分析】

1. 1—3 年级学生具备浓厚的学习兴趣，但因受年龄的限制，对健康方面的各种知识与各类技能了解较少，在各个活动环节上应以直观形象的活动为主，配以适当的拓展延伸与放手探索活动。

2. 该年龄段的学生从未接触过相关的生物学课程，活动在充分调动学生兴趣的基础上，采用各种直观形象的方式帮助他们循序渐进地掌握相关知识与技能。

3. 本案例设计重在鼓励学生学习、实践和体验，架构"知识"与"生活"的桥梁，在参与性的活动中让学生体验健康的生活方式，从而培养其珍爱生命、珍惜美好生活的情感。

【活动目标】

1. 通过参观展览，学生了解日常生活中主要病媒种类，并通过形象生动的案例讲述，感知细菌对人们生活造成的影响。

2. 观看洗手宣传片，促进学生探寻洗手的学问，学会正确的洗手方法，逐步养成健康的生活习惯。

3. 通过动手实践，学生体验正确的洗手方式，掌握科学知识，增强健康意识，提高健康素养。

4. 培养未成年人勇于探究、勤于反思、珍爱生命等核心素养，提升其交往能力与团队合作能力。

【主题知图】

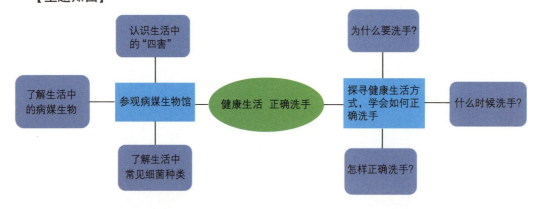

【活动流程示意图】

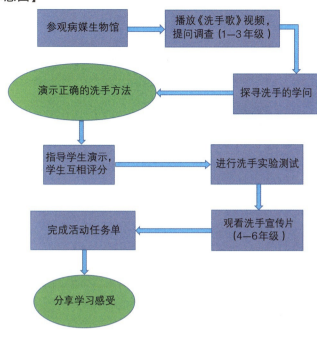

【活动准备】
1. 活动任务单,每位学生一张。
2. 纪念品若干。

【活动过程】
课程将采用"走进校园里""深入健教园"两条主线并进方式展开。

一、走进校园里,一起开展科学洗手活动

活动1:观看洗手宣传片

播放《科学洗手》视频宣传片,激发学生学习兴趣,推动活动顺利开展,该活动围绕以下三个问题展开:

1. 为什么要洗手?(有奖问答)

倒垃圾、洗脚、穿鞋、擦大便等都要用手来完成,手容易沾染许多病原体微生物。科学家做过调查,一只长时间没洗过的手,含有4万~40万个细菌。手是传播病菌的主要媒介,许多常见传染病,如流感、感染性腹泻、急性呼吸道传染病、皮肤感染等都能经手传播。

2. 什么时候洗手?(有奖问答)

我们熟知饭前便后要洗手,除此之外,还有很多情况下必须洗手,具体包括:吃药之前;从外面回家后;接触过血液、泪液、鼻涕、痰液和唾液之后;打扫完卫生后;接触钱币后;去医院、商场等公共场所后;抱孩子之前;在流感或传染病高发期间。

3. 怎样正确洗手?

设计意图

兴趣是学习的首要因素,以歌曲导入能充分激发学生的学习兴趣,使活动顺利开展;以简短的视频拉近与学生的距离,让活动更贴近学生实际的生活,更具说服力。

活动 2:展示洗手与未洗手时细菌在培养皿中的形态

在实验室将调制好的培养基经高压灭菌处理后倒入培养皿中,待培养基凝固后,在培养皿底用记号笔标记 A 和 B 来区分不同的采样环境(A:未洗手采样;B:经七步洗手法洗手后采样)。将培养皿放在恒温箱培养 48 小时后,可用肉眼看到培养皿中手部细菌的生长情况,手上沾染的各种常见细菌显露原型。让学生观察对比,明白洗手的重要性。

活动 3:认识光学显微镜,真实地感受细菌

大部分学生没有用显微镜观察过手上的细菌,所以不重视洗手。借助显微镜,学生真实地感受细菌,更能起到教学的效果,也为下一堂实践课程打下知识基础。

图9 用显微镜观察常见的细菌标本

活动 4:观看洗手演示视频,学习正确洗手

体验站教师亲自演示,要求学生注意观察。教师分步讲解动作,并示范演练两次,学生亲自演练。

活动导语:同学们,刚才我们了解了洗手的重要性,也知道了怎样正确洗手,下面我们就来学习正确洗手的方法,请睁大眼睛,仔细看。

活动内容：看教师演示洗手的步骤。

第一步：洗手掌，掌心相对，手指并拢相互摩擦。

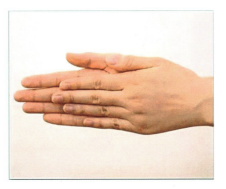

第二步：洗背侧指缝，手心对手背沿指缝互相搓擦，交换进行。

第三步：洗掌侧指缝，掌心相对，双手交叉沿指缝相互摩擦。

第四步：洗指背，弯曲各手指关节，在另一手掌心旋转搓擦，交换进行。

第五步：洗拇指，一手握另一手大拇指旋转搓擦，交换进行。

第六步：洗指尖，将指尖并拢放在另一手掌心旋转揉搓，交换进行。

第七步：搓洗手腕，交换进行。

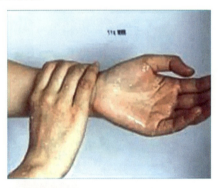

洗手分为以上七步，应用流水洗够30秒，七个步骤可用七个字概括为——内、外、夹、弓、大、立、腕。

应注意三个环节：一是清洗指甲、指尖、指关节等部位；二是要注意清洗戴戒指等首饰的部位；三是注意随时清洗水龙头开关，开关处也要用肥皂摩擦一会儿，用水冲洗干净后再关水龙头。

洗完手后及时用纸巾擦干。

图10　学会洗手七步法后进行科学洗手比赛

活动5：洗手比赛

将学生分为4—6个小组，请各小组选派代表上台进行洗手比赛，看哪位选手洗手的步骤最正确，操作最规范，并发放小礼品给予奖励。

设计意图

打破传统参观活动中学生被动接受知识的陈旧模式，设计"看洗手""学洗手""比洗手"的系列活动，逐层递进，集知识性、操作性、实践性、合作性于一体。学生以团队合作方式，共同探究知识，共同完成任务。在实践中，既能体验到健康正确的生活方式，又能感受到团队合作的力量。通过小组间竞争、夺取奖励的体验方式，进一步调动学生体验的积极性。

活动6：洗手效果测试

通过动手实践，体验正确的洗手方式，学生在活动参与中增强了健康意识，提高了健康素养。通过ATP荧光检测仪现场采样读数，检测学生洗手是否合格，同时让学生对比洗手前后细菌检出率的变化，以重视洗手、正确洗手。

活动7：有奖问答，完成活动任务单

体验站教老师再次强调洗手步骤，学生完成活动任务单。

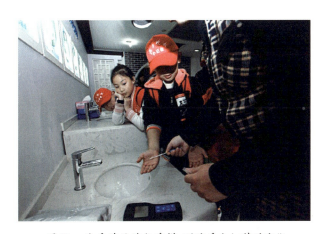

图11 洗手前后进行采样，测试手上细菌的变化

设计意图

多个活动环节中都加入了奖励机制，学生有机会获得多项奖励，活动结束后可在服务台领取相应的纪念品，这激发了学生参加活动的积极性与主动性。

二、深入健教园，科学洗手我能行

活动1：参观病媒生物科普馆

组织学生参观病媒生物科普馆，根据科普馆内的陈设，体验站教师主要介绍苏州常见的病媒生物，重点介绍"四害"——老鼠、蟑螂、苍蝇、蚊子，以及它们与疾病的关系。介绍病媒生物传播疾病的途径，引出活动主题——勤洗手，细菌远离我。通过参观科普馆，了解日常生活中主要病媒生物种类，并通过形象生动的案例讲述，学生感知细菌对人们生活造成的影响。

图 12　参观病媒生物馆，学习防病知识

图 13　仔细观察病媒生物标本

活动 2：学习光学显微镜的使用方法

在向学生初步介绍光学显微镜的基础上，通过让学生操作实物，加深学生对光学显微镜的认识和了解。这一环节，既是知识习得的过程，也是知识升华、操作实践的过程。在使用显微镜时，体验站工作人员给予学生必要的帮助与指导。

活动 3：利用显微镜观察手上常见的细菌标本

每 6 人为一组，以小组为单位进行细菌标本观察。观察显微镜下细菌的形态，辨识生活中常见的几种细菌，在此基础上了解手上常见的致病菌会引起哪些疾病。借助显微镜，学生真实地感受细菌的存在，了解生活中手部常见细菌的种类及它们与健康的关系。

> **设计意图**
>
> 借助显微镜让学生真实地感受细菌，强化教学的效果。在学生使用显微镜时，体验站工作人员要给予学生必要的帮助与辅导。

活动 4：分组讨论，探寻科学洗手的学问

按之前的分组进行小组内讨论，回顾正确的洗手方法，各小组派出一名代表上台示范整个洗手过程，洗手结束后用 ATP 荧光检测仪现场检测洗手是否合格，给予合格者奖励。

活动 5：活动总结

组织学生谈收获。让大家谈一谈除了科学洗手的知识外，还有什么收获？打算把科学洗手、健康生活的理念分享给身边的哪些朋友？评选出科学洗手最佳小组、最佳组长和最佳组员，并发放纪念品。

图 14　实践体验结束，在护照上盖纪念章

图 15　合影留念

设计意图

活动后请学生谈体会,其组织语言的过程是内心想法逐渐清晰并外化的过程。希望通过这次活动课程,学生养成勤洗手的习惯,鼓励他们将科学洗手的方法告诉周边的人。

【活动任务单】

苏州市健康教育园"健康生活　科学洗手"实践活动任务单

学段:1—3年级

学校:＿＿＿＿＿＿＿＿＿＿

姓名:＿＿＿＿＿＿＿＿＿＿

活动日期:＿＿＿＿年＿＿月＿＿日

一、参观病媒生物科普馆,并完成以下选择题

1. 以下选项属于"四害"的是(　　　　)。

　　A　　　　　　　B　　　　　　　C　　　　　　　D

2. 在流感季节,(　　　　)被认为是最关键的预防疾病的措施。

　A. 洗手　　　　B. 洗澡　　　　C. 剪指甲　　　　D. 打扫卫生

二、将洗手的步骤正确排序。

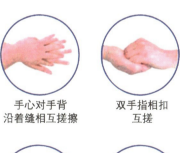 

手心对手背　　　双手指相扣　　　掌心相对　　　　指尖在掌心
沿着缝相互搓擦　　互搓　　　　　　互相搓擦　　　　揉搓

掌心相对　　　　拇指在掌中　　　螺旋式擦洗手腕
沿指缝相互搓擦　　转动搓擦　　　　两手交换进行

【材料设备】

	环节名称	材料准备
走进校园	活动1：观看洗手宣传片	投影设备
	活动2：展示洗手与未洗手时细菌在培养皿中的形态	培养皿标本
	活动3：认识光学显微镜，真实地感受细菌	显微镜
	活动4：观看洗手视频，学习正确洗手	PPT演示设备、流动水设备、纸巾、音响设备、话筒
	活动5：洗手比赛	音乐播放设备、流动水设备、纸巾
	活动6：洗手效果测试	检测仪、奖品
	活动7：有奖问答，完成活动任务单	活动任务单、小礼品
深入健教园	活动1：参观病媒生物科普馆	话筒
	活动2：学习光学显微镜的使用方法	显微镜、PPT演示设备、音响设备、话筒
	活动3：利用显微镜观察手上常见的细菌标本	显微镜、细菌标本
	活动4：分组讨论，探寻洗手的学问	PPT演示设备、音响设备、话筒
	活动5：活动总结	小礼品

【安全保障】

	环节名称	安全措施
走进校园	活动1：观看洗手宣传片	1. 控制人数，学生总数不超过30人；入馆参观前进行安全教育。 2. 展馆配备工作人员、安保人员各1名，志愿者1名。
	活动2：展示洗手与未洗手时细菌在培养皿中的形态	
	活动3：认识光学显微镜，真实地感受细菌	
	活动4：观看洗手演示视频，学习正确洗手	
	活动5：洗手比赛	
	活动6：洗手效果测试	
	活动7：有奖问答，完成活动任务单	
深入健教园	活动1：参观病媒生物科普馆	1. 控制人数，学生总数不超过30人。 2. 注意现场电化演示设备的用电安全、做好安全检查、秩序维护工作。 3. 学生活动要在开阔的室内或大堂进行，便于有突发事故时紧急撤离。 4. 设工作人员2名，安保人员2名、志愿者2名配合活动。活动期间，学生应不拥挤、不争抢，有序进行活动。
	活动2：学习光学显微镜的使用方法	
	活动3：利用显微镜观察手上常见的细菌标本	
	活动4：分组讨论，探寻洗手的学问	
	活动5：活动总结	

（设计者：徐燕萍、许方红、许圆、张蕾、杨艳、王震宇、岳己强、张文娴）

类别十

志愿服务

导师简介

沈国琴,江苏省吴江实验小学教科室主任,综合实践高级教师,吴江区综合实践学科带头人,苏州市综合实践中心组成员,吴江区综合实践核心组成员。多次在市、区级评优课和基本功比赛中获一等奖,多次执教国家级、省级、市级、区级公开课并获好评,执教的"垃圾处理——填埋实验及创意设计"获教育部德育精品课程,"采访指导课"在省"教学新时空·名师课堂"直播,在苏州市乃至全省有一定的知名度。所撰写的论文和案例在《生活教育》《江苏教育研究》等国家级、省市级杂志上发表或获奖。多次参与校本教材编写,主编综合实践丛书"鲈乡风"、四年级教材《奇妙的电》。

教育教学理念:端正写字,踏实做人,做一名学生喜欢、家长信赖的好老师。

导师评析

资源类别分析

志愿服务,是指在不求回报的情况下,为改善社会、促进社会进步而自愿付出个人的时间及精力所做的服务工作。联合国前秘书长安南指出,志愿精神的核心是服务、团结的理想和共同使这个世界变得更加美好的信念。志愿者通过参与志愿服务,使自己的能力得到提高,同时也促进了社会的进步。

独墅湖图书馆(青少年阅览室)设计的"乱架图书我归整"、苏州广电青少年公益活动坊设计的"小主持大世界"、工业园区志愿者展示馆设计的"小小志愿者暑期夏令营"等课程都属于"志愿服务"类别。此类课程紧密结合学生实际,针对学生志愿服务意识普遍淡薄的现状,努力通过体验站的课程资源引导学生把理念变为行动,走进社会做公益,学会为他人着想,为公众服务,在服务他人的过程中提高自身能力,树立服务意识。

独墅湖图书馆(青少年阅览室)为学生提供志愿者服务实践体验的机会,让学生在帮助阅览室归整乱架图书的过程中了解查找图书、借阅图书的基本知识和方法,懂得图书馆借书的礼仪,体验图书整理工作的辛苦,养成良好的借阅习惯,提高为他人服务的能力。

工业园区志愿者展示馆让学生通过观看《我骄傲,我是志愿者》园区志愿者风采宣传片,参观志愿者之家展示馆等,了解各式各样的志愿者服务活动,激发其参与志愿者服务的欲望,并适时提供志愿者服务的岗位(体验站志愿者),使其成为志愿者服务队伍的一员,了解志愿者的职责、工作要领和基本素养。

苏州广电青少年公益活动坊等体验站也都充分发挥体验站特色资源,根据活动对象的年龄特征,把志愿服务的精神融入生动有趣的活动中,引导学生通过一个个有趣的活动逐渐了解电视主持人应有的服务精神和职业素养,体验当一回电视主持人。

总之,该类别的几个体验站,都能在充分调动学生兴趣的基础上,挖掘课程资源,采用各种有趣的形式,帮助学生了解志愿者服务的知识,学习各类志愿者必备的技能,为各年级学生更好地开展志愿服务活动、培养志愿者精神,提供了有效的平台。

课程设计解析

独墅湖图书馆(青少年阅览室)设计的"乱架图书我归整"、苏州广电青少年公益活动坊设计的"小主持大世界"、工业园区志愿者展示馆设计的"小小志愿者暑期夏令营"等课程,都能根据参加活动对象的年龄特征和能力基础,结合学生已有的生活经验,通过多样而有趣的体验活动,让学生在真实的情境中学当志愿者,感受志愿精神的美好。

1. 活动内容具有探究性。

本类别的几个课程设计,在内容的呈现上遵循自主探究原则,将知识的习得融入具有挑战性的活动任务,活动中学生以小组合作的形式,自主完成活动任务单。如"乱架图书我归整"中设计了这样的任务:以小组为单位,快速寻找图书馆有没有《三国演义》这本图书,并在书架上找到其具体位置。最先找到《三国演义》的小组获胜,并在星级评价卡上得到五颗星,其余小组按所用时间依次获四颗星、三颗星等。学生发挥小组的集体智慧,通过多种方式迅速查找,在对比中得出利用电脑检索是最快最便捷的方式,电脑检索的方式有根据书名查找、根据作者姓名查找、根据出版社查找等,学生在团结合作、主动探究中,自然而然地学到了知识。

2. 活动形式具有趣味性。

爱因斯坦曾经说过:"兴趣是最好的老师,兴趣永远胜过责任感。"1—9年级的学生对周围的世界充满了好奇心,喜欢刨根问底。他们一旦对某个问题产生兴趣,就会激发进一步学习和探究的动力,参与活动的才会热情高涨,活动会收到事半功倍的效果。各体验站在课程设计时都考虑了学生的这一特点,将活动形式尽可能设计得生动有趣,更具有吸引力。课程中将实践活动以有趣的任务呈现,还设计小组之间的比赛,用在星级评价卡上画星的形式来激发学生参与的积极性。每个课程设计还安排了小游戏,以调节体验活动的气氛。如在独墅湖图书馆(青少年阅览室)的"乱架图书我归整"活动中,在学生们基本上学会图书查找方法、了解索书号相关知识后,安排了一个小游戏:比一比谁先在架子上找到第一本乱架图书,这一游戏不但调节了活动气氛,也检验了学生学习的成果。

3. 活动情境具有真实性。

在实践中发现,只有在真实的活动情境中,学生才会真正投入,获得的体验也是最真实深刻的。本类别的几个体验站在课程设计中都安排了真实体验志愿者服务的活动环节。如"乱架图书我归整"中,当学生学会了乱架图书归整的方法后,就当起了真正的志愿者,到各个阅览室帮助阅览室教师进行日常归整;"小主持大世界"中,整个活动就在录播室采用全程直播的形式开展,学生在真实的场景中体验了如何做一名主持人;"小小志愿者暑期夏令营"中,在学生了解了志愿者服务的知识后,对他们进行了志愿者岗位培训,并根据年龄段将他们分成体验站志愿者和讲解员志愿者,实地开展志愿者服务活动,感受志愿者为社会服务的快乐。

活动实践评析

本类别的几个体验站都把暑假作为学生社会实践体验的黄金时间,多次组织开展社会实践体验活动,收到了良好的社会评价和反馈。

苏州广电青少年公益坊于2017年7月22日在木渎影视城13号楼二楼大厅组织了有学生、学生家长共200人参加的大型直播体验活动,通过活动,孩子们了解了电视发展史,感受了如今电视技术的高速发展,还了解了在上电视出镜时对形象、服饰的要求和话筒的使用方法,锻炼了他们肢体表现力和即兴表演的能力。在月月姐姐的指导下,在事先准备好的主持台上,学生当了一回主持人,体验了做主播的感觉。整个课程从开始到结束,始终洋溢着欢快的气氛,受到了学生和家长的一致好评。

工业园区志愿者展示馆设计的"小小志愿者暑假夏令营"依托苏州工业园区微信、微博、园区管委会网站和《今园区》周刊四大园区自有媒体平台及苏州市未成年人社会实践体验站平台发起志愿者招募活动,并在7月初完成志愿者面试。从7月12日到15日,共安排了4节课程(3节理论课程、1节实操课程),近百名小志愿者参加活动,接待了全市中小学生参观者近3000人。这支园区小志愿者服务团队为园区志愿者之家提供引导、维护、打卡、盖章及讲解服务,小志愿者们也在体验的过程中感受到了做一名志愿者付出的劳动和收获的快乐。

本类别的其他几个体验站在2017年7月、8月,也组织开展了多场体验活动,接待了多批次的学生,社会反响良好,产生了较好的社会效益,受到了学生们的热烈欢迎。独墅湖图书馆(青少年阅览室)和苏州社会福利总院(苏家社会体验园)还在暑期活动的基础上,使未成年人社会实践体验活动形成常态,在平时也开放预约平台,让全市更多的未成年人参与志愿服务实践体验,培养未成年人为他人着想、为社会服务的志愿者精神。

【活动主题】乱架图书我归整
【体 验 站】独墅湖图书馆（青少年阅览室）
【活动对象】7—8 年级学生
【活动人数】建议每批次 12 人
【学情分析】

1. 本活动适用于初中学段学生，每次活动人数不超过 12 人。

2. 参加活动的学生通过网络平台自主报名，相互不熟悉，需要建立和谐的活动与工作关系。

3. 当代初中生中大部分是独生子女，家庭的宠爱使其形成了以自我为中心的心理，服务意识淡薄，不善于关注他人、集体和社会的利益，有必要走进社会做公益，学会为他人着想，为公众服务。

4. 初中生有一定的观察能力、交往能力、搜集和整理信息的能力，能主动和伙伴合作开展探究活动，并有图书馆借阅图书的经验，因此查找乱架图书并归整的任务是可完成的。

【主题知图】

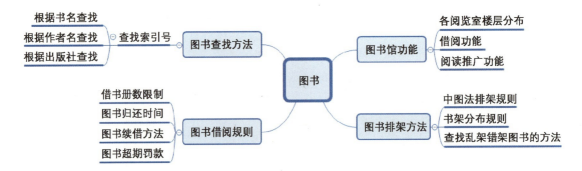

【活动目标】

1. 了解图书馆查找图书、借阅图书的基本知识和方法，懂得图书馆借书的礼仪，体验图书整理工作的辛苦，养成良好的借阅习惯。

2. 通过活动，学会查找、筛选、整理图书的方法，提高信息搜集和处理能力。

3. 通过小组合作查找图书活动，培养学生人际交往能力、协作能力、组织能力和动手操作能力。

4. 通过查找乱架图书、协助图书归整的志愿活动，培养服务精神和社会责任感。

5. 通过自评和互评，培养学生的沟通表达能力和自我反思能力。

【活动流程示意图】

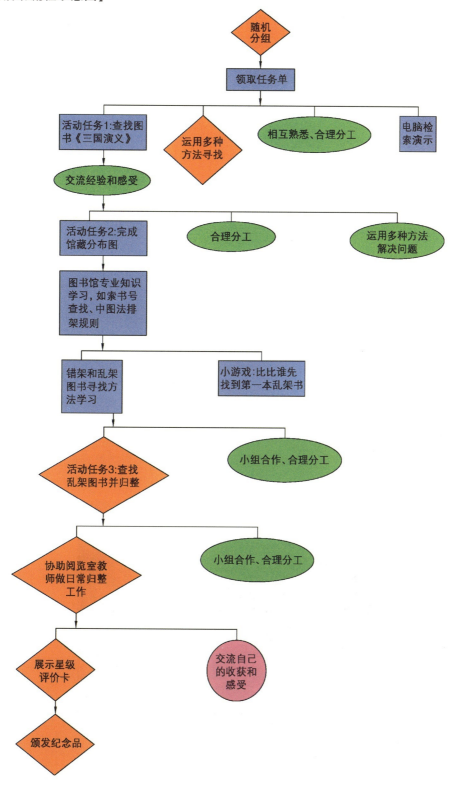

【活动过程】

一、分组

预约报名成功的学生(每次活动不超过12人)在阅览室活动区域集合,以找朋友或报数的方法快速随机将学生分成4组。分别在衣服上贴上不同颜色的图书馆志愿者服务标记贴(如红、黄、绿、蓝)。分组后分别以红队、黄队、绿队、蓝队命名各小组,每个小组配一名成年志愿者负责指导。

二、领取活动任务单

各小组领取活动任务单,明确活动任务。

三、找一找

活动任务1:查找图书《三国演义》

1. 以小组为单位,快速寻找图书馆有没有《三国演义》这本图书,并在书架上找到其具体位置。活动过程中,在志愿者带领下,学生相互熟悉,并分工合作。志愿者教师帮助计时。

2. 最先找到《三国演义》的小组获胜,并在星级评价卡上获得五颗星,其余小组按所用时间依次获四颗星、三颗星等。

3. 请获胜小组交流经验和感受。其余小组说说遇到的困难。

4. 电脑检索演示。

5. 讨论:除电脑检索外,有没有其他办法更快、更好地找到图书?引出了解图书馆楼层分布及查找图书的方法。

四、学一学

活动任务2:完成馆藏分布图

1. 了解图书馆各楼层分布及功能。

各小组成员分工合作,在规定时间内利用电脑查询结果、图书馆宣传册,或以实地考察的方法完成馆藏分布图。

图1 小组合作以多种方法了解图书馆

2. 协同填写馆藏分布图。

楼层	馆藏分布
一楼馆藏	_____（B101）、"中国-新加坡之窗"（　　　）、青少年阅览室（A108）
二楼馆藏	期刊报纸阅览室（B201）、_____（B202）
三楼馆藏	_____（B301）、科技阅览室（B303）
四楼馆藏	_____（B404）、青流图书馆（B403）
所用时间	

完成任务2之后，回到阅览室活动区域。

3. 学习查找图书的方法及索书号相关知识点。

（1）图书馆教师介绍索书号相关知识，通过PPT直观演示利用索书号查找图书的方法。

索书号是一种据以取书的符号，它是为了便于排列藏书，在图书进库前分别在每种图书上做的标记，如下图所示。

图2　索书号

索书号的组成：索书号由两部分组成，即分类号、种次号，如下图所示。

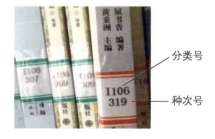

图3　分类号、种次号

图 3　了解索书号、中图法知识

分类号:我国图书馆一般采用中图法进行分类,用 22 个英文字母(没有字母 L、M、W、Y)代表 22 类图书。

种次号:按照图书进入馆藏时间的先后给出的顺序号。

(2) 利用 PPT 讲解中图法排架规则及中图法 22 个大类。

3. 寻找错架和乱架图书的方法。

(1) 图书馆教师介绍。

第一步,比较左右图书分类号是否一致。

第二步,比较左右图书种次号是否按序排列。

(2) 小游戏:比一比谁先在架子上找到第一本乱架图书。

五、做一做

活动任务 3:查找乱架图书并归整

1. 查找 9 本乱架图书并归整。

图 4　查找乱架图书并归整

2. 各小组到各个阅览室,帮助阅览室教师进行日常归整工作。志愿者教师巡视指导,对于完成任务有困难的学生给予帮助。

六、总结评价

1. 各小组展示自己的星级评价卡。
2. 说说自己在活动中的收获和感受。
3. 志愿者教师点评各小组活动情况。
4. 为获星最多的小组颁发奖品——独墅湖图书馆纪念书签等。

【活动评价】

"乱架图书我归整"星级卡评价表

评价内容	获星情况
找到《三国演义》	☆☆☆☆☆
完成图书馆馆藏分布图	☆☆☆☆☆
找到第一本乱架图书	☆☆☆☆☆
完成 G0 卡情况	☆☆☆☆☆
日常归整完成情况	☆☆☆☆☆

【活动任务单】

独墅湖图书馆(青少年阅览室)"乱架图书我归整"实践活动任务单

(）队
我们的小组成员:( )( )( )( )

活动任务1：查找图书《三国演义》

具体位置	( )阅览室　索书号是( )
我们采用的方法	实地查找( )　询问图书馆老师( ) 电脑检索( )
所用时间	

活动任务2：完成馆藏分布图

楼层	馆藏分布
一楼馆藏	＿＿＿＿＿＿（B101）、"中国－新加坡之窗"( )、青少年阅览室(A108)
二楼馆藏	期刊报纸阅览室(B201)、＿＿＿＿＿＿(B202)
三楼馆藏	＿＿＿＿＿＿(B301)、科技阅览室(B303)
四楼馆藏	＿＿＿＿＿＿(B404)、青流图书馆(B403)
所用时间	

活动任务 3：查找乱架图书并归整

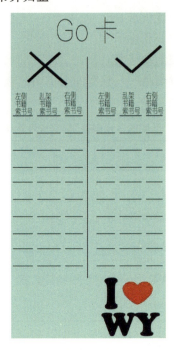

图 5　Go 卡

【材料设备清单】

黑色记号笔、A4 纸、用于学生查询的计算机、图书馆介绍宣传册。

馆藏分布如下：

楼层	馆藏分布
一楼馆藏	社科阅览室（B101）、"中国－新加坡之窗"（B102）、青少年阅览室（A108）
二楼馆藏	期刊报纸阅览室（B201）、电子阅览室（B202）
三楼馆藏	文艺阅览室（B301）、科技阅览室（B303）
四楼馆藏	海外阅览室（B404）、青流图书馆（B403）

【安全保障】

为了切实保障学生在活动时的身心健康和安全，积极预防和减少事故隐患，特制订本安全保障方案。

对学生的要求：

1. 学生全程服从志愿者教师的安排。
2. 学生不得私自离开活动区域。
3. 学生不得在阅览室奔跑、打闹和大声喧哗。
4. 学生不得将饮料、食品和书籍带进阅览室。
5. 学生在阅览室内不得攀爬书架做危险动作。

对志愿者教师的要求：

1. 活动前做好活动说明，进行活动指导。
2. 在活动中，全程关注学生的安全，做好安全提醒，防止意外发生。

应急处置:
如遇突发情况,及时联系图书馆服务台工作人员。

附件:主题活动资源包

一、索书号相关知识点

1. 索书号的定义。

索书号是一种据以取书的符号,它是为了便于排列藏书,在图书进库前分别在每种图书上做的标记,参见图2。

2. 索书号的组成。

索书号由两部分组成,即分类号、种次号,参见图3。

分类号:我国图书馆一般采用中图法进行分类,用22个英文字母(没有字母L、M、W、Y)代表22类图书。

种次号:按照图书进入馆藏时间的先后给出的顺序号码。

二、中图法及排架规则

1. 图书的检索。

(1) 搜集图书的基本信息。

如题名、著者(责任者、作者)、主题、出版社、ISBN、索书号等。

(2) 查询图书。

如下图,在条件一栏,选择图书基本信息进行查询。如图书为在馆状态,借书途径为:① 去所在馆直接借阅;② 通过"书香园区"App 网上借阅。如未检索到图书信息,可荐购。

图6 苏州独墅湖图书馆首页

图 7　书香园区 IOS 版　　　图 8　书香园区安卓版

2. 中图法简介。

中国图书馆分类法是我国图书综合性分类方法,简称中图法,就是按照图书内容的学科属性或其他特征,把图书馆藏书分门别类地系统地组织起来的一种方法。

中图法分为五个基本部类和 22 个基本大类,具体如下:

基本部类	基本大类
马克思主义、列宁主义	A　马克思主义、列宁主义、毛泽东思想
哲学	B　哲学、宗教
社会科学	C　社会科学总论
	D　政治、法律
	E　军事
	F　经济
	G　文化、科学、教育、体育
	H　语言、文字
	I　文学
	J　艺术
	K　历史、地理
自然科学	N　自然科学总论
	O　数理科学和化学
	P　天文学、地球科学
	Q　生物科学
	R　医药、卫生
	S　农业科学
	T　工业技术
	U　交通运输
	V　航空、航天
	X　环境科学、安全科学
综合性图书	Z　综合性图书

3. 排架规则。

书刊上架应从上至下、从左至右顺序排列,按索书号排架时,先按分类号,再按种次号和辅助区分号排架。

4. 排架示例如图9所示。

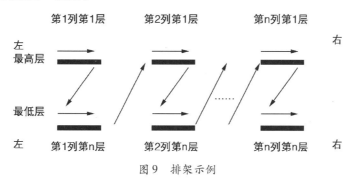

图 9 排架示例

（设计者：徐燕萍、沈国琴、沈静静、徐慧）

【活动主题】小主持大世界
【体 验 站】苏州广电青少年公益活动坊
【活动对象】1—9 年级学生
【活动人数】建议每批次 200 人(学生 100 人、家长 100 人)
【学情分析】

1. 本活动适于小学、初中各年级的学生,每次活动不超过 200 人(学生 100 人、家长 100 人)。

2. 本学段学生在日常生活中对广播电视有一定的了解,活动应充分利用学生已有经验和知识,引导学生感受在镜头前表达的乐趣,学会电视主持节目的相关技巧,增强学生的自信心,提高语言表达能力。

3. 本学段学生具备一定的表现力,在活动坊轻松愉悦的氛围中,引导学生体验镜头前语言及形体的表达方式,在实践中体会主持艺术之美。

【主题知图】

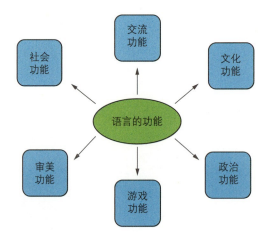

【活动目标】

1. 通过小主持人体验课程,学生认识摄像机,初步了解电视的发展史,激发学生对舞台、摄像机、电视的浓厚兴趣。

2. 通过聆听老一辈播音员的故事、参与家长和教师的交流互动等形式,了解过去的电视节目及优秀的电视节目主持人,在浓厚的怀旧气氛中,学生了解如今电视技术日新月异的发展。

3. 学习普通话的正确发声方法,感受其魅力,提高语言表达能力,培养胆量和自信心。

4. 通过体验活动,学生学会自主地采用多种形式进行个人风采展示,提升表达能力和逻辑思维能力。

【活动流程示意图】

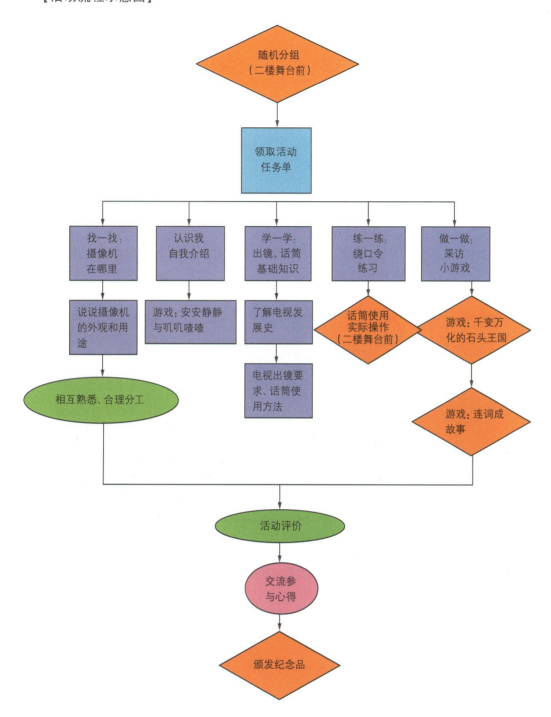

【活动准备】
1. 活动道具：签到表、展示架、引导牌等。
2. 提前调试刷卡器，准备好任务单、护照章。

【活动过程】

一、分组

预约报名成功的学生(每次活动不超过100人,算上家长不超过200人)在二楼小舞台前集合,以找朋友或报数的方法快速随机将学生分成2组。分别在衣服上贴上不同颜色的标记贴(如红、蓝等)。分组后分别以红队、蓝队命名各组,每个小组配一名成年志愿者负责指导。

二、领取活动任务单

各小组领取活动任务单,明确活动任务。

三、活动任务1:找一找

小组任务:找一找现场摄像机在什么地方,开场前可播放相应视频介绍。

1. 以小组为单位,快速寻找场地中有没有摄像机,并派一位学生介绍一下摄像机的外观和用途。活动中,在大志愿者的带领下,学生相互熟悉,并懂得分工合作。

2. 最先发现摄像机的小组获胜,并在星级评价卡上得到五颗星,另一小组获得四颗星。

3. 请获胜小组派一名组员交流经验和感受(引导孩子开口回答问题)。

图10 学生和家长有序就座,等待第一个活动的开始

通过寻找摄像机,学生了解摄像机的外观和用途,学生学会跟摄像机进行交流,培养其镜头感。

四、活动任务2:认识我

1. 介绍任务基本情况,玩一个游戏"安安静静与叽叽喳喳"。

游戏规则:教师举起手,学生保持安静,教师放下手,学生叽叽喳喳吵闹,反复进行。通过静与闹的对比,学生感受安静的氛围,训练学生的专注力与反应能力。当学生可以保持安静之后,介绍嘉宾,播放嘉宾主持人视频,嘉宾主持人上场。

2. 主持人自我介绍。

3. 请学生按小组顺序分别穿插上台,进行自我介绍,主持人根据其表现一一加以点评,给出提升建议。积极举手进行自我介绍的小朋友获得五颗星。

通过自我介绍,孩子学会展示自己、介绍自己,这也是一种很好的认识自我、评价自我的方式。

图 11　学生进行自我介绍

五、活动任务 3:学一学

1. 电视的历史。

19 世纪初,人们开始讨论和探索将图像转变成电子信号的方法。1920 年前后,用机械扫描法传输静止影像的电视出现,这是最早的电视。中国第一台电视机是 1958 年 3 月 18 日天津无线电厂生产的北京牌 820 型 35cm 电子管 14 寸黑白电视机,它被称为"华夏第一屏"。中国第一个出现在电视中的主持人是沈力(沈力,女,1933 年生,江苏苏州人),她是中国第一位电视播音员,也是第一位电视主持人,被称为"电视播音主持的'第一滴水'"。

2. 出镜服饰的要求。

(1)出镜服饰应该贴近时代生活。

(2)出镜服饰应该随节目内容而定。

(3)出镜服饰应考虑节目收看对象的要求。

(4)直播类节目着装应视现场气氛而定。

3. 话筒的使用方法。

(1)话筒不能离嘴巴太远(示范),否则收声不够。

(2)话筒不能离嘴巴太近(示范),否则声音太强,容易喷话筒。

(3)话筒不能拿在尾端(示范),否则容易影响信号发送。

(4)话筒不能拿得太高(示范),否则会挡住面部表情。

(5)话筒应拿在中间,并且紧贴着自己的下巴(示范),这样声音最清晰。

4. 学生尝试使用话筒。

设计意图

通过出镜基础知识的学习,学生了解电视的历史,扩大知识面,同时激发学生对主持职业探究的热情。

图 12　播放优秀电视节目片段

图 13　聆听讲解

六、活动任务 4:练一练

让学生练习以下绕口令。

六叔和六舅

出南门,走六步
见着六叔和六舅
叫声六叔六舅
借我六斗六升好绿豆
过了秋,打了豆
还我六叔六舅六斗六升好绿豆

挑选有意愿的学生上台练习,主持人给予指导和建议。主持人还挑选了几位家长挑战绕口令。有些家长发音不太标准,引得大家捧腹大笑。

图 14　主持人进行绕口令示范

图 15　学生表演绕口令

图16　家长挑战绕口令

通过绕口令的练习,学生认识发音准确的重要性,增强其改善发音的意愿,从而进行自主学习。上台展示且发音标准的学生获得五颗星,发音有欠缺的学生获得四颗星。

七、活动任务5:做一做

1. 游戏:千变万化的石头王国。

游戏规则:所有学生在主持人的打拍节奏中原地踏步10下,当听到"石头人!碰!"的口令时,每个人迅速将自己扮成小石头(形状由自己设计)并保持不动,主持人拿着话筒采访"小石头",问:"你变的是什么石头?"

升级版:由学生拿着话筒来采访"小石头",问"你是什么石头""为什么想做这个石头""你的作用是什么"等问题。

2. 游戏:连词成故事。

游戏规则:主持人随机给出几个词语,学生即兴编一个合情合理有开头、结尾、人物、事件的小故事,要求故事中用上所给词语,看谁讲的故事最精彩。勇敢挑战自己,参加游戏的学生获得五颗星。

这两个活动任务的设计能锻炼学生肢体表现力和即兴表演的能力,提升其专注力和表现力,开发学生的语言表达能力和想象力。

图17 讲故事

图18 做游戏

八、总结评价

1. 各小组展示自己的星级评价卡,评价由传统的结果性评价转变为过程性评价和多样化评价,适当引导学生互相评价、互相鼓励、取长补短。

2. 学生说说自己在活动中的收获和感受,自己给自己的表现打分。

3. 志愿者教师点评各小组活动情况。

4. 为参加活动的学生发放苏州广电青少年公益活动坊纪念书签,鼓励学生自主学习,自信地展示自我。

5. 主持人评价,总结活动心得。引导家长平时尽量用普通话和孩子交流,给孩子一个良好的语言环境。

【活动评价】

"小主持大世界"星级评价卡

评价内容	获星情况
活动任务1:找一找	☆☆☆☆☆
活动任务2:认识我	☆☆☆☆☆
活动任务3:学一学	☆☆☆☆☆
活动任务4:练一练	☆☆☆☆☆
活动任务5:做一做	☆☆☆☆☆

【活动任务单】

苏州广电青少年公益活动坊"小主持大世界"实践活动任务单

姓名:　　　　　　　体验时间:

1. 找一找现场摄像机在什么地方。

2. 游戏:安安静静与叽叽喳喳。

3. 自我介绍。

4. 挑战绕口令。

六叔和六舅

出南门,走六步

见着六叔和六舅

叫声六叔六舅

借我六斗六升好绿豆

过了秋,打了豆

还我六叔六舅六斗六升好绿豆

5. 千变万化的石头王国。

6. 连词成故事。

【安全保障】

为了切实保障学生在活动时的身心健康和安全,积极预防和减少事故隐患,特制定以下安全保证方案。

活动时对学生的要求:

1. 学生全程服从志愿者教师的安排。

2. 学生不得私自离开活动区域。

3. 学生不得在场地内奔跑、打闹和大声喧哗。

4. 学生不得将饮料、食品和玩具带进场地。

5. 学生不得攀爬舞台、做危险动作。

对志愿者教师的要求:

1. 活动前做好活动说明,进行活动指导。

2. 在活动中,全程关注学生的安全,做好安全提醒,防止意外发生。

应急处置:如遇突发情况,及时联系二楼服务台工作人员。

时间要求:一个半小时。

【设备清单】

可容纳200人的场地、投影播放设备1套、拉杆箱扩音设备1套、手持话筒2个、笔记本电脑1台、座椅200个。

【附件】

1. 播音发声的技巧。

(1) 练习发"气泡音"。做打哈欠状,从高到低发"啊"这个音,当发音到最低音区时,就会听到声音如一串气泡冒出来,这就是"气泡音"。发"气泡音"是一种很好的开嗓方式。

(2) 练习"饶舌"。闭上嘴唇,把舌尖伸到齿前,顺时针转5周,然后逆时针转5周。通过练习,可以增强舌头的力量。

(3) 练习"提、打、挺、松"。"提"就是提笑肌,"打"是指打牙关,"挺"是指挺软腭,"松"是指松下巴。提笑肌,即练习微笑,经常练习则会形成习惯;打牙关,张开嘴让牙关完全打开,坚持一会,会感觉到酸疼,然后保持说话的时候后齿不闭合;挺软腭,感觉就像打哈欠一样,软腭完全被撑起来,并且要一直保持这个状态;松下巴,下巴要完全放松,可以左右摇动下巴来帮助放松。通过练习,可以帮助打开口腔,练习口腔共鸣。

(4) 练习"胸腹式联合呼吸法"。双腿叉开,与肩平行,两手掐腰,吸气呼气,感受腰部的变化,快吸慢呼,慢吸快呼,反复练习。这样可以练习气息。

(5) 练习发声。先发简单的"啊",短音的"啊"和长音的"啊"各练习5~6次以开嗓,然后练词语,比如"山河美丽""祖国伟大"。

（6）练习绕口令。特别要强调的是,在练习绕口令的过程中,不要单纯追求速度,一定要把每一个音发饱满。对绕口令可以逐字、逐词、逐句渐进练习。

2. 绕口令。

九与酒

九月九,九个酒迷喝醉酒。
九个酒杯九杯酒,九个酒迷喝九口。
喝罢九口酒,又倒九杯酒。
九个酒迷端起酒,"咕咚、咕咚"又九口。
九杯酒,酒九口,喝罢九个酒迷醉了酒。

天上一颗星

天上一颗星,地下一块冰。
屋上一只鹰,墙上一排钉。
抬头不见天上的星,乒乒乓乓踏碎地下的冰,
啊嘘啊嘘赶走了屋上的鹰,稀里稀里拔掉了墙上的钉。

3. 诗歌。

今天,我们是初升的太阳

今天,我们是幼嫩的小树;
明天,将茁壮成长,绿荫成行。
今天,我们是待放的花蕾;
明天,将花开满园,桃李芬芳。
今天,我们是潺潺的小溪;
明天,将汇成大河,汹涌奔放。
今天,我们是初升的太阳;
明天,将放出万丈光芒。
看,鲜艳的红领巾迎风飘扬;
听,前进的号角已经吹响;
好好学习,天天向上,
我们将是祖国的栋梁!

(设计者:徐燕萍、沈国琴、于清)

类别十一

职 业 体 验

导师简介

钱文宗，苏州市觅渡中学综合实践活动课程一线教师，江苏省综合实践活动课程中心组初中组副组长，苏州市直属学校综合实践活动课程兼职教研员。曾获江苏省综合实践活动课程优质课评比一等奖，苏州市综合实践活动课程基本功比赛一等奖。协助指导多名市直属学校教师荣获江苏省、苏州市业务竞赛一等奖。

教育教学理念：守护好孩子们的初心。爱生命，爱生活，爱成长。

导师评析

资源类别分析

1. 体验站资源分类。

根据体验站的不同类型与特点，苏州市未成年人社会实践体验活动课程分属12种资源类别，职业体验是未成年人社会实践体验活动的重要组成部分。

2. 职业体验的特点。

职业体验的宗旨是让学生体验职业角色，培养职业兴趣和职业素养，构建职业梦想。通过职业体验活动，学生能正确认知职业生活，理解和尊重父母的职业。在职业体验活动过程中，通过与人沟通交流、分工协作，帮助学生形成有责任、有担当的主人翁意识，理解敬业、诚信、友善的核心价值观念。职业体验活动能激发和培育学生对不同职业的兴趣，培养学生形成热爱劳动、多劳多得的意识和积极参与社会化工作以实现个人价值的理念。

3. 苏州市职业体验资源类别。

苏州市职业体验资源较多，第一批职业体验资源中已开发的体验站如下表所示。

体验站名称	行业	体验职业	兴趣养成关键词	职业素养关键词	编号
"小小金融家"交通银行体验活动坊	金融	柜员	金融、投资、理财、存储、贷款	保密、安全、细致、耐心	A
苏州广电总台 FM104.8、FM95.7	传媒	主播	传播、分享、采编、播放、控制	真实、表达、感染、仪表	B
苏州市妇女儿童活动中心（儿童税收体验馆）	税务	地税员	财政、管理、分配、记录、公职	廉洁、公正、文明、执法	C
麦鲁小城职业体验馆	各类	消防员	奉献、军人、服务、保卫、荣誉	迅速、勇敢、冷静、服从	D
苏式糕点制作技艺展示体验坊	食品	点心师	制作、美食、技艺、传承、服务	卫生、营养、制作、创意	E
中国基金博物馆	金融	基金从业人员	证券、基金、杠杆、权证、收益	保密、研究、分析、计算	F

4. 职业体验与综合实践活动课程。

职业体验是综合实践活动的主要方式，是指学生在实际工作岗位或模拟情境中见习、实习，体验职业角色。军训、学工、学农等都是职业体验的形式。职业体验注重让学生获得对职业生活的真切理解，发现自己的专长，培养职业兴趣，形成正确的劳动观念和人生志向，提升职业生涯规划能力。职业体验的关键要素包括：选择和设计职业情境，实际岗位演练，总结、反思、交流和应用。

课程设计解析

1. 职业体验课程总目标。

（1）理解每个职业对社会稳定发展的价值和贡献，明确职业是个人生存、生活、发展、实现个人价值的必然途径。

（2）引导学生发现自己的专长，培养职业兴趣，提升职业素养，形成正确的劳动观念和人生志向。

（3）提升职业生涯规划能力，构建职业梦想。培育敬业、诚信、友善的核心价值观，增强社会责任感和担当意识。

（4）通过沟通协商，分工合作，在实践活动中获取经验，收获真知，提升解决实际问题的能力。

2. 职业体验课程总框架。

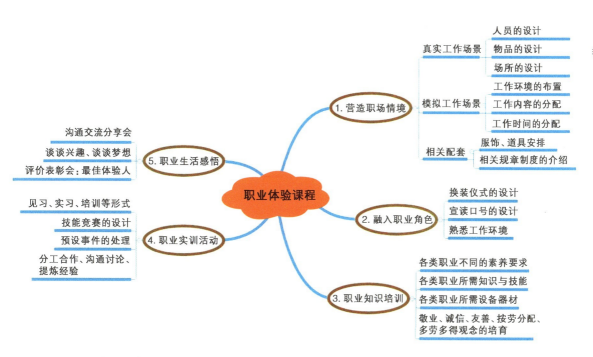

3. 课程设计解析。

设计	解析:让体验多元多层、丰富有深度,通过体验获取知识,通过活动主动建构认知经验
营造职场情境	1. 增强学生融入感,让其更好地体验职场氛围 2. 营造职场生活的整体环境,增加正式感,增强感受度
融入职业角色	1. 让学生更加身临其境,更有职业感、责任感 2. 让学生通过换装、宣读口号更快速地进入体验角色
职业知识培训	1. 让学生快速了解该职业的工作内涵,培育其正确的劳动观念 2. 让学生学习并掌握该职业所需的基本知识和技能 3. 让学生掌握一些职业所需基本设备器材的使用方法
职业实训生活	1. 以各类见习、实习的方式来进行多层次体验 2. 设置多种互动竞赛环节,预设待处理事件,提升学生解决问题的能力 3. 通过小组交流合作,提升学生实践的能力
职业生活感悟	1. 通过体验职业角色、职场生活,培养学生职业兴趣 2. 学生进行职业规划,互相交流,评价表彰

活动实践评析

1. 活动环节评析。

名称	类别编号	评析
安全纪律不能忘	D	是体验活动必备知识
技能竞赛	D	以竞赛形式培养学生的进取心和团队合作意识
我来当税官	C	以表演的形式帮助学生深刻理解，锻炼其沟通表达能力
表彰最佳体验人	D	增强获奖学生的荣誉感
知识竞赛	D	以竞赛形式培养学生的进取心和团队合作意识
宣读誓词	D	以宣读形式加深记忆
观察记忆大考验	D	锻炼认知学习的基本功
体能游戏大闯关	D	体能和智力都是实际工作中需要的
穿衣戴帽比速度	D	职业装可展现职业风貌
税收起源的故事	C	故事深入浅出，学生容易被理解
30年物价对对碰	F	对比物品30年前后的价格，增加趣味性，了解社会发展
货币国家连连看	F	以游戏形式让学生学习、了解相关金融和地理知识
专注力迷宫练习	A	培养学生的专注力

2. 活动反馈。

名称	体验度	活动反馈
安全纪律不能忘	中	提升了学生的关注度
技能竞赛	高	学生更喜欢团队合作的形式
我来当税官	高	学生对税务知识有了一定的了解
表彰最佳体验人	中	获奖学生觉得很光荣
知识竞赛	中	学生表示很喜欢参与竞赛
宣读誓词	高	朗读为情境营造添色
观察记忆大考验	中	最好适当延长时间
体能游戏大闯关	高	游戏为互动环节增色
穿衣戴帽比速度	高	职业装为情境营造加分
税收起源的故事	高	故事生动，易于理解
30年物价对对碰	高	互动设计有趣味性
货币国家连连看	高	互动设计跨学科，有创意
专注力迷宫练习	高	游戏设计有趣味性

 示范案例

【活动主题】奔跑吧,小消防员们!
【体 验 站】麦鲁小城职业体验馆
【活动对象】4—6年级学生
【活动人数】每批次20人左右,分3—4个组,每组4—5人
【学情分析】

1. 义务教育阶段的学生对职业的认知比较浅显,他们在生活中接触到的职业种类基本上限于教师、医生、护士、营业员等,对社会广泛存在的职业门类知之甚少。职业体验教育能激发和培育学生对各类职业的兴趣,培养学生形成热爱劳动、按劳获酬、多劳多得的意识,树立积极参与社会化工作以实现个人价值的理念。

2. 职业体验教育对职场环境模拟有较高的要求,麦鲁小城职业体验馆为适龄儿童提供了较为理想的职业体验场所。麦鲁小城职业体验馆建筑面积约5000平方米,包括30多个职业体验馆,有完备的如职业服装、职场工具器材、职业管理制度和职业体验流程等职业体验资源,适宜3—15岁未成年人活动。

3. 麦鲁小城各个职业体验馆均可设计为单一门类职业体验课程,课程时长约55分钟。鉴于4—6年级学生的认知和操作技能水平,建议多项职业联动体验,营造真正的社会化职业交互支撑运作的情境,深度体会"职业就是社会化分工"的理念。后期可以设计"职业体验—获得薪酬—消费服务"等系列活动,充分运用小城的配套细节设计,如电子手环、流通麦元、个人护照、银行存折等,增加互动环节,丰富体验层次。

4. 结合4—6年级学生的情况,体验应重视经验教学,注重完善个人知识体系,侧重通过实践与思考获取真知,侧重知识、技能、方法等学习管道的多元化,增加实践次数和竞赛环节。

5. 让学生填写志愿单,自主选择职业体验门类。培养学生的职业兴趣,让其理解每个职业对社会稳定发展的价值与贡献。结合任务单进行任务驱动式实训,培育学生敬业、诚信、友善的社会主义核心价值观,增强其责任感和社会参与意识。通过沟通交流,分工协作,学生在实践活动中获取经验,收获真知,进而助其解决实际问题。

【主题知图】

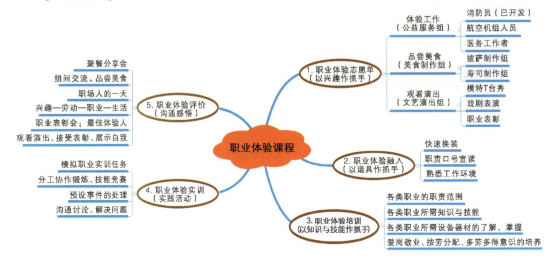

【活动目标】

1. 职业体验课程总目标。

（1）激发和培育学生的职业兴趣，培养学生形成热爱劳动、按劳分配、多劳多得的意识，树立积极参与社会化工作以实现个人价值的理念。让学生充分理解每个职业对社会稳定发展的价值与贡献，明确职业是个人生存发展的必然选择。

（2）培育学生建立敬业、诚信、友善的社会主义核心价值观，增强其责任感和社会参与意识。

（3）通过分工协作，学生在实践活动中获取经验，收获真知，提升解决实际问题的能力，学会人际交往的方法。

2. 了解消防员的工作内容和职责，理解消防员工作的艰险和保卫人民生命财产的神圣。

3. 熟悉消防员的工作环境，掌握常用消防、灭火、器材的使用方法，掌握消防安全必备知识，掌握防火、灭火、逃生基本技能；体验合作扑灭简易的模拟火灾；学会突发事件的应急处理方法。

4. 通过体验消防员一天的生活，树立爱岗敬业、按劳分配、多劳多得的职业观念，提升团结互助、分工协作的能力，形成勇敢坚强、不怕辛劳的优秀品质。

【活动流程示意图】

- 消防员的一天
  - 1. 引导活动（3分钟）
    - 教师介绍、职业介绍
    - 分组编号、布置任务
  - 2. 融入角色（7分钟）
    - 参观消防局、识别装备
    - 穿衣戴帽
    - 职责朗读
  - 3. 技能培训（27分钟）
    - 消防灭火设备使用（知识竞赛）
    - 防火灭火逃生知识（知识竞赛）
    - 消防滑竿技能竞赛
    - 游戏闯关、体能训练
  - 4. 实训任务（9分钟）
    - 扑灭简易火灾
    - 分工布置（勇敢坚强）
  - 5. 表彰展示（9分钟）
    - 整理办公环境（爱岗敬业）
    - 领取报酬（按劳分配）
    - 接受表彰（最佳体验人）

流程：引导活动，职业介绍，分组分工 → 穿消防服，戴安全帽 → 宣读誓词，识别装备 → 消防安全知识培训 → 消防滑竿技能竞赛，体能游戏闯关竞赛 → 实训：扑灭简易火灾 → 理环境，领报酬，享成长，受表彰

【活动过程】

活动前进行安全纪律教育,强调不在场馆内奔跑打闹,大声喧哗;遵守纪律,未经许可不触碰道具器械;有问题可以举手问教师。

一、引导活动(3分钟)

1. 自我介绍,介绍职业。

教师站在消防局门口,微笑迎接学生:各位同学,欢迎来到麦鲁小城消防局。我是某某老师。今天,我们将一起进行一场穿越旅行。

教师引导学生刷手环、盖章,有序排队进入场馆。

教师提问:消防员的工作内容包括哪些呢?

教师总结:消防员的应急工作是消灭火情和进行救援,平时也要进行消防知识的宣传。

2. 分组编号、布置任务。

将学生随机分成3个小组,分别是红队、黄队、绿队,向每位学生发一个编号及任务单(按序挑战完成这些任务)。小组内的同学要分工合作、互帮互助、群策群力,一起完成小组任务。

二、融入角色(7分钟)

1. 参观消防局。

参观消防局,识别消防局内的消防设施。

2. 穿衣戴帽有精神。

图1　穿消防服

教师:下面请同学们完成今天的第一个任务,看哪个小组完成得又快又好。请组长到我这里领取工作服、安全帽。

(1)教师演示正确的穿戴方法。

(2)比赛开始。

(3)学生自己穿戴,教师指导,小组内的同学相互纠正。

(4)尽量保持场馆内安静有秩序的氛围。

教师提问:消防服和安全帽有什么作用呢?

3. 宣读消防职责。

(1)介绍消防车、消防云梯。

教师:消防车配有灭火装置,装有云梯的消防车叫云梯消防车,消防车上的云梯可以升降,供消防员到达高的楼层里灭火,营救被困在里面的人。

(2)庄严站立,大声宣读誓词3遍,背景是消防车。

第一遍教师一句句领读,第二遍学生整段跟读,第三遍学生集体宣读。

消防员誓词:我们是消防员,我们分秒必争,尽最大努力抢救火灾中的人员、物资,尽全力保护好人民的生命财产。我们分秒必争!

增加对消防员这一职业的认同感,体会其工作的使命感。

三、技能培训(27 分钟)

1. 观看防火、灭火、逃生知识视频。

观看防火、灭火、逃生知识视频,提醒学生认真仔细观看。结束后进行现场知识抢答,获胜者可获得奖励(1—2 麦元)或者当教师的助手。

抢答题为:

(1) 家里油锅着火了怎么办?电器着火了呢?

(2) 报火警需要告知消防员哪些信息?

(3) 火大有烟时如何逃生?

2. 学习使用防火、灭火、逃生消防设备。

教师运用设备道具进行实物讲解,提问并让学生抢答,猜测具体用法,最后教师总结。

(1) 主要消防装备。

消防员的装备主要有消防服、头盔、电筒、消防靴、安全带、防腰斧、安全绳、安全钩。消防服颜色鲜艳、有荧光材料,能保护消防员,也易在烟雾中辨别;安全帽可防止东西砸坏头部;手电筒用于在黑暗中照明;防腰斧用于把起火的东西凿掉或者把封死的门窗凿开;安全绳和安全钩用于把人从楼上救到地面上。

(2) 灭火器的种类及使用方法。

灭火器分为手提式灭火器和手推式灭火器,有干粉、1211、CO_2、泡沫、水基式五种。车里、家里、学校里能见到手提式干粉灭火器。灭火工具还有消防栓、水带、水枪。

(3) 常见安全标志。

常见的安全标志主要有禁放易燃物、禁止吸烟、禁止通行、禁止烟火、当心触电、当心爆炸、当心火灾、安全出口等。

(4) 灭火注意事项。

灭火不能都用水。比如油锅起火的时候,要快速把锅盖盖上,关掉煤气,然后把锅端开;电器着火,要快速切断电源,立刻用厚棉被覆盖,隔绝空气。

(5) 防火、灭火、逃生技巧。

消防员不仅要了解有关防火、灭火、逃生的消防安全知识,而且要向大家宣传。防火要做到不玩火、不在公共场所燃放鞭炮、不乱放易燃物品等;起火时,要及时灭火,对不同物品引起的火灾要用不同的灭火方式。如果火势变大,应立即报火警119,报警时要讲清楚着火地点、着火物品、火势大小、报警人姓名、电话号码和住址。没有电话可以打锣敲钟、吹哨、喊话等让大家来灭火。火场逃生时要知道安全出口,火大有烟时,不要打开门窗,应用湿毛巾或

图 2　安全知识讲解

图 3　滑竿练习

湿衣服捂住口鼻,低头弯腰扶墙逃生。如果身上着火,应就地打滚把火苗压灭。高楼层起火不要跳楼,可以用绳子拴在门窗和重物上,沿着绳滑下去,也可以沿着水管滑下去。

3. 消防滑竿技能练习(竞赛)。

(1) 介绍消防滑竿。

消防滑竿方便住在楼上的消防员接到消防报警时快速从楼上下来,节省宝贵的时间,以最快的速度到达现场。

(2) 滑竿技能演示。

接到报警后,必须以最快的速度集合。滑竿时,双手抓住滑竿,胸口紧贴滑竿,双脚交叉扣住滑竿,滑到楼下。

教师亲自演示,要求学生注意观察。教师分步讲解动作并示范演练 2 次,学生依次演练,教师于一旁保护。

(3) 技能比赛。

评选用时最短的消防员和动作最规范的消防员各 1 名。

4. 体能训练:游戏大闯关。

(1) 匍匐前进指压板。

目的:锻炼学生的体力,帮助他们形成顽强的意志品质。

规则:统计小组成员累计用时,用时最短的获胜。

(2) 在规定时间内查找安全通道、报警器、消防栓,记录位置。

目的:锻炼学生的记忆力,让其学习如何快速熟悉救援现场环境。

规则:分工合作,在 3 分钟内完成。

四、实训任务(9 分钟)

扑灭简易火灾实训。

1. 拉警戒线,不允许路人靠近,维持现场秩序。

2. 分成灭火组、警戒组、救援组,每组 2 个组长。

3. 遇火情快速出警。

以哨声为令,各组轮流执行任务。

(警报声响起)教师:有任务,消防员们听令:麦鲁 I 区仓库木架子起火,我们要去灭火。听口令,立正,排队,依次从滑竿滑下,小组长先在门口排好队。(学生全部抵达地面)

教师:目标——消防车,跑步前进。一二一,一二一。(学生上车,分两排坐好,消防车内不能站立)

教师:依次下车,排好队,组长在队伍最前面。A 组开水枪灭火,B 组拉警戒线,不允许路人靠近,维持现场秩序。(下一轮哨声响起,A 组、B 组轮换任务)

图 4　灭火现场

五、表彰展示(9 分钟)

1. 整理环境。

（1）要求学生取下安全帽,脱下职业服,并整理挂好。

（2）要求学生整理消防局环境,把用品归位,培养良好的职业习惯,也为下一场学生体验做准备。

2. 领取薪资。

消防局内,教师向学生发放工作薪酬。

教师：今天大家都表现得很出色,请掌声鼓励一下自己。我给大家发薪水,这是你们今天辛苦劳动的报酬。

发放麦鲁小城通用的"麦元",表现特别突出的成员薪资略高,以示奖励。教师双手递交薪金,要求学生双手接取,同时说"谢谢"。

3. 总结表彰。

进行活动评价,教师宣布个人得分和团队得分,选派最佳体验员上台接受表彰,并请学生谈谈自己的收获。

强化职业体验的感受,激发职业兴趣,培养良好的职业品质,如诚信、友善、互助等。

【活动评价】

一、职业体验激励卡(过程性评价)

结合活动流程,设计职业体验激励卡。表现突出的环节,在对应空白处盖消防章。

消防员职业体验活动激励卡		姓名_____	
环节1:刷环盖章进场馆		环节5:牢记器具和标志	
环节2:穿衣戴帽有精神		环节6:消防知识记心间	
环节3:视频讲解认真听		环节7:滑竿练习不马虎	
环节4:消防装备作用大		环节8:消防任务严执行	

针对每个学生的表现,进行相应的认定和评价,酌情盖1—2个消防章。活动结束时统计所有的章数,根据盖章数目给予如下奖励:得到16—13个章的学生获得"职业体验五星队员"称号;得到8—12个章的学生获得"职业体验四星队员"称号;得到0—7个章的学生获得"职业体验三星队员"称号。

二、消防知识你问我答(知识性评估)

为了考查学生对消防知识的理解和掌握程度,在活动结束时,要求每个学生完成10道消防知识题。得满分的学生,可以在消防墙上留下自己的名字。题目做完后,让学生把题卡带回去,将消防知识告诉家人、朋友。消防知识题如下:

1. 发生火灾后,如何正确报火警?(　　)

   A. 讲清着火单位、详细地址、着火物质及火势大小

   B. 讲清着火单位、详细地址、着火物质及火势大小,是否有人被困;留下报警人姓名及联系方式

   C. 告知着火方位后迅速挂断电话,返回火场

2. 单位发生火灾,首先应(　　)。

   A. 及时拨打119火警电话,并通知单位消防负责人

   B. 先自行扑救,救不了时再报火警

   C. 只拨打单位内部报警电话,不拨打119火警电话

3. 谎报火警是违法行为。对谎报火警的,最高可以处(　　)日拘留。

   A. 3

   B. 5

   C. 8

   D. 10

4. 公安消防队扑救火灾是否收取费用?(　　)

   A. 收取成本费用

   B. 按照出动车辆数和扑救时间收费

   C. 对单位收费,对个人不收费

   D. 不收取任何费用

5. 发现火灾隐患和消防安全违法行为,可以拨打火灾隐患举报电话(　　),向当地公安消防部门进行举报。

   A. 96119

   B. 12580

   C. 12315

   D. 10086

6. 个人损坏、挪用或擅自拆除、停用消防设施、器材,埋压、圈占、遮挡消火栓的,处(　　)处罚。

   A. 警告或500元以下罚款

   B. 10日以下行政拘留

   C. 劳动教养

7. 下列( )物质是点火源。
   A. 电火花
   B. 纸
   C. 布料
8. 遇到消防车执行灭火或抢险救援任务时,社会车辆及行人应当( )。
   A. 靠边让行
   B. 穿插其中
   C. 超越消防车
9. 抽烟时应该注意( )。
   A. 不躺在床上或沙发上吸烟,不乱扔烟头
   B. 只要在床头或茶几上摆放烟灰缸,可以躺在床上或沙发上吸烟
   C. 烟头已经不冒烟了,可以把烟头扔在纸篓里
10. 烟头中心温度可达( ),它超过了棉、麻、毛织物、纸张、家具等可燃物的燃点,若乱扔烟头接触到这些可燃物,容易引发火灾。
    A. 100~200℃
    B. 200~300℃
    C. 700~800℃

三、小小消防墙(荣誉性奖励)

在活动体验现场设置一道消防墙,完成"消防知识你问我答"10题得满分的学生可获得荣誉签名的机会并留下感言。

四、消防知识口口传(活动后拓展)

1. 中高年级的学生,写一篇关于消防体验的报道。
2. 低年级的学生,根据体验所知,编制一份消防小报,在班级展览。
3. 开展"今天我是消防员"活动,学生轮值排查班级、学校消防隐患并督促更正。

五、"消防职业体验"综合奖励

对于在整场职业体验活动中表现突出的学生,学校联手职业体验机构,为学生颁发活动荣誉证书,每项评选5名学生。

1. 积极踊跃地参加全部的活动并表现突出的学生,获得"优秀小消防员"荣誉称号。
2. 在体验活动中,消防服穿着到位、不随意玩弄消防帽的学生,获得"消防着装奖"。
3. 在体验活动中,对消防设备辨析清楚、消防知识掌握全面、与场馆教师互动积极的学生,获得"消防智多星"称号。

【活动任务单】

麦鲁小城职业体验馆实践活动任务单

1. 职业体验志愿单　　　　你的姓名:_____
你对下列哪个职业最感兴趣,最想在明天参与体验_____。
A 公益事业类　　A1 消防员　　A2 银行　　A3 医院
B 美食制作类　　B1 比萨制作　B2 寿司制作　B3 蛋糕裱花
C 文艺演出类　　C1 模特时装秀　C2 戏剧表演

2. 消防知识大集合。

（1）一位优秀的消防员穿职业服、戴安全帽需要多少秒？

_____

（2）一位优秀的消防员从四楼通过滑竿到一楼需要多少秒？

_____

（3）消防服和安全帽的作用是什么？

_____

（4）灭火器的常见种类有哪些？分别适合哪些火灾？

_____

（5）逃生技巧有哪些？

_____

（6）易燃易爆物有哪些？

_____

（7）火灾的种类有哪些？

_____

（8）灭火方法有哪四大类？

_____

3. 安全标识猜一猜（将答案写在标识下方）。

_____　_____　_____　_____

_____　_____　_____　_____

_____　_____

【安全保障】

1. 确保每个体验馆的人数在 12 人以内。

2. 一定要确保消防车行车安全,场馆教师一定要强调行车纪律,学生上车时要排好队逐个上车,上车后要坐好,注意学生不要被车门夹手或是绊倒。学生全部上车后要插上后车厢的外部插销,防止学生因误操作打开车门而在行车过程中不慎跌落。开车过程中后车厢内应有一名工作人员陪同,严禁学生站立或走动,确保安全。提醒紧随消防车的家长,注意安全,不要奔跑,与车保持安全距离。

3. 消防场馆内的设施和道具经过场馆教师许可方可触碰、使用、操作,学生和家长应听从教师的指挥。设置相应的禁止触碰标识、安全提醒标识。

(设计者:徐燕萍、钱文宗、周香、薄伟英、张叶红)

精品案例

【活动主题】税收知识我知道
【体 验 站】苏州市妇女儿童活动中心（儿童税收体验馆）
【活动对象】1—3 年级学生
【活动人数】每批次 15—20 人
【学情分析】

1. 年龄特点：1—3 年级小学生正处于建立认知体系的初始阶段，他们对世界充满了好奇心，其认知更倾向于感性认识。开发形式多样的活动课程，最大限度地利用学生的好奇心，调动他们的多种感官，来进行体验式学习，帮助他们认识世界。

2. 知识背景：1—3 年级小学生在日常生活中对税收、纳税人等知识没有接触，比较陌生。因此，要将抽象的税收知识融入形式多样、内容新颖的活动（趣味讲解、游戏互动、模拟体验税收官），这样才能吸引他们的注意力，调动他们的积极性，并培养他们的兴趣。通过实践活动，孩子们对税收有初步认知，了解一些基本的税收职业知识。

【活动流程示意图】

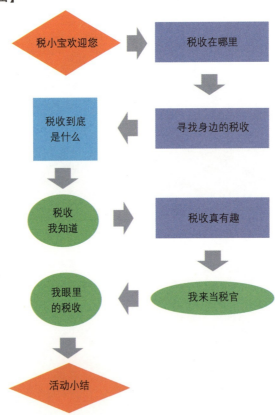

【活动目标】

1. 通过进行模拟体验，了解税收的基本知识，树立"纳税是一种光荣的社会责任"的观念。

2. 了解税收的起源及税收的历史和作用。

3. 人机对话：对话智能机器人"税小宝"，了解税收宣传工作的难点。

4. 体验"税徽消消乐""税收我知道"等游戏，在娱乐中主动学习、快乐答题。

5. 理解税收能使国家更富强，人民生活更富足，畅谈自己的参观感受及对未来美好生活的向往。

【前期准备】

1. 分小组，分发任务单，明确体验活动规则、安全注意事项。

2. 准备用于评价的图章——观赏章、智慧章、学习章、团队章、成长章。

3. 准备纪念品若干。

【活动过程】

一、税小宝（语音机器人）欢迎您

活动内容：整队，向学生简要介绍税收儿童体验馆的概况，引导学生进行参观。

活动导语：欢迎来到税收儿童体验馆，这是由苏州地方税务局打造的全国首个以税收为背景的文化体验馆，本展馆主要面对的人群是小学和初中阶段的学生。

活动要求：今天的活动会有很多有趣的环节，每一个环节的任务完成后，就能在个人体验护照上盖上相应的章。

设置情境，引起孩子们的兴趣，为接下来的展示、体验活动做铺垫。

图 5

二、税收在哪里

活动内容：由讲解员和税小宝一起带领学生参观三个 3D 场景，让大家渐渐融入精心策划的故事场景里，带来沉浸式的体验。

活动导语：同学们，我们的税收体验馆就是一个美丽的森林，这里是学校，老师在校门口欢迎你们的到来；这里是宝宝医院，小护士会告诉你，正是有了税收，才能建起这么先进的医院；这里是森里餐厅，你们看，里面有那么多美食，胖大厨会提醒你，去餐厅吃饭时要索要发票哦。这些设施都是国家通过收税建造的哟，现在你们知道了吧，原来国家用税收可以做这么多的事情啊，我们所享受到的教育、医疗服务，都有税收的贡献呢。

> **设计意图**
>
> 通过模拟情境,提示学生税收无处不在。

图6

三、寻找我身边的税收

活动内容:带领学生进入森林剧场,坐下来观看有关税收的动画片《嘟嘟的一天》《税收拍立得》《张飞开店》等,学生通过动画片进一步了解税收是什么、税收在哪里、税收有什么用。

活动导语:同学们,那么我们身边有没有税收呢?有一个小朋友,叫嘟嘟,他也很想搞清楚这个问题。下面,我们来和嘟嘟小朋友一起,找一找我们身边的税收吧。

活动奖励:认真观看动画,能遵守观赏礼仪的学生,获得一枚观赏章。

> **设计意图**
>
> 通过欣赏符合孩子们身心特点、能引起孩子们观赏兴趣的动画片,孩子们对税收的内容、用途和功能有较为直观的认识。

图7

四、税收到底是什么

活动内容：请税官姐姐给学生上一堂生动的税收宣传辅导课，帮助大家进一步了解税收。

活动导语：各位同学，大家下午好，欢迎大家来到税收儿童体验馆。你们知道税务局的叔叔阿姨们工作的内容是什么吗？你们是怎么理解"税收"这个词语的呢？今天我就给大家简单地介绍一下税收的知识。

活动奖励：安静聆听的学生可获得一枚学习章。

设计意图

通过税务官现身说法，孩子们对税收的功能及其与生活的关系有了更深入的了解，明确税收是国家满足社会公共需要的途径，纳税是纳税人的义务。

图 8

五、税收我知道

活动内容：根据税收宣传辅导课的内容，由机器人税小宝提问，请学生举手回答，并给予奖品。

活动导语：同学们，现在你们对税收有了初步的概念，我们请税收机器人税小宝现场考考大家，请大家踊跃举手回答，答得好还有奖品送给你们呢。

活动奖励：积极参与互动、踊跃回答问题的学生，可以获得一枚智慧章。

设计意图

通过和税小宝的问答增加孩子们参与活动的积极性。

图 9

六、税收真有趣

活动内容：让学生来到阅读区和游戏区自由活动，一部分玩税收小游戏，一部分去阅读，然后交换。通过游戏和阅读汲取税收知识，并且交流心得。

活动导语：同学们，你们都喜欢玩游戏吧？这里的电脑上装了"大家来找碴""税徽消消乐""税收我知道"等小游戏哦，你们可以去试试闯关。那边的树权上还有各种绘本和书籍，去挑一本自己喜欢的读一读吧。

设计意图

设立阅读区和游戏区，放置税收绘本和宣传资料，设置触摸式税收游戏，学生们可以用游戏积分领取税法宣传品，增强学生的学习兴趣。

图 10

图 11

七、我来当税官

活动内容：邀请学生来到森林大厅，在模拟的餐厅、学校及医院等场景，让学生分角色扮演税务干部、纳税人等，模拟缴税、开具发票等，体验当小税官和纳税人的感觉。

活动奖励：能遵守秩序、完成税收流程的小组，可获得一枚团队章。

通过模拟活动,孩子们看一看、演一演,团队合作体验税收的过程。既可培养学生的语言表达能力,也可采取模拟来让学生体验税收。

八、我眼里的税收

活动内容:完善任务单,请学生写下此次活动的心得,并写出对"税收是什么"的理解,写好后贴到体验成果区"税收是什么,请你告诉我"中。

通过填写任务单,对综合实践体验成果进行检验。

图 12

九、活动总结

活动内容:上交任务单,根据学生任务单完成情况,发相应的活动纪念品。学生与卡通税务形象拍照留念,结束本次参观。

活动奖励:能服从安排、认真完成任务的学生,可获得一枚成长章。

学生总结体验的成果,对税收形成感性认识,从小树立正确的纳税意识。

【活动评价】

1. 评价理念。

过程性评价与结果性评价结合。根据活动过程中观赏章、智慧章、学习章、团队章、成长章获得的多少,对活动中表现优秀的学生进行表彰,也可以请他们上台谈谈自己的感受。

2. 评价方式。

学生相互评价,个人分享参观感受,推选心中最佳体验者。教师点评,肯定大家在活动中的表现,回顾活动的过程和意义,颁发表彰证书、奖品并合影留影。

【活动任务单】

苏州市妇女儿童活动中心(儿童税收体验馆)"税收知识我知道"实践活动任务单
(1—3 年级)

_____年_____月_____日

体验小组成员：① _____ ② _____ ③ _____
　　　　　　　④ _____ ⑤ _____

任务一　税收真有趣(玩电脑小游戏、阅读书籍和漫画)
1. 参与的游戏是： 2. 阅读的书籍是：

任务二　我眼里的税收(书写张贴参观心得)	
绘画 或 文字	税收是：

与卡通税务形象拍照留念(照片粘贴处)

_____心得写得最棒；_____观察得最仔细；_____最遵守纪律。

(设计者：徐燕萍、钱文宗、何希润、吴雪姣)

类别十二

法治宣传

> 导师简介

卢燕，苏州市立达中学教务处副主任，苏州市首批少先队名辅工作室"卢燕名辅工作室"主持人。曾获江苏省综合实践活动课程青年教师基本功竞赛一等奖，全国人教版初中地理微格教学评比特等奖，江苏省辅导员风采大赛一等奖。

曾获"江苏省优秀少先队辅导员""苏州市十佳少先队辅导员""苏州市少先队名辅导员""江苏省中学共青团工作先进个人""全国校园影视教育研究工作资源建设先进个人""苏州市直属学校优秀德育工作者"等称号。

教育教学理念：将创新实践带入课堂，将生活融入教育，将幸福带给学生。

周晨阳，大学本科学历，文学学士，硕士研究生在读，一级教师。现担任苏州高新区敬恩实验小学教科室、教师发展中心主任。苏州市中小学教坛新苗、苏州高新区教学能手、苏州高新区优秀班主任。工作8年多以来，以"智慧、灵动、幽默、本真"的教学风格在综合实践活动课程设计领域享有较高知名度，先后两次执教"国培计划"示范课；荣获"一师一优课 一课一名师"省优课，苏州市基本功竞赛一等奖、优质课评比二等奖；多次荣获高新区基本功竞赛一等奖、优质课评比一等奖。指导学生参加市、区综合实践活动优秀学生成果展评，多次荣获一等奖。撰写的40余篇论文、教学案例在核心刊物上发表或在各级各类比赛中获奖。作为教科研骨干，主持或参与研究多项省、市级课题；作为课程建设骨干，是学校首个"名师工作室"领衔人；作为宣传骨干，为各级各类活动出谋划策，策划能力和文笔得到同仁们的一致认可。

教育教学理念：让教育彰显生命的活力，使课堂充盈幸福的气息。

导师评析

资源类别分析

"家在苏州·e路成长"未成年人社会实践体验站中法治宣传体验站有3家,分别是苏州市青少年活动中心(交通安全和法治教育基地)、姑苏区检察院未成年人模拟法庭、苏州警察博物馆(禁毒展览馆)。

目前,我国在未成年人法治教育上存在以学校教育为主、社会教育不足,以被动说教为主、主动参与不足的现象,教育效果有限,在未成年人群体中的受欢迎程度也不高。寒暑假作为未成年人结束一学期学习生活回到家庭休整的阶段,是增长社会见闻、快乐成长的重要时间,也是未成年人意外事故的高发时期,因而成为校外法治教育基地发挥优势、收获成效的有利时期。

未成年人违法犯罪的一个重要原因,就是青少年法律意识淡漠。学校注重思想道德方面的教育,但是对于基础法律知识、基本法律规范的教育仍不足。青少年法治宣传基地通过未成年人模拟法庭等让更多的青少年了解法律,认识犯罪,学会规范自己的行为,远离犯罪。

中小学生每日往返于家庭、学校之间,以步行、骑自行车、乘公交或地铁等为基本交通方式,由于涉世浅,判断能力差,容易发生交通事故。交通事故不仅直接造成中小学生人身伤亡,而且使无数个幸福的家庭支离破碎。因此,对青少年进行全面的交通安全教育刻不容缓。

教育、感化、挽救是青少年法治教育的三种主要方法,当前,我国青少年法治教育侧重于感化和挽救。但是,青少年触犯法律法规后再感化和挽救为时已晚,因此青少年法治教育的重点在于教育。"家在苏州·e路成长"未成年人社会实践体验站中法治宣传体验课程,正是以宣传教育、普及法律知识为主,让苏州市青少年有机会在假期中学习法律法规知识,从而远离犯罪,安全成长。

课程设计解析

1. 课程设计环节明晰,紧紧围绕中心。

例如,姑苏区检察院未成年人模拟法庭课程,设计了听、看、演、说四个环节,紧紧围绕法治教育这个中心。这四个环节分别是:引导活动(了解概况)、学习深造(观看法治教育片)、实战演练(模拟法庭)、问答总结(分享感悟)。

第一个环节通过听职能介绍、参观办案流程、参观模拟法庭,学生熟悉了解检察院的职能、未成年人犯罪的刑事案件的流转流程及法庭的基本构造。第二个环节通过组织学生集中参观未成年人犯罪的教育展板和观看法治教育短片,让大家知道什么是犯罪,未成年人犯罪有哪些常见的类型,预防犯罪的途径有哪些。第三个环节通过模拟法庭的演练,学生零距离接触未成年人犯罪案件的审理,感知法律的庄严,了解犯罪的法律后果,同时锻炼他们的语言表达能力和应变能力。第四个环节通过回答问题、分享感悟,巩固前三个环节学习、理解的情况。

2. 课程设计层层递进,循序渐进。

课程设计充分考虑了不同年级学生对于基础法律知识的理解与接受能力。例如,在姑苏区检察院未成年人模拟法庭课程中,第一、第二个环节(听、看)是能力等级要求较低的环节,第三、四个环节(演、说)能力等级要求较高。这样的设计充分考虑了学生的接受能力,层层递进,循序渐进,教学效果理想。

3. 课程设计生动活泼,强调互动体验。

目前,青少年法治教育的形式通常较为单一,缺少互动体验,效果不甚理想。"家在苏州·e路成长"未成年人社会实践体验站的法治宣传课程引入多媒体等形式,教育形式多元化,强调互动体验,更能激发未成年人的热情和主动性。

活动实践评析

"家在苏州·e路成长"未成年人社会实践体验站开设法治宣传体验课程后,引起了全市中小学生的浓厚兴趣,每次开课都有很多学生积极参与。苏州教育电视台也对其暑期的活动进行了跟踪报道,并给予了较高的评价。总的来说,课程具有以下特点。

1. 课程理论与案例相结合。

体验站课程通过具体案例的分析进行说理。例如,苏州市青少年活动中心的交通安全体验课程,将真实的交通事故制作成3D影像,学生们戴上3D眼镜观看时效果逼真,令人印象深刻。这样的教育体现了事理交融性,这不仅容易被青少年学生接受,而且也可以增强法治理论教育的感染力和渗透力。课程用生动丰富的实际案例来说明深刻的道理,让未成年人记住在社会生活中应该遵守法律法规。

2. 课程注重典型示范。

典型示范是指运用典型素材进行教育引导,示范既可以是正面的典型,也可以是反面的典型。姑苏区检察院青少年模拟庭审课程、苏州警察博物馆的禁毒宣传课程中运用的就是反面典型,以青少年典型违法犯罪行为示范,给参与庭审的青少年形成深刻的印象,起到了很好的法治教育的效果。

3. 课程情景性强。

情景熏陶是指借助特定的环境和手段,对青少年学生进行教育,它具有潜移默化、逐渐渗透的作用。例如,姑苏区检察院模拟法庭对未成年人进行强烈的情景熏陶,具有很强的感染性和可接受性,可引起参与者思想感情上的共鸣。模拟庭审中通过对犯罪行为人的审判,使青少年学生有一种身临其境的感觉,起到了很好的教育效果。

4. 课程权威性强。

检察院的检察官、警察博物馆的警察参与课程,使得课程具有权威性强的特点。由于未成年人犯罪案件的庭审都是不公开的,青少年一般接触不到这类真实的庭审,更没有机会接触司法机关的工作人员。体验课程为学生们提供了与司法机关工作人员面对面交流的机会,使得课程更有权威性。

5. 课程激发职业规划。

"家在苏州·e路成长"未成年人社会实践体验站法治宣传体验课让青少年有机会接触真实的社会,在社会中学习法律法规知识,在预防青少年犯罪的同时,也激发了他们的职业兴趣和热情。学生们第一次真正了解警察、检察官等职业,在与专业工作人员的接触中,有些学生产生了长大后要做一名警察或检察官的想法。

【活动主题】交通安全
【体 验 站】苏州市青少年活动中心（交通安全和法治教育基地）
【活动对象】4—6年级学生
【活动人数】建议每批次20—30人
【学情分析】

1. 小学生是交通行为的重要参与者，但交通安全意识普遍淡薄。苏州市青少年活动中心布有图文并茂的交通安全宣传展板，为小学生学习交通安全知识提供了有效平台。

2. 苏州市青少年活动中心设有模拟驾驶体验、模拟撞击体验、醉驾情境体验、3D观赏体验等仿真互动区，组织相关体验活动，可以让小学生更为直观地感受交通事故的危害性。

3. 学校较少对小学生进行交通安全技能培训。苏州市青少年活动中心打破了传统的宣传教育模式，通过丰富多彩的活动中让小学生体验交通事故的危害，学习交通安全技能，形成珍爱生命、安全第一的理念。

【主题知图】

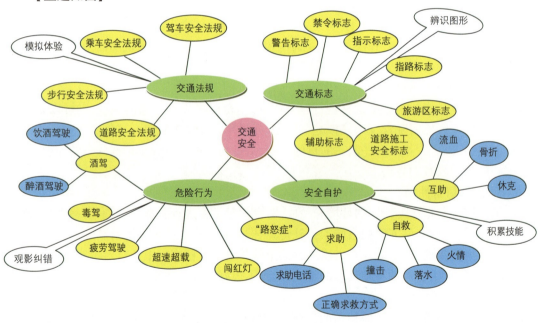

【活动目标】

1. 通过体验站的理论学习板块和实践体验设备，帮助未成年人了解交通安全的相关知识，学习应对交通事故的相关技能。

2. 增强未成年人交通安全和自我保护意识，树立"法治""友善"等核心价值观，引导学生在实际生活中明辨是非、遵纪守法。

3. 促进未成年人形成勇于探究、勤于反思、珍爱生命等素养。

【活动流程示意图】

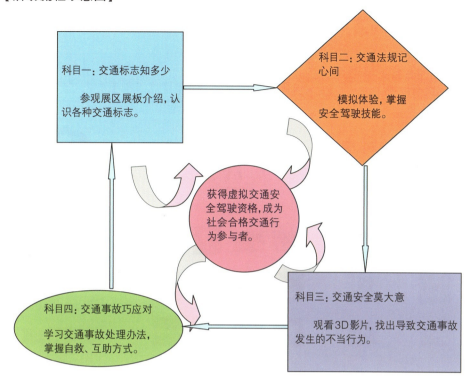

【活动过程】

活动预备：利用不同颜色的徽章贴纸，将参加此次体验课程的学生分成4—5个小组，以模拟考驾照的形式组织教学活动。

图1 交通安全体验活动标识

一、科目一：交通标志知多少

以任务驱动，组织学生参观学习展区展板介绍，认识各种交通标志，如警告标志、禁令标志、指示标志、指路标志、旅游区标志、道路施工安全标志、辅助标志等。

图 2　交通标志

1. 活动导语。

在生活中，我们会注意到路边有许多不同颜色、由各种图案构成的交通标志，它们帮助我们提高道路通行能力，减少交通事故的发生。因此，想要成为一名"小小安全驾驶员"，首先要对这些标志有所了解。

2. 活动要求。

以小组为单位参观展区展板，要求小组合作识记交通标志名称，限时 5 分钟。教师讲解各类交通标志的分类标准，告知各类交通标志的对应展区，学生自主查询。举行"交通标志我认识"争霸赛，答对题目最多的小组获胜。

标志种类	分类标准
警告标志	起警告作用，共有 49 种，是警告车辆、行人注意危险地点的标志，黄底、黑边、黑图案，形状为顶角朝上的等边三角形
禁令标志	起禁止某种行为的作用，共有 43 种，是禁止或限制车辆、行人交通行为的标志，除个别标志外，白底、红圈、红杠、黑图案、图案压杠，形状为圆形、八角形、顶角朝下的等边三角形，设置在须禁止或限制车辆、行人交通行为的路段或交叉口附近
指示标志	起指示作用，共有 29 类，是指示车辆、行人行进的标志，蓝底、白图案，形状为圆形、长方形或正方形，设置在须指示车辆、行人行进的路段或交叉口附近

续表

标志种类	分类标准
指路标志	起指路作用,共有146种,是传递道路方向、地点、距离信息的标志,一般为蓝底、白图案或绿底、白图案,一般为长方形和正方形,设置在须传递道路方向、地点、距离信息的路段或交叉口附近
旅游区标志	共有17类,是提供旅游景点方向、距离的标志,棕色底、白色字符图案,形状为长方形和正方形,设置在须指示旅游景点方向、距离的路段或交叉口附近
道路施工安全标志	通告道路施工的标志,用以提醒车辆驾驶人和行人注意,共有26种,设在施工、养护等路段前适当位置
辅助标志	在主标志无法完整表达或指示时,为维护行车安全与交通畅通而设置的标志,白底、黑字、黑边框,形状为长方形,附设在主标志下,起辅助说明作用

3. 活动奖励。

按"交通标志我认识"争霸赛中各小组答对的题数盖相应个数的章,以示鼓励。

二、科目二:交通法规记心间

设计意图

交通参与者主要为机动车、非机动车和行人,虽然其角色各不相同,但都应严格遵守交通法规。通过模拟体验,置换角色,掌握交通安全技能。

1. 活动导语。

想要成为一名合格的"小小安全驾驶员",不仅要对交通标志有所了解,还要掌握一定的交通法规知识。

2. 活动要求。

以小组为单位,前往模拟体验区体验感受。要求按照任务单上的指示,现场分流,对应选择在摩托车体验机、汽车体验机、撞击体验机或醉驾体验机上完成相应的任务要求。

3. 活动奖励。

专注认真、遵守纪律的小组,其成员可以多体验几个项目。完成活动后,可按照体验模拟机打分情况,给学生盖相应数目的章。

三、科目三：交通安全莫大意

设计意图

不当的交通习惯是导致交通事故的罪魁祸首，通过"找茬儿"的方式，寻找生活中常见的错误的交通习惯。学生提醒家长改正此类交通陋习。

1. 活动导语。

通过学习和体验，学生掌握了一些最基础的交通安全规范，并通过情景模拟感受到了安全驾驶的不易，发现了自己在驾驶中的不足。在模拟驾驶中犯错，还有重来的机会，但在现实生活中，驾驶员的任何疏忽和错误，都可能导致严重的后果。驾驶员不能疏忽，行人也不可大意。我们在平时要养成良好的交通习惯，如不横穿马路、不逆行、靠右行走等。

接下来我们要看一段有关交通安全的短片，片中有好多处交通违规行为，学生来比赛，看谁找到的多。

2. 活动要求。

以小组为单位活动，有序前往 3D 观影馆。要求根据任务单提示，观看交通安全短片，找出片中违反交通法规的行为。

开展"违规驾驶我知道"比赛，各组将在影片中发现的违规驾驶行为接力写到海报纸上，在 2 分钟内写得最多的小组获胜。

3. 活动奖励。

完成活动后，按找出违规行为的多少，给每组盖相应数目的章。

四、科目四：交通事故巧应对

设计意图

通过了解交通事故处理常识及完成情境反应性任务，提升交通安全自护互助技能。

1. 活动导语。

在刚才的交通安全短片中，我们看到了许多因为驾驶员疏忽大意而导致的交通事故。交通事故发生后，如果能及时正确应对，就能将事故的损失降到最低。为此，为了成为一名"小小安全驾驶员"，我们还要再学习一些必要的交通事故处理办法。

2. 活动要求。

按小组前往交通安全学习区，在教师的指导下模拟学习汽车安全带的正确使用方法（可现场模拟系安全带）、交通意外自救互救常识（可现场模拟包扎伤口）、车辆落水的自救误区与事实（可现场模拟心肺复苏）等，完成任务单上的题目。

另设脑力风暴环节，请学生想一想生活中有哪些疏忽大意容易引发交通事故。

3. 活动奖励。

完成活动后,按学生表现,给他们分别盖相应数目的章。

4. 活动总结。

今天通过自己的努力和实践,学生学习到了许多交通安全知识和实用的交通安全技能。学生在年满 18 周岁之后,通过参加正规的驾驶培训,获得由国家交管部门认可的驾驶资质后,才能成为一名真正的驾驶员。希望学生在今后的生活中能将今天所学的各种知识和技能学以致用,增强交通安全意识,提高交通过程中的自我保护能力,遵纪守法,珍爱生命。

【活动评价】

根据学生在各项科目中的表现,给其盖相应数量的章,每个科目最多得 5 个章,共计最多 20 个章。活动结束后,每位学生可根据获章数量置换对应的"交通安全驾照"。

获章数	置换的"交通安全驾照"的等级
18—20 个章	交通安全 A 照(★★★★★)
15—17 个章	交通安全 B 照(★★★★)
12—14 个章	交通安全 C 照(★★★)

各科目评价方式如下。

1. 科目一:交通标志知多少。

根据展区展板介绍,正确辨识交通标志名称(限时5分钟),参加"交通标志我认识"争霸赛,答对题目最多的组,每人得5个章;第二名每人得4个章……以此类推。

2. 科目二:交通法规记心间。

根据现场模拟体验表现、体验机器上题目的完成情况及互动问答正确率(由志愿者现场提问),可获得不同数量的章,按体验机打出的分数,第一名获得5个章;第二名得4个章……以此类推。

3. 科目三:交通安全莫大意。

找出短片中错误最多的小组每人得5个章;找出错误第二多的小队,每人得4个章……以此类推。

4. 科目四:交通事故巧应对。

任务单上相应的题目,答对5题,得5个章;答对4题,得4个章……以此类推。
在脑力风暴环节,根据各组回答情况盖章,分享两点及以上的组可以加1个章。

【活动任务单】

苏州市青少年活动中心(交通安全和法治教育基地)"交通安全"实践活动任务单

一、科目一:交通标志知多少

你认识下面的交通标志吗?请写出它的含义。

(　　　)　　(　　　)　　(　　　)　　(　　　)　　(　　　)

二、科目二:交通法规记心间

1. 乘坐两轮摩托车应当(　　　)。

　A. 正向骑坐　　　　　　　　B. 背向骑坐

　C. 侧向骑坐　　　　　　　　D. 以最舒适的姿势骑坐

2. 驾驶自行车必须年满(　　　)。

　A. 9周岁　　　　　　　　　B. 10周岁

　C. 11周岁　　　　　　　　D. 12周岁

3. 人行横道信号灯黄灯持续闪烁时,表示(　　　)。

　A. 不准通行

　B. 可以通行

　C. 须注意观望,确认安全后通行

4. 自行车在没有划分非机动车道的道路上,应在靠右侧道路边缘(　　　)范围内通行。

　A. 1.5米　　　　　　　　　B. 2米

　C. 2.5米　　　　　　　　　D. 3米

5. 行人通过人行横道,要按人行横道灯的指示通行。小明在通过人行横道线前,看到人行横道红灯亮时,应该(　　)。

　　A. 迅速通过人行横道　　　　　　B. 在人行横道线前等待
　　C. 缓慢通过人行横道　　　　　　D. 绕开人行横道通过

三、科目三:交通安全莫大意

找出影片中驾驶员在驾驶时的错误举动。(至少写出三处)

(1)_____

(2)_____

(3)_____

(4)_____

(5)_____

四、科目四:交通事故巧应对

1. 全国统一规定的交通事故报警电话是(　　)。
　　A. 119　　　　　　B. 122　　　　　　C. 110　　　　　　D. 120

2. 汽车在高速公路上行驶时突然爆胎,正确的做法是(　　)。
　　A. 立即停车,换备用轮胎
　　B. 猛打方向,以最快速度靠边停车
　　C. 握紧方向盘,注意后方车辆,缓慢制动并驶离主干道

3. 未成年人乘坐的汽车发生轻微碰擦交通事故,暂无重伤人员,正确的做法是(　　)。
　　A. 避让到安全区域,以免二次事故发生
　　B. 与对方理论
　　C. 装作重伤,以便讹钱

4. 抢救伤员时,应(　　)。
　　A. 先救命,后治伤　　　　　　B. 先治伤,后救命
　　C. 先帮轻伤员　　　　　　　　D. 后救重伤员

5. 抢救失血伤员时,应先进行(　　)。
　　A. 观察　　　　　　B. 包扎　　　　　　C. 止血　　　　　　D. 询问

获章统计:

科目一:交通标志知多少	
科目二:交通法规记心间	
科目三:交通安全莫大意	
科目四:交通事故巧应对	

【安全保障】

1. 如果学生是包车或乘私家车来参与活动的,须将车辆统一停放在交通安全基地的南广场停车场,由安保人员做好指挥、疏导工作,学生由南大门进入;如果学生是乘坐公交车或步行来的,须注意过往车辆,在教师或家长的带领下,有序从临近马路的北大门进入。活动结束离开时应注意交通安全。

2. 因交通安全基地在苏州市青少年活动中心三楼,在一楼大厅集合后,将学生分成4—5组,用不同颜色的徽章贴纸(或橡胶手环)加以区分。进行简单的安全教育后,在工作人员带领下按组乘坐电梯至三楼;或者在工作人员守护下,引导学生排队靠右有序地从楼梯行至三楼,在楼梯上不得打闹、推挤。

3. 保证场所内各类指示标志清楚无误,消防设施合格,提前做好场所内的保洁工作,保证地面干净、无积水。

4. 安保人员做好活动期间的安全巡检工作。

5. 活动过程中,在活动场地外围的栏杆、楼梯通道等处,安排志愿者巡查,时刻注意学生动向,杜绝危险行为的出现。

6. 出现危险征兆时应立即撤离学生,并立即向主管部门报告,由主管部门组成专家组进行鉴定与排险,并实施应急处置以减少对活动中心正常活动秩序的影响;若发生活动中心设施安全事故,导致人员伤亡,应立即拨打120送当地医疗机构抢救治疗,同时向上级主管部门报告。

7. 活动结束时,应清点参与活动的人数,确认人数后,学生在老师、家长的带领下安全有序地离开活动基地。

8. 苏州市青少年活动中心及学生随行家长、教师共同承担保障未成年人安全的工作。

(设计者:徐燕萍、周晨阳、陆秀娟、汪菲、卢燕、吴天宏、宋苏烨、李丰、傅裕)

【活动主题】体验庭审　预防犯罪
【体 验 站】姑苏区检察院未成年人模拟法庭
【活动对象】6—8年级学生
【活动人数】30—50人
【学情分析】

1. 目前,我国未成年人违法犯罪问题日益突显,青少年法律意识淡漠。学校注重思想道德方面的教育,但是对于基础法律知识、基本法律规范的教育仍不足。未成年人模拟法庭可让更多的青少年了解法律,认识犯罪,学会规范自己的行为,远离犯罪。

2. 通常的法治教育多以公开课的形式进行,模拟法庭活动以真实的情境充分调动学生们的积极性,通过案例演练,使他们更直观地感受法律的威严。

3. 平时学生很难接触到法官、律师等与法律相关的职业,未成年人模拟法庭通过讲解、宣誓、参演,使他们零距离感知法官、检察官和律师等职业,获得学法、守法、用法的体验。

4. 庭审案例教学主要针对较高年级的学生,原因是这一年龄段的学生处于快速成长时期,价值观逐渐养成,有思想但也容易冲动、犯错。通过参与庭审活动,学生对"什么是犯罪""犯罪后将要承担何种法律后果"有了充分而清晰的认识。

【主题知图】

【活动目标】

1. 通过参观检察院未成年人办案区、模拟法庭,了解未成年人犯罪案件的办案流程,熟悉未成年人在法律上的权利和义务。

2. 通过基础法律知识的学习,了解什么是犯罪,如何远离犯罪,如何避免被伤害。

3. 激发青少年对于与法律相关职业的热情,让学生体验法官、检察官和律师如何在法庭上履行各自的职责,培养他们学法、守法、用法的积极性。

4. 充分培养、发挥学生的表演天赋,提高他们的口头表达能力、逻辑思维能力和团队协作能力。

【活动流程示意图】

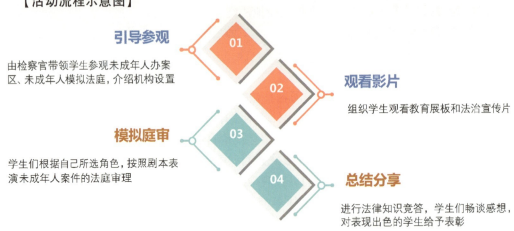

引导参观 01
由检察官带领学生参观未成年人办案区、未成年人模拟法庭,介绍机构设置

02 **观看影片**
组织学生观看教育展板和法治宣传片

模拟庭审 03
学生们根据自己所选角色,按照剧本表演未成年人案件的法庭审理

04 **总结分享**
进行法律知识竞答,学生们畅谈感想,对表现出色的学生给予表彰

【活动过程】

一、引导活动——了解概况

1. 职能介绍。

姑苏区检察院成立于2012年12月18日,是由原平江区、沧浪区、金阊区三家检察院合并而成的。人民检察院是国家的法律监督机关,它的主要职能有以下四点:第一,对于危害国家安全案、危害公共安全案等重大犯罪案件,行使检察权;第二,对于国家机关工作人员涉嫌贪污受贿和渎职侵权进行侦查;第三,对于公安机关侦查的案件进行审查,决定是否逮捕、起诉或者不起诉,对于刑事案件提起公诉、支持公诉;第四,对于公安机关、人民法院、监狱、看守所的活动是否合法,实行监督。检察院专门成立了未成年人检察处,主要办理未成年人犯罪案件和侵害未成年人的犯罪案件。

2. 办案流程介绍。

由检察官带领学生们按照刑事案件的办案流程依次参观案件受理大厅、未成年人讯问室、未成年人心理测评室、未成年人听证室、未成年人宣告室和未成年人模拟法庭。

在参观同时向学生介绍检察机关办理未成年人犯罪案件的整个过程。对于未成年人犯罪案件,由公安机关进行侦查,掌握了犯罪事实、抓获了犯罪嫌疑人以后,将所有的证据材料移交给检察院审查起诉。这些证据材料首先汇总到受案大厅,在大厅内检察官会对涉案的未成年犯罪嫌疑人办理取保候审的手续。接着对犯罪嫌疑人进行讯问,由承办检察官就案件的主要事实对涉案的未成年人进行讯问,涉案的未成年人必须如实回答检察官的问题。在核实了证据之后,检察官会根据具体情况邀请心理咨询师对涉案的未成年嫌疑人进行心理测评或者心理疏导,帮助他们面对司法处理。之后,检察官会结合案件情况,邀请学校、社区代表、犯罪嫌疑人、被害人、律师、公安机关代表就犯罪嫌疑人是否应受到刑罚处罚进行听证会,听取各方的意见。在审查完案件之后,检察机关会做出起诉或者不起诉的决定。对于做出不起诉决定的案件,将在宣告室内对未成年犯罪嫌疑人进行不起诉宣告,这就意味着他的行为不构成犯罪,不用追究其刑事责任。对于做出起诉决定的,检察官会将材料移送法院,向人民法院提起公诉。

3. 参观模拟法庭。

带领学生们进入未成年人模拟法庭,由检察官向大家介绍法庭的基本布局。法庭一共分为审判区和旁听区两个部门,审判区是专门用于庭审活动的,开庭时旁听的观众只能坐在旁听区中,不能随意走动,更不能进入审判区。审判区一共由4个部分组成,在正前方最高处是审判席,一般审判长、审判员和人民陪审员位于审判席,审判长、审判员都是法官,人民陪审员是群众代表,这三名审判人员将做出最后的判决。审判长前方是书记员席,书记员在此处全程记录庭审活动。在审判席的右手边是公诉席,检察官在此处对所指控的犯罪出庭进行公诉。审判席的左手边是辩护席,专职的律师在此处为被告人提供法庭辩护,根据法律规定,若未成年犯罪嫌疑人没有请律师,法庭会为其专门指定一名律师作为法律援助。法庭的正中央是被告人席,被告人站在此处接受法庭的审判。被告席后面会安排专门的法警,用于保障庭审安全,维持庭审秩序。根据法律规定,未成年人犯罪案件都是不公开审理的,所以学生们是没有机会旁听的。模拟法庭为学生提供了一个模拟庭审的机会。

设计意图

通过介绍,学生了解检察院是干什么的,未成年人犯罪的刑事案件是怎么流转的,法庭的基本构造是什么样的。

二、学习深造——观看法治教育片

在这个环节中组织学生集中观看未成年人犯罪的教育展板和法治教育短片,让学生知道什么是犯罪,未成年人犯罪有哪些常见的类型,预防犯罪的途径有哪些。

设计意图

该部分对学生进行传统的法治教育,是重要的教育环节,旨在让学生了解犯罪,通过影片观看引发其进行思考。

三、实战演练——模拟法庭

1. 首先由工作人员向大家简要介绍庭审的流程。法庭的审理主要分为五个阶段。第一阶段由法官宣布法庭组成人员、公诉人、律师名单,并核对被告人身份情况;第二阶段为法庭调查阶段,首先由公诉人宣读起诉书,然后由审判人员、公诉人、律师对被告人进行当庭讯问,接着是公诉人就指控的事实进行举证,可以申请证人、被害人出庭作证;第三阶段为法庭辩论阶段,公诉人、被告人、律师可以就是否构成犯罪及定罪量刑展开激烈的法庭辩论;第四阶段为被告当庭做最后陈述;第五阶段为法官进行评议并当庭宣判。

2. 在熟悉了庭审流程后,学生将拿到本次庭审的剧本,每组选出参演的学生,由各组讨论决定。之后由专业的检察官对每组进行指导,帮助大家熟悉剧本,了解自己扮演的角色。

角色分配如下:审判长、审判员、人民陪审员、书记员、被害人、被告人各1名,公诉人、辩护人、法警各2名。

3. 学生们按照剧本框架进行模拟庭审的演练,可以鼓励大家突破剧本,加入自己的语言。要求法官要展现威严,表现对庭审活动的掌控力;检察官要代表正义,声音洪亮,义正词严地指控犯罪;律师要发挥善于辩论的能力,努力为被告人争取权利。旁听的学生必须遵守法庭纪律,认真观摩,在庭审结束后选出表现最好的学生。

设计意图

本环节是实践体验活动的中心环节,学生通过演练充分体会所扮演的角色,通过庭审活动零距离接触未成年人犯罪案件的审理,感知法律的庄严,了解犯罪的法律后果。学生们可充分发挥,展现自己的语言表达能力和应变能力。

四、问答总结——分享感悟

1. 庭审结束后,由专业的检察官对学生的表现进行点评,并且向大家讲述案例中涉及的青少年违法犯罪问题。

2. 工作人员结合各环节,设置几个简单的法律常识问题,进行现场问答,答对的学生获得一份小礼品。

3. 由检察官集中回答学生的提问,由于法律是比较专业的知识,所以检察官尽量用简单易懂的语言为学生答疑解惑。最后摄影留念,安排到场学生身着制服,拍照合影。

设计意图

本环节主要考查、巩固学生前三个环节对相关知识学习、理解的情况,考题主要涉及犯罪行为辨别、法庭的基本设置、法庭审理的基本规则等基础法律知识。另外,此环节还激励学生分享感悟,加深对于预防犯罪的认识,激发他们对与法律相关职业的兴趣。

【活动任务单】

姑苏区检察院未成年人模拟法庭"体验庭审 预防犯罪"实践活动任务单

一、判断题
1. 人民检察院负责对刑事案件提起公诉。(　)
2. 在检察院内,对未成年人案件设有专门的办案区。(　)
3. 未成年人案件可以公开审理。(　)
4. 开庭审理时旁听人员可以接打电话,但必须小声。(　)
5. 未成年人年满14周岁就要对所有犯罪承担刑事责任。(　)

二、选择题
1. 下列哪个部门不属于检察院。(　)
   A. 公诉　　　　B. 反贪　　　　C. 案件管理　　　　D. 刑庭
2. 下列哪个不属于刑事案件的诉讼参与人。(　)
   A. 审判长　　　B. 公诉人　　　C. 旁听人员　　　　D. 被告人

3. 张小明在学校周边向同学收保护费,他的行为构成(　　)。
A. 抢劫罪　　　　B. 抢夺罪　　　　C. 敲诈勒索罪　　　　D. 寻衅滋事罪

三、填空题

1. 辩护人席在审判席的(　　　　　　　)。
2. 经过审查不构成犯罪的,检察机关可以(　　　　　　　　　)。
3. 开庭审理时,书记员的作用是(　　　　　　　　)。
4. 对于严重违反法庭纪律的人员,(　　　　　　　)有权将其逐出法庭。
5. (　　　　　　　)有权申请回避。
6. 法庭辩论阶段(　　　　　　　)先发言。
7. 法庭辩论结束后,被告人有权(　　　　　　　　)。

【材料设备清单】

小蜜蜂扩音器,活动任务单,检察官制服、法官袍、律师袍(各2套),投影仪,电脑。

【安全保障】

1. 如果学生是包车或乘私家车来参加活动的,须将车辆统一停放在院内停车场,由安保人员做好指挥、疏导工作;如果学生是乘坐公交车或步行来的,须注意过往车辆,在教师或家长的带领下,有序从南大门进出。
2. 学生在参观时应根据工作人员的指引有序行进,不得奔跑、大声喧哗,不得擅自离开活动区域,上下楼梯不要拥挤、打闹。
3. 保证场所内各类指示标志清楚无误,消防设施合格,提前做好场所内的保洁工作,保证地面干净、无积水。
4. 工作人员准备好相关应急处理用品和器械以防突发事件发生。
5. 活动结束时,清点参与活动的人数,确认人数后,学生在教师、家长的带领下安全有序离开活动基地。
6. 模拟法庭工作人员及学生随行家长、教师共同承担保障未成年人安全的工作。

(设计者:徐燕萍、卢燕、于悦、徐佳佳、万红)

后　记

　　2017年,苏州市委、市政府以构建"实践育人共同体"为目标,将未成年人社会实践综合服务平台建设纳入苏州市实事项目计划,由苏州市文明办总牵头,开放格局聚资源,内涵为核求实效,全面构建"家在苏州·e路成长"未成年人社会实践新平台。作为苏州市未成年人社会实践综合服务平台建设的主导项目之一,编著出版《前瞻——未成年人社会教育优质化考量》,精准地把握了优质社会教育资源与成长个性需求的契合点,注重价值导向、需求导向和项目导向,突出未成年人的主体性、参与性、体验性、互动性,为全市开展未成年人社会实践提供了工作指南和实操范例。

　　苏州历史悠久,人文荟萃,经济发达,文化遗存丰厚,纪念馆、展览馆、艺术馆、档案馆、文博馆、科普馆及生命、法治、安全等各类主题场馆众多,文化品位较高,地域特色鲜明,公益属性突出,不少场馆具有很强的独特性和唯一性。为了充分挖掘各级爱国主义教育基地和各类公益性文化场馆独特的文化内涵,进而切实转化为开展未成年人思想道德建设工作所需的丰厚教育资源,苏州市文明办会同教育、文化、体育、共青团、文联、妇联、科协等部门,强化专业引领,推动跨界融创,成立苏州市未成年人社会实践指导中心,邀请教育界、文化界、科技界学者组建专家智库,聘请中小学综合实践课程骨干教师组成核心团队,指导各体验站和项目学校建立"站校衔接"新机制,探索"双师授课"新模式,以互动体验活动为基本途径,指导体验站开发体验活动课程,合作开发体验活动课程294个,涉及红色印记、时代精神、名人先贤、历史文博、艺术品鉴、苏作工艺、科普创新、绿色生态、生命健康、志愿服务、职业体验、法治宣传12个不同类型,覆盖九年义务教育阶段各学段。

　　实践表明,开发未成年人社会实践体验活动课程,充分彰显了未成年人思想道德建设"立德树人、文化育人、实践育人"的总要求,有机融入了"爱、敬、诚、善"的价值取向,有利于未成年人深化对社会主义核心价值观、中华优秀传统文化的认知认同,有利于从小培养青少年的实践能力、创新精神和社会责任感,有利于提升各级爱国主义教育基地、各类公益性文化单位公共文化服务水平。在此,我们谨向为编著本书付出辛勤劳动的各位专家和导师致以崇高的敬意和由衷的感谢!

本书编写组
2018年1月